K. DÖRNER / A. EGETMEYER / K. KOENNING

FREISPRUCH DER FAMILIE

RAT SCHLAG

Freispruch der Familie

Wie Angehörige psychiatrischer Patienten sich in Gruppen von Not und Einsamkeit, von Schuld und Last frei-sprechen

herausgegeben von
Klaus Dörner
Albrecht Egetmeyer
Konstanze Koenning

Psychiatrie-Verlag

Die Deutsche Bibliothek – CIP-Einheitsaufnahme

Freispruch der Familie: wie Angehörige psychiatrischer Patienten sich in Gruppen von Not und Einsamkeit, von Schuld und Last frei-sprechen / hrsg. von Klaus Dörner ...
– 2. Aufl. der Neuausg. von 1995 –
Bonn : Psychiatrie-Verl., 1997
(Ratschlag)

ISBN 3-88414-168-6

Titelbild: Hildegard Wohlgemuth, Hamburg
Umschlag: markus lau hintzenstern und
Ariane Löbert, Berlin
Gesamtherstellung: Clausen & Bosse, Leck

INHALT

GELEITWORT ZUR NEUAUSGABE

Leben die Bücher bald?
Friedrich Hölderlin

Es war Anfang der 80er Jahre, genau 1982, als in Deutschland ein Buch beherzt auf das Schicksal der Familien mit einem psychisch kranken Angehörigen aufmerksam machte, sie ins Blickfeld einer breiteren psychiatrischen Öffentlichkeit rückte. Angehörigengruppen gab es damals zwar schon seit zehn Jahren, aber sie fristeten ein eher bescheidenes, kümmerliches Mauerblümchen-Dasein. Psychiatrische Fachkräfte, die sich für Angehörigengruppen stark machten, konnten damit keinen Blumentopf gewinnen. Ein mildes Lächeln der Kollegen begleitete ihre Aktivitäten. Von einer organisierten Angehörigenbewegung war weit und breit noch nichts zu sehen. Angehörige psychisch Kranker waren hinter einer Mauer von Isolation, Schuld, Trauer, Scham und Sprachlosigkeit verschollen oder wurden von psychiatrisch Tätigen als „Ungehörige" (Asmus FINZEN) dorthin verbannt.

Wenn immer mehr Angehörige heute ihre Sprachlosigkeit überwinden, sprechen lernen, ihre Bedürfnisse artikulieren, sich nicht mehr verstecken, so hat das mit diesem erwähnten Buch, dem 1982 erstmals erschienenen *Freispruch der Familie* sehr viel zu tun. Alleine schon der, zwischenzeitlich legendäre, Titel ließ die Mauer der Isolation bröckeln. Der *Freispruch der Familie* hat die Angehörigenbewegung ganz wesentlich beflügelt, ihr entscheidende Impulse verliehen, Sprachhilfen und Ermutigungen angeboten. Der „Bundesverband der Angehörigen psychisch Kranker e. V.", 1985 gegründet, konnte sich zwischenzeitlich in der Psychiatrie-Szene etablieren, Landesverbände gibt es in nahezu allen

Bundesländern, hunderte von Angehörigengruppen stehen Interessierten offen.

Können Bücher leben? Es scheint so. Der *Freispruch der Familie* ist offensichtlich ein „lebendiges Buch" (im Sinne des Hölderlinschen Zitates), und es ist deshalb sehr erfreulich, daß die Herausgeber und der Verlag sich entschlossen haben, ihn in der überarbeiteten Fassung von 1987 neu aufzulegen! Auch wenn er 1995 auf ein anderes Szenario trifft als 1987 oder gar 1982: seine Beiträge haben an Aktualität nichts eingebüßt und gehören nach wie vor zur Grundlagen-Literatur der Angehörigenbewegung, bedeutsam für Profis wie für Angehörige. Und mir scheint, daß sowohl psychiatrisch Tätige wie die organisierte Angehörigenbewegung zur Zeit Anlaß haben, sich mit den Grundlagen auseinanderzusetzen, um das Ziel nicht aus den Augen zu verlieren. Wir laufen ansonsten Gefahr, daß die Angehörigenbewegung zu einer jener modischen Episoden verkümmert, die immer wieder einmal die psychiatrische Landschaft kurzzeitig verändert haben.

Eine Angehörigenbewegung, die mehr mit sich selbst als mit der Realisierung ihrer inhaltlichen Ziele beschäftigt ist, und neue Generationen von psychiatrisch Tätigen, die vom Leid der Angehörigen nie etwas gehört haben, weil andere Themen en vogue sind, können die Fortschritte des letzten Jahrzehnts leicht in Vergessenheit geraten lassen.

Es ist mir ein großes Anliegen, Konstanze KOENNING, Klaus DÖRNER und Albrecht EGETMEYER zu danken, die mit diesem Buch ein Zeichen gesetzt haben. Ein dickes Danke auch für ihre Freundschaft und Solidarität, mit der sie über viele Jahre die Angehörigenbewegung begleitet haben und noch begleiten.

So möchte auch der „alte neue" *Freispruch der Familie* das Interesse für die Angehörigenarbeit wecken und psychiatrisch Tätigen wie Angehörigen Mut machen, es mit der Angehörigengruppe zu versuchen oder *wieder* zu versuchen. Es lohnt sich immer noch, für beide!

Heinz Deger-Erlenmaier — Kaufbeuren, Frühjahr 1995

VORWORT

Seit es Psychiatrie gibt, fügen wir psychiatrisch Tätigen den Familien und Angehörigen psychiatrischer Patienten täglich Unrecht zu. Gestern, heute und wohl auch noch morgen, aber hoffentlich nicht mehr übermorgen. Dies geschah und geschieht bisher unabsichtlich, ohne daß wir es wußten. Denn solange wir Psychiatrie nur am Krankenbett und nur vom Schreibtisch der Station oder der nervenärztlichen Praxis aus machen, sind wir zwar Täter des Unrechts, jedoch im Zustand der Unschuld, da wir nicht wissen, was wir tun, weil wir die Angehörigen psychiatrischer Patienten nur beiläufig und nicht so intensiv wie die Patienten wahrnehmen.

Die Autoren dieses Buches - Angehörige und Professionelle - wollen diese Tatsachen aufdecken und bekanntmachen. Sie wollen sich auch darüber empören. Sie wollen aber vor allem einen praktisch gangbaren und inzwischen bewährten Weg aufzeigen, um dieses Unrecht, wenn schon nicht abzuschaffen, so doch wenigstens zu mindern: Daher schlagen sie Angehörigengruppen und Angehörigenselbsthilfegruppen vor, um freizumachen von der Schuld, die die Angehörigen sich selbst und die die Profis den Angehörigen vorwerfen.

Deshalb fordert der Titel dieses Buches - „Freispruch der Familie" - zweierlei: Einmal Gelegenheiten und Orte, an denen die Angehörigen sich von diesen Schuldvorwürfen freisprechen, ihre Schuld verlieren können, zum anderen und zugleich Gelegenheiten und auch Orte, an denen die psychiatrisch Tätigen ihre Unschuld verlieren, ihre Schuld erkennen und anerkennen und sich davon freisprechen können. Denn erst wer sich freimacht von Schuldvorwürfen und dem Druck des schlechten Gewissens kann das ganze Problem wahrnehmen, ist wieder Handlungs- und Verhandlungspartner, kann Ja oder dern. Kann Verantwortung ablehnen oder übernehmen. Das klingt für den „Unschuldigen" natürlich wie eine maßlose Übertreibung. Wenn Sie jedoch dieses Buch gelesen haben, dann - so hoffen wir - werden Sie dies nicht mehr für eine Übertreibung halten. Und wenn Sie dann den Weg der Angehörigengruppen oder der Angehörigenselbsthilfegruppe selber gehen, dann sind wir sicher, daß Sie es eher für eine Untertreibung halten, wie wir dies am eigenen Leibe erlitten und erfahren haben.

Zur Schuld der Psychiatrie hier nur einige Gedächtnishilfen: Denken Sie nur an die Degenerationstheorie in der zweiten Hälfte des 19. Jahrhunderts, wonach die Schuld der Familie bis ins dritte und vierte Glied zurückverfolgt und sogar mit der Erbsünde in Verbindung gebracht wurde. Oder an die makaberen und „rachepsychiatrischen" Erbtheorien in fataler Verbindung mit dem Endogenitätskonzept (Mutter schwankt, Vater Sonderling, Großvater trinkt, Großmutter schwachsinnig, Bruder arbeitsscheu, Schwester Suizidversuche). Oder an die klassische Psychopathologie, deren objektivierende Begriffsbildung so tut, als lebe ein Mensch isoliert und die an Tierbeobachtung erinnert. Oder an die klassische Psychoanalyse, die die Verursachung psychischen Leidens in der frühen Kindheit und damit bei der Familie - der Mutter - sucht. Oder an die moderne Psychodynamik, die zwar vom Konflikt spricht, dabei aber gerne vergißt, daß zu einem Konflikt zwei oder mehr Personen gleichwertig als Täter und Opfer gehören. Oder selbst an die Familientherapie, die entgegen ihren eigenen Beteuerungen implizit krankheitsverursachende Faktoren bei der Familie sucht. Oder schließlich auch an die moderne Gemeindepsychiatrie, die sich nicht selten darin gefällt, den Patienten in die Familie zurückzuschicken und alle Beteiligten dann in ihrem Elend allein läßt.

Aber denken Sie auch daran, daß wir psychiatrisch Tätigen nach der Ermordung von hunderttausend psychisch Kranken im Dritten Reich auch nach 1945 bis heute hunderttausend Familien in ihrer Einsamkeit mit - wie wir heute wissen - lebenslangen Gefühlen der Schande und Schuld alleingelassen haben. Und im Zusammenhang damit wissen wir ebenfalls heute, daß selbst die Angehörigen von Langzeitpatienten sich lebenslang mit einem schlechten Gewissen herumquälen, solange sie alleingelassen werden. Von all dem finden Sie Spuren auch heute noch fast in jeder Krankengeschichte. Auch wenn in den letzten Jahren zunehmend Angehörige in die psychiatrische Alltagsarbeit einbezogen werden, kommt uns psychiatrisch Tätigen auch noch heute leicht die wohlklingende aber grundfalsche Äusserung „Der Patient steht im Mittelpunkt" über die Lippen, während wir gern die Angehörigen als Informationslieferanten, Abschieber, Verursacher, Schuldige, Behandlungsbedürftige ansehen, ohne den gleich großen Anteil aller am gemeinsamen Leidenszustand wahr- und ernstzunehmen. Das Buch gliedert sich in vier Abschnitte. Den Abschnitt „Erfahrungen der Wissenschaft" aus der ersten Auflage haben wir gestrichen, da sich seit Erscheinen dieses Buches 1982 auf dem Gebiet der Angehörigenarbeit sehr viel getan hat (auch in der Forschung) und eine Fülle zugänglicher Literatur zum Thema erschienen ist. Diese Literatur wird im überarbeiteten und erweiterten vierten Abschnitt - einem kommentierten Literaturverzeichnis - vorgestellt und kritisch gewürdigt.

Im ersten Abschnitt geht es um die Sorgen und Nöte der Angehörigen, hier kommen auch die Betroffenen selbst zu Wort. Über die Schilderung der Leiden von Eltern psychisch Kranker hinaus konnten wir diesen Abschnitt um die Schilderung der Situation von Kindern, die ihre alten kranken Eltern pflegen und um die Stimme einer betroffenen Schwester erweitern.

Im zweiten Abschnitt machen wir mit unserem Vorschlag der Angehörigengruppen bekannt, beschreiben, wie wir praktisch vorgehen und was wir dabei lernen; und wir versuchen, die theoretischen Überlegungen zu dieser Praxis fortzuschreiben. Eine wesentliche Ergänzung zur ersten Auflage bilden hier die Erfahrungen aus dem ambulanten Bereich.

Der dritte Abschnitt gehört wieder den Angehörigen: Selbsthilfegruppen stellen sich vor, um anderen Angehörigen Mut zu machen, sich ebenfalls in ihrer jeweiligen Umgebung einen Ort der Begegnung, der Hilfe und Selbsthilfe zu schaffen. Dabei wird deutlich, daß Angehörige, vor allem in Baden-Württemberg, zur Selbsthilfe gegriffen haben, lange bevor die

psychiatrisch Tätigen auf dieses Problem aufmerksam geworden sind. Wir wollen nicht unerwähnt lassen, daß die „Mutter" der Selbsthilfebewegung, Frau M. Wingler, letztes Jahr für ihr Engagement das Bundesverdienstkreuz erhalten hat.
Unser Vorschlag zur Arbeit mit Angehörigengruppen und die „Selbsthilfebewegung" stehen unseres Erachtens nicht nebeneinander sondern gehören zueinander. Dies zeigt auch die Tatsache, daß sich, mit wenigen Ausnahmen die meisten Selbsthilfegruppen in der BRD aus Gruppen, die von psychiatrisch Tätigen angeboten wurden, entwickelt haben.
Wir schließen dieses Vorwort mit dem Wunsch, den Dialog, der sich zwischen Angehörigen und psychiatrisch Tätigen mittlerweile ergeben hat, fortzuführen. Wir möchten an dieser Stelle das Angebot wiederholen, Informationen und Erfahrungen weiterzugeben. Sie können uns direkt oder über den Verlag anschreiben.
Klaus Dörner, Albrecht Egetmeyer, Konstanze Koenning.
August 1987

I. *Was ist die Not der Angehörigen?*

Ohnmacht und Angst

Ein Elternpaar berichtet

Inge u. Karl Heinz Stark

Am 3. 10. 1976, einem herrlichen Herbsttag, brachten wir unsere Tochter Mechthild hierher (ins Philipps-Hospital/ Riedstadt).

Wie es dazu kam: Zuerst bemerkten wir, daß etwas nicht mehr stimmt. Unsere Tochter benimmt sich merkwürdig, redet wirres Zeug, schreibt dauernd etwas auf, in Bücher zwischen die Zeilen, auf Papierservietten. Wir tippen auf Rauschgift, stellen Untersuchungen an, liegen auf der Lauer, hören und sehen mehr als sonst; sind aufgeregt, ratlos, haben Angst. Wir reden vorsichtig mit Bekannten, Verwandten, wir erleben Sorglosigkeit, wir werden ausgelacht.

Ich weiß nicht mehr weiter, besorge mir Bücher, ich lese alles, was ich in die Hände kriege, über Rauschgift, aber auch über psychische Erkrankungen. Wir erkennen, daß ihr Verhalten *nicht mehr normal* ist. Sie kommt mit einem blauen Auge von einer Party, weiß nicht mehr, wie es passiert ist, kichert merkwürdig, ist aufgekratzt.

Wir überlegen, wo wir Rat bekommen können, denken an Ärzte, Fachleute. Ohne den Betreffenden ist aber keine Diagnose möglich. Auch mitgebrachte Schriftproben helfen nicht weiter, es kann sowohl Rauschgift als auch eine beginnende Psychose sein, sagt uns ein Psychiater. Wir bringt man den Patienten zum Arzt? Der Fachmann rät uns, einfach einen Krankenwagen zu bestellen und sie gewaltsam zu einer Untersuchung zu bringen.

Wir warten einen günstigen Moment ab, kommen uns aber sehr hinterhältig vor. Doch die Atmosphäre zu Hause ist nicht mehr auszuhalten. Ich versuche, ihre Schreibereien zu entziffern, was sehr schwer ist, entnehme ihnen große Wut, Aggressionen gegen uns. Wir haben Angst, trauen uns nicht mehr, etwas zu sagen. Unsere Tochter zieht sich immer mehr zurück, wir lauschen, bespitzeln, gucken durch's Schlüsselloch (das Licht brennt manchmal die ganze Nacht). Es kommt zu übergroßen Spannungen, Eskalationen, wir rufen mitten in der Nacht einen Arzt. Er spricht mit unserer Tochter, sie beschimpft uns, er beschimpft uns!

1. Krankenhausaufenthalt. Wir haben unsere Tochter ins Krankenhaus gebracht (Heppenheim). Hinterrücks wird sie von meinen Schwiegereltern „befreit" (Wie kann man sein Kind in die „Klapsmühle" stecken!); Krach mit den Schwiegereltern und der ganzen Verwandtschaft. Meine Schwiegermutter nimmt unsere Tochter auf und versucht, „sie richtig zu erziehen"! Als sie merkt, daß auch sie nichts ausrichten kann, Vorwürfe, Beschuldigungen („solche Krankheiten gibt's in unserer Familie nicht!").

Ein halbes Jahr Großeltern, ich weine jeden Tag, wenn ich das leere Zimmer sehe und nicht weiß, wie ich helfen soll.

Unsere Tochter geht mit der Klasse auf eine Romfahrt (Abschlußfahrt vor dem Abitur). Der Klassenlehrer ruft uns nach der Heimfahrt an, daß etwas nicht stimmt. Mechthild ruft selbst einen Krankenwagen an und läßt sich ins Elisabethenstift einliefern. Ich werde von dort angerufen (Intensivstation!!).

Ich bin so fertig, daß ich nicht hingehen kann. Mein Mann verbringt den ganzen Tag dort, bis der diensthabende Konsiliararzt abends erscheint. Er verordnet Medikamente und schickt sie wieder nach Hause, diesmal zu uns. Nach drei Tagen gehen wir zu einem anderen Facharzt. Er schreibt gleich die Überweisung für Riedstadt.

2. Einlieferung. Es gibt Schwierigkeiten, weil sie auf einmal nicht bleiben will, die Polizei wird geholt, Formalitäten, sie weiß ihren Namen nicht, Schwierigkeiten beim Unterschreiben. Endlich... ein bißchen Aufatmen, sie ist in Sicherheit, ihr kann geholfen werden, weniger Angst!

Unsere Tochter redet nicht und wenn, ist sie nicht mehr Mechthild, sondern Mona. Wir haben Gespräche mit Ärzten im Philippshospital. Schuldgefühle, Wut.

Warum fragt man mich, die Mutter, so aus, und den Vater nicht? Warum höre ich, daß ich die Krankheit mit verursacht habe, weil ich, als Mechthild ein halbes Jahr alt war, mit einer Tuberkulose in die Klinik mußte, und meine Kinder bei Eltern und Schwiegereltern lassen mußte?? Warum ist unsere Älteste gesund geblieben, Fragen, Wut, Traurigkeit!! Wir besuchen M., so oft wir können, gehen spazieren, reden, machen schüchterne Annäherungsversuche. Wir kommen uns wieder näher. Unsere Nähe ist ihr nicht mehr unangenehm! Wir sind fast jeden Tag da.

Wochenende können wir sie nach Hause holen. Wie machen wir's richtig? Wir nehmen sie überall mit hin, Theater (Kommentar: laut und bunt), zu Freunden (sie ist immer müde), zum Essengehen und Spazierengehen. Sie ist wie ein Roboter, sehr gutwillig, vollgepumpt mit Tabletten und wie ein kleines dreijähriges Kind. Wir machen Gedächtnisübungen zusammen (vor den Schaufensterscheiben, was siehst Du da?!). Das Abitur steht vor der Tür. M. war die Beste in der Klasse und hätte das Abitur mit „eins" bestanden. Wir sprechen mit dem Direktor, dem Klassenlehrer.

Wir spüren Entgegenkommen, Hilfsbereitschaft, Menschlichkeit. Möglichkeiten tun sich auf. Sie kann (noch in Riedstadt) stundenweise in den Unteerricht zurück, um sich wieder an die Schule zu gewöhnen! Mein Mann holt sie ab und bringt sie wieder zurück in die Klinik. Manchmal hält sie es nur eine viertel Stunde in der Klasse aus! Die Klasse besucht sie im Krankenhaus, auch ihr Klassenlehrer. M. weint! Zu Hause haben wir viel Besuch, ich versuche sie mit einzubeziehen, sie nicht zu isolieren! Klassenkameraden, Freunde kommen. M. weiß nicht viel mit ihnen anzufangen und geht meist früh ins Bett. Wir führen die Unterhaltung weiter, haben aber Schuldgefühle, machen wir das richtig!!??

Wir haben ständig Angst, etwas falsch zu machen.

Mechthild bekommt einen Nachtermin für's Abitur. Ihr Latein- und Klassenlehrer kommt zu uns nach Hause und lernt mir ihr. Es ist sehr schwierig, weil sie noch soviele Tabletten nimmt.

Abitur: Die ersten Tage gehen ganz gut, dann Nachlassen der Konzentration, wir zittern. Aber sie hat bestanden!! Wir laden die ganze Klasse zu einem Fest ein zu uns nach Hause, alle kommen, die Klasse ist vollzählig da!

M. fängt mit dem Studium an (Musik). Wieder Gang in die Akademie, Reden mit Direktor, Lehrkräften, wieder offene Türen, Gutwilligkeit, offene Ohren. Ich habe das Gefühl, mich jetzt langsam eigenen Dingen zuwenden zu können und zu müssen, die Abhängigkeit von uns zu lösen, ihr beim Abnabeln zu helfen. Wir hören von der Angehörigengruppe, und ich lese einen Artikel über die „Psycho-soziale Kontaktstelle". Wir gehen zusammen in die Gruppe, lernen viel, vor allem über uns. Ich übernehme eine ehrenamtliche Tätigkeit in der K.-stelle. Nach drei Jahren zieht M. in eine Wohngemeinschaft, was anfänglich gut geht. Dann kommt es zu einer Krise (vor Weihnachten), M. kann nicht mehr dortbleiben, wir wissen wieder nicht, ob wir's richtig machen, wenn wir ihr anbieten, vorübergehend zu uns zu ziehen. Wir tun es. Sie ist glücklich und dankbar, mit der Zeit kommt es zu kleinen Reibereien, weil ich ein bißchen in die „Mutterrolle" zurückfalle und dazu eigentlich gar keine Lust habe! M. findet eine Wohnung bei uns in der Nähe. Sie zieht um. Auch da gibt es kleine Schwierigkeiten mit einer Hausbewohnerin, ich habe aber das Gefühl, daß unsere Tochter dem gewachsen ist. Sie sagt: Es ist immer so, daß auf den Schwachen 'rumgehackt wird, aber es ist eine Chance für die Schwachen, stark zu werden!

Jetzt steht sie mitten in der Abschlußprüfung (Musiklehrerin). Hat noch viele Schwierigkeiten, aber ich glaube, sie wird es schaffen! (Sie hat inzwischen bestanden!!!)

Sie sagt, daß sie große Angst vor dem Erwachsenwerden hatte, aber so schlimm sei das gar nicht, und sie merkt auch allmählich, daß sie allein, ohne uns gehen kann. Menschen, die Verständnis haben und den Patienten eine Chance geben, sind die beste Voraussetzung für das Gesundwerden. Auch wir haben uns während der Krankheit verändert. Wir haben große Schwierigkeiten überwinden müssen und schwere Krisenzeiten gehabt, aber auch wir haben viel gelernt, wir können *miteinander reden!!!*

Im wesentlichen können wir zusammenfassend folgendes feststellen:

Was hat uns belastet?

- Verwandtschaft: Die Personen, die am nötigsten gebraucht worden wären, haben dagegen gehandelt.
- Handlungsweise verschiedener Fachärzte
- Ungewißheit, Angst, Hoffnungslosigkeit; im Vorfeld der Erkrankung besonders
- Unsicherheit, Schuldgefühle; durch Befragen der Mutter, nicht des Vaters
- Erfahrungen mit ebenfalls erkrankten Verwandten
- Verlassenheit; durch gegensätzliche Ansichten und Prognosen der „Fachleute"
- Erkennen und Bewältigen der familiären Konflikte, der Kommunikationsprobleme innerhalb der Familie
- tägliche Erfahrungen in der „Kontaktstelle" mit Patienten

Was half/hilft uns?

- Verständnis uns völlig fremder Menschen
- Schule, Freunde, Nachbarn, Schulkameraden, Klassenlehrer, Direktor der Akademie, Geigenprofessor — bei offener und ehrlicher Ansprache wegen unserer Nöte
- behandelnde Ärztin im PKH
- Erfahrungen mit ebenfalls erkrankten Verwandten
- Bücher — autodidaktisch!
- Darmstädter Psychiatrie-Tage
- Angehörigen-Gruppe!
- Selbsthilfe- beziehungsweise Selbsterfahrungs-Gruppe; zur eigenen Hilfe/Veränderung
- Verständnis der Umwelt; durch Wahrhaftigkeit/Ehrlichkeit
- tägliche, wenn auch oft belastende Erfahrungen in der „Kontaktstelle"
- Einstellung des „Patienten" zu einer „Krankheit" durch seine Einsicht in die Notwendigkeit der weiteren ärztlichen und medikamentösen Behandlung — Ambulanz des PKH

- und Gespräche, Gespräche und nochmals Gespräche — in alle Richtungen des täglichenLebens

Letzlich hat uns Mechthild kürzlich gesagt: „Ich hatte und habe Angst vor dem Erwachsenwerden, es geht aber auch *ohne Euch!!!*

Wir brauchen also Aufklärung und beratende Unterstützung zum Verständnis der Krankheit und des Patienten sowie zu unserer so notwendigen eigenen, persönlichen Veränderung.

Besonders dringlich ist dies meist für die Männer unter den Angehörigen. Es ist immer wieder feststellbar, daß gerade hier zu Lasten des Gefühlslebens der Verstand eingesetzt wird und somit die familiären „Spannungsverhältnisse“ erst geschaffen, zumindest aber beibehalten werden, wo doch deren Abbau so not tut.

Wir haben bisher viel Glück gehabt; fanden wir — im Gegensatz zu vielen anderen Angehörigen — immer wieder „offene Ohren“, Verständnis und Bereitschaft, auf uns einzugehen. Dies ist draußen meist nicht der Fall, erst recht nicht im Arbeitsleben. Auch hier tut Hilfe not, nicht nur bei der Suche eines Arbeitsplatzes, einer Beschäftigung, eines Berufes; auch im weiteren sozialen Umfeld bedarf es noch großer Anstrengungen und Initiativen, um Vorurteile abzubauen und Verständnis und tätige Hilfe zu finden.

Helfen sie uns, „Knoten zu lösen“!

Einsamkeit und Schuldgefühle

Eine Mutter berichtet

Annie Gruber

Mit der Psychiatrie kam ich in meinem Leben das erste Mal im Dezember 1978 in Berührung.

Damals brach bei unserem vierundzwanzigjährigen Sohn ein schrecklicher Angstanfall aus. Er stand am Fenster und meinte plötzlich, die Sonne würde gleich explodieren. Die Worte meines Sohnes H. „bitte, hol keinen Arzt, der sagt, ich bin krank und schickt mich zum Psychiater", hielten mich zurück, sofort einen Arzt zu rufen.

In der darauffolgenden furchtbaren Woche mußten mein Mann und ich erfahren, wie ungeheuer schwer es ist, einem von Angst und Wahn überfallenen Menschen fachärztliche Hilfe zukommen lassen zu können.

Im ärztlichen Notdienst — bei uns passierte es an einem Samstag — steht kein Nervenarzt zur Verfügung. Beim Max-Planck-Institut, wo H. vier Jahre vorher einmal ambulant kurz getestet worden war, mußte ich hören, daß H. nach meiner Schilderung stationär in einer Nervenklinik behandelt werden sollte, bei ihnen aber kein Platz frei wäre, auch nicht in absehbarer Zeit. Ein von mir am Montag herbeigerufener Allgemeinarzt wurde von H. sofort und mit einer für mich verblüffenden plötzlichen Klarheit, abgelehnt. Dieser Arzt stellte es aber sich und uns Eltern zur Aufgabe, H. freiwillig in eine Neurologische Klinikabteilung zu bringen, was uns leider die ganze Woche über nicht gelang. Es kamen Vorwürfe von Verwandten, denen sich H. in seiner Verstörtheit gezeigt hatte, „wie wir das mitansehen könnten, sie würden einen Psychiater ins Haus bestellen, koste es was es wolle". Wie viele Nervenärzte hatte ich zu dieser Zeit schon um einen privaten Hausbesuch gebeten, noch dazu, wo Herr Dr. X meinem Mann wiederholt sagte, er könne H. gegen seinen Willen nur mit einem Attest von zwei Nervenärzten einweisen. Die Antwort war immer die gleiche: „Ihr Sohn muß in meine Sprechstunde kommen!"

Als H. schließlich doch eine ihm aus früherer Behandlung bekannte Internistin aufsuchte, bekam ich folgendes zu hören: „Freiwillig bringen Sie den nirgends hin. Da hilft nur Zwangseinweisung nach Haar. Dort wird er gespritzt und nach vier Wochen kapiert er, daß er drinnen bleiben muß — und im übrigen bin ich als Internistin sowieso überfordert".

Aus der Not, ihm anders nicht helfen zu können, verwandte mein Mann etwas, was schon zwischen H. und mir vorgefallen war und zu einer Zwangseinweisung ausreichte.

Und dann mußten wir erfahren, wie man mit Eltern, die ihr Kind zwangseinweisen, zu Gericht geht.

Nicht nur, daß ich selbst mit mir in einem ungeheuren Konflikt stand. H. ging es gerade an dem Tag wo die Einweisung zustande kam besser, so daß ich, als die Polizisten in unserem Wohnzimmer standen und den fernsehenden H. aufforderten mitzukommen, nahe daran war „nein!" zu schreien, mich aber der nächste Gedanke „Kannst Du das verantworten?" daran hinderte. Von den Verwandten mußten wir jetzt hören, „das hätten wir nicht gemacht!" Freunde von H., mit denen er in einem polit-wissenschaftlichen Arbeitskreis zusammen arbeitete, standen Kopf! Es fehlte nicht mehr viel, daß sie nicht sagten, mein Mann und ich gehörten in eine Nervenklinik. H. sagte das sowieso. Freunde von ihm, die ihm unbedingt helfen wollten, beeinflußten ihn, ja die Pharmaka nicht zu nehmen. Sie besorgten ihm einen Anwalt, der ihn aus der Klinik herauspauken sollte. Damals war der politische Trend, der Psychiater mache den psychisch Kranken erst kaputt. Von einem mußte ich mir sagen lassen, H. müßte schnellstens aus der Klinik raus und mit uns in eine Familientherapie. Ein großes Vertrauensverhältnis zwischen H. und mir war zerbrochen. Er lud vom Einweisungstag an einen ungeheuren Haß auf mich ab. Die Polizisten gewährten ihm, wie er mir später erzählte, Einblick in das Einweisungsattest und demnach konnte ja nur ich an der Einweisung Schuld sein.

Ärztlicherseits hingen wir völlig in der Luft. Worte wie: „Ich darf Ihnen nichts sagen, Ihr Sohn ist volljährig", oder „Ich darf mit Ihnen nicht in Verbindung treten, wenn Ihr Sohn nicht einverstanden ist", versetzten mich in eine Mutlosigkeit.

Schwer war es auch, als H. nach vier Wochen aus der Klinik entlassen wurde: Man bekommt keine Anleitung, keine Verhaltensregeln, die es sonst für alle Erkrankungen gibt. Bei einer psychischen Erkrankung wird einfach von einem erwartet, daß man mit dem Betroffenen zurecht kommt. Man kann sich nur auf sein Gefühl verlassen, es einigermaßen richtig zu machen und gerät dadurch oft in einen Zwiespalt. Auch möchte man mehr wissen über diese „Störung" — was das eigentlich ist, woher sie kommt. Selbstverständlich hofft man auf vollständige Gesundung und lebt auf, wenn es dem Betroffenen besser geht, sieht aber plötzlich doch wieder dieses schleichende „Andere", das einen fast erdrückt. Mit Niemandem kann man über seine Bedrückung sprechen, oft nicht einmal mit seiner nächsten Umgebung, weil diese vielleicht auf den Kranken zu ängstlich reagiert oder an einem selbst nur Kritik ausüben würde. Man wacht, daß ja nichts aus den „vier Wänden" hinaus kommt. Auch finanzielle Schwierigkeiten gibt es. Unser H. nahm nicht einmal das ihm zustehende Krankengeld in Anspruch. Die Aufforderung zum Vertrauensarzt ließ er in seinen Papierkorb wandern. Er verwandte ja seine ganze Kraft, um sich und uns seine Erkrankung zu verleugnen.

Wir begannen auf unsere Kosten Familientherapie mit zwei Therapeuten, die H. von seinen Freunden vermittelt wurden und die er angenommen hatte.

Ein ungeheures Schuldgefühl lud sich auf mich. Dieses ständige Suchen, „was ist in dieser Familie nicht intakt?", das Wort „Überbehütung", das in den Raum gestellt wurde... Weil ich von uns Dreien die Therapie am ernstesten nahm, mußte ich aber auch am meisten verkraften.

Mein eigenes Suchen, wann die „Störung" von H. entstanden sein könnte, die maßlose Auflehnung gegen diese und die in mir wachsende Gewißheit, daß ich diese annehmen muß und die größte Sorge, was mit ihm wird, wenn mein Mann und ich nicht mehr leben, ließ mich nicht mehr schlafen. Ich nahm Beruhigungstabletten ein.

Genau nach einem Jahr bekam H. einen neuen Schub. Diesmal nicht so aggressiv, aber er kam auch nicht so richtig raus.

„Ich bin traurig, ich kann nicht mehr denken", brach es einmal aus ihm heraus.

Leider suchte er nur zweimal seine ihn ambulant betreuende Nervenärztin in der Universitätsklinik auf. Er wandte sich wieder an die ihm bekannte Therapeutin. Eine medikamentöse Behandlung erhielt er somit nicht.

Nach zwei Monaten nahm H. sich mit fünfundzwanzig Jahren auf grausamste Weise das Leben.

Sehr geholfen hat mir damals die Angehörigengruppe in der Ambulanz der Universitäts-Nervenklinik. Mein Mann und ich hatten sie vor dem Tode unseres Sohnes dreimal besucht. Als „es" dann passierte, drängte es mich unbedingt noch einmal in die Gruppe. Ich wollte einer verwitweten Mutter, deren Fall sehr schwer war, einfach sagen: „Bringen Sie es über's Herz! Lassen Sie Ihren Sohn in die Nervenklinik einweisen, bevor es zu spät ist."

Und ich blieb in der Angehörigengruppe. Ich merkte plötzlich, daß ich mit meinem großen Leid nicht allein war. Da war noch eine Mutter, die einen Sohn durch Selbstmord verloren hatte, und nun war ihr zweiter Sohn in die Psychiatrie gekommen. Daß ich manchmal während des Gruppengesprächs mithelfen konnte, jemanden aus seinem „Tief", in das jeder von uns abwechselnd mal geriet, herauszuziehen, stärkte mich, half mir, mein Leid kleinweise abzutragen.

Als dann die Angehörigengruppe an der Schwelle stand, ihren Weg allein weiterzugehen, erklärte ich mich bereit, die Organisation eines weiteren Treffens zu übernehmen.

Heute werde ich in Abständen von Angehörigen angerufen, die sich wieder einmal „wenigstens so richtig aussprechen" möchten und für eine allgemeine Zusammenkunft sind. Bei so einem Treffen stelle ich immer von neuem fest, wieviel echte Anteilnahme jeder für jeden aufbringt.

Es tut mir leid, daß manche Angehörige nach zwei- oder dreimaligem Gruppenbesuch schon wieder abspringen. Aus eigener Erfahrung weiß ich, daß man eine gewisse Anlaufzeit braucht, um die Hilfe, die einem selbst hier angeboten wird, überhaupt annehmen zu können. Jeder kommt anfangs so vollgeladen mit seiner Sorge um den Erkrankten, daß er nur die Meinung vertritt, hier müßte man das „Rezept" für die Gesundung desselben erhalten.

Abgesehen davon, daß eine private Einzeltherapie sehr viel Geld kostet, finde ich, daß sie auch nie das bringen kann, was in einer Angehörigengruppe möglich ist.

Zur Lebenssituation der Familien psychisch Kranker

Konstanze Koenning

Der folgende Text befaßt sich mit den Belastungen, Sorgen und Nöten der Angehörigen — meist der Eltern — von Menschen, die an einer Psychose erkrankt sind. Alle Familien, von denen die Rede sein wird, haben lange — oft jahrelange — leidvolle Erfahrungen mit schwerem psychischen Leiden und der psychiatrischen Versorgung. Welche Probleme Angehörige von psychiatrischen Patienten haben und wie schwerwiegend diese sind, hängt sicherlich auch von den spezifischen Verwandtschaftsverhältnis und der Intensität der Beziehung ab. Eltern fühlen sich schon von ihrer gesellschaftlichen Aufgabe her besonders verpflichtet, sich um ihr krankes oder behindertes Kind (gleich welchen Alters) zu kümmern. Neben dem Verwandtschaftsverhältnis spielen auch die Art, Intensität und Dauer der Erkrankung eine Rolle. Schließlich mag auch von Bedeutung sein, ob die Familie zusammen wohnt, oder ob einzelne Familienmitglieder — etwa die Kinder — eigenständig wohnen und leben, oder ob eines in einer Klinik oder in einem Heim ist. Unabhängig von diesen Unterschieden gibt es indes viele gemeinsame Sorgen und Nöte, und manches von dem Gesagten wird auch auf Angehörige anderer Patientengruppen — z.B. Alterskranke, schwere neurotische Störungen — zutreffen.

Die Leiden und Sorgen der Angehörigen beginnen nicht erst mit der Einweisung des Patienten in ein psychiatrisches Krankenhaus. Auch nicht mit dem Aufsuchen eines Nervenarztes oder einer Beratungsstelle. Sie beginnen viel früher: Der Betroffene verhält sich nicht mehr so, wie es die Familie gewöhnt ist. Er schläft ungewöhnlich viel oder ungewöhnlich wenig, ist aufgeregt, ängstlich, zieht sich zurück oder ist besonders aktiv. Er schafft die schulischen oder beruflichen Anforderungen nicht mehr, erfüllt seine familiären Verpflichtungen nicht mehr so wie man es kennt, erzählt von ungewöhnlichen Erlebnissen, sieht oder hört Dinge, die andere nicht sehen und hören.

Lange Zeit versucht eine Familie dieses Verhalten zu verstehen und als normal zu erklären. Das jugendliche Alter, eine Reifungskrise, Überbelastung, o.ä. dient als Erklärungsversuch. Zunächst redet niemand von Krankheit. Das kann sich manchmal Monate oder Jahre hinziehen. Das Klima in der Familie mag schließlich unerträglich werden, Konflikte spitzen sich zu, bis Hilfe von außen gesucht wird. Das aber ist besonders schwierig: Wo soll man diese Hilfe suchen, wen soll man ansprechen? Oft ist es der Hausarzt, dieser verweist im besten Falle an den niedergelassenen Nervenarzt. Von außen, von Experten also, wird dann auch zum ersten Mal von Krankheit gesprochen. Eine Welt bricht zusammen. Der Schock der psychiatrischen Diagnose ist groß und oft leitet er einen jahrelangen Prozeß des Akezptierenmüssens ein.

Die Mutter eines 19-jährigen Mädchens, welches mit Wahnsymptomen zum ersten Mal in psychiatrische Behandlung kam, drückte den geschilderten Prozeß so aus: „Also wir haben gemeint, daß sie schlicht überarbeitet wäre. Ja, sie hatte zu wenig geschlafen, man denkt Gott, daß sie mal zur Ruhe kommt. Dann kam sie nachmittags wieder und hat mir von der Schule erzählt und sagte: Da ist der Teufel los, die ganze Stadt ist abgesperrt. Da bin ich noch hin und habe nachgeguckt, ob das stimmt, aber man kann es ja auch nicht fassen." Der Vater einer Patientin sagte: „Nun, ich würde meinen, zuerst ist die große Ratlosigkeit und Fassungslosigkeit da, ja, und der Schmerz. Man weiß nicht was tun."

Lebt ein psychisch Kranker in seiner Familie, so hat das tiefgreifende Auswirkungen auf den Alltag. Hierbei sind es nicht so sehr die den Psychiater interessierenden Symptome die das Familienleben beeinträchtigen (wie etwa Stimmen hören, Wahnideen, Halluzinationen, Verwirrtheit, o.ä.), sondern eher folgende Verhaltensweisen:

- Die Inaktivität und Apathie, oder aber die übermäßige Aktivität
- Die Vernächlässigung des Äußeren und der Wohnung

- Die Mißachtung von Hygiene-, Sauberkeits- und Ordnungsregeln
- Die Störung der familiären Alltagsroutine (etwa das Blokkieren eines Badezimmers)
- Der häufig gestörte Tag/Nachtrhythmus
- Ungewöhnliche oder ungenügende Ernährung
- Merkwürdiges Kontaktverhalten — das vom Einsperren in das eigene Zimmer und vom völligen Rückzug bis zur offenen Aggression gehen kann.

Derartige Verhaltensweisen führen immer wieder dazu, daß Familienangehörige sich fragen: „Kann er nicht, oder will er nicht?“ Ein quälende und zermürbende Frage auf die es keine Antwort gibt: Läßt sich die Familie darauf ein zu sagen 'er kann nicht', führt das zu Rücksichtsmaßnahmen, die den eigenen Bedürfnissen und Wünschen kaum noch Platz lassen. Sagt die Familie 'er will nicht', mag das die Konflikte dramatisch zuspitzen und wiederum dem Betroffenen nicht gerecht werden. Häufig erleben Familien, daß sich der Betroffene zuhause anders verhält als bei Verwandten, Nachbarn oder Ärzten. Die Frage: „Liegt das an mir? Was mache ich zuhause falsch?“ liegt nahe und quält die Familienmitglieder. Eine Antwort fällt umso schwerer, als die Befindlichkeit und das Verhalten des psychisch Erkrankten häufig sehr wechselhaft sind. Diese Wechselbäder führen zu einer dauernden Anspannung in der Familie: Was bringt der nächste Augenblick? Selbst ruhigere Zeiten sind überschattet von Angst und Sorge, denn man meint nie sicher sein zu können, wie es weitergeht, was der nächste Tag bringt.

Das alles überschattende Probleme für Angehörige psychisch Leidender sind die Schulgefühle. Jeder fragt sich: 'Was habe ich falsch gemacht, was habe ich versäumt, was mache ich heute noch falsch, habe ich bei der Erziehung versagt, haben wir in der Familie eine Erbkrankheit?' Besonders Eltern schizophrener Patienten quälen sich mit Gedanken über die Ursache der Krankheit und werden durch die Lektüre populärwissenschaftlicher Literatur durch Vorwürfe des Patienten von Verwandten und Bekannten oder sogar durch mehr oder minder offene Kritik der behandelnden Fachleute auf die

Idee gebracht, sie seien an der Entstehung der Krankheit und am Fortbestehen ursächlich beteiligt.

Die Suche nach einer Ursache ist eng verknüpft mit der Suche nach einem „Schuldigen“: Gerade dann, wenn uns etwas sehr fremd ist und uns sehr viel Angst macht, neigen wir alle dazu, es verständlich und erträglich zu machen, indem wir mehr oder minder schlichte Erklärungen konstruieren. Schlagworte wie „Tatort Familie“ oder „schizophrenogene Mütter“ treffen auf Menschen, die sich schon selbst voller Schuld fühlen und haben fatale Folgen. Schuldgefühle belasten nicht nur die Verständigung zwischen den betroffenen Familien und psychiatrisch Tätigen, sie wirken sich auch lähmend und zermürbend auf das Familienleben aus. Ein Ehepaar: „Mutter ist ja wohl ein Schimpfwort bei Euch“, „Da sucht man nun schon seit acht Jahren wer Schuld sein kann“.

Oder die Mutter einer behinderten Tochter: „Es ist, als würde dauernd ein Kübel voller Beschuldigungen auf einem abgeladen“. Die Schwester, einer seit langen Jahren in psychiatrischer Behandlung befindlichen Patientin schildert die quälende Suche nach Erklärung so: „Da sucht man irgendwo einen Faden und fragt sich, was in der Familie eigentlich so quer gelegen hat und unsere Eltern leben nicht mehr, und dann habe ich, glaube ich, ganz weit ausgeholt von der Kindheit zu den Erbanlagen ...“.

Die Psychiatrie selbst muß sich hier den Vorwurf gefallen lassen, an der Entstehung und Verstärkung von Schuldgefühlen bei den Familienangehörigen, insbesondere bei den Eltern nicht ganz unbeteiligt zu sein: Einmal dadurch, daß sie nicht genügend und offen darüber informiert, was sie weiß und was sie nicht weiß und zum zweiten dadurch, daß es unter den unterschiedlichen Schulmeinungen einige gab und immer noch gibt, die die Familie als „Krankheitsüberträger“ oder gar als „Krankheitsverursacher“ betrachten (einige Gedächtnishilfen hierzu finden Sie in unserem Vorwort und anderen Stellen dieses Buches).

Mit Schuldgefühlen geht Scham einher. Psychische Krankheit wird als eine große Schande empfunden. Man traut sich kaum über diese Schande zu sprechen, man trifft auf ängstliche Zurückhaltung, Unverständnis und auch Ablehnung. Nachbarn und Bekannte ziehen sich zurück. Die Familien selber haben keine Kraft auf andere zuzugehen, ein fataler Kreislauf. Eigene Wünsche und Bedürfnisse geraten immer mehr in den Hintergrund, man gibt Vereinstätigkeiten auf, fährt nicht mehr in Urlaub, traut sich kaum noch aus dem Haus.

Dazu Äußerungen von Eltern psychiatrischer Patienten: „Das war wahnsinnig schlimm für mich, daß man doch immer angeklagt wird und angegriffen wurde. Du bist an allem Schuld, das muß man ja irgendwie verarbeiten, das war schrecklich."

„Und so sehen es ja auch die Leute. Auch damals wie es so ganz schlimm war, das sieht man auch an den Blicken. Z.B. in der Kirche, als wenn die Leute meinten, die traut sich noch hierher zu kommen, wo sie doch einen Sohn in der psychiatrischen Klinik, in der Klappsmühle hat. Das hat man schon so gespürt. Das war wie ein Spießrutenlauf". Und ein Vater: „Man igelt sich ja auch selber ein bißchen ein".

Die betroffenen Familien isolieren sich zweifach. Sie isolieren sich nach innen, indem sie miteinander meist kaum noch sprechen können über ihre Not und sie isolieren sich nach außen. Isolation aber führt zu Sprachlosigkeit. „Man schmort im eigenen Saft" und kann sich schwer andere als die mühsam selbst ausprobierten Lösungsversuche (und seien sie noch so erfolglos) vorstellen.

Wenn sich — oft nach jahre-, oder monatelangem Bemühen der Familie die Probleme selbst zu lösen — die Situation so zugespitzt, daß Hilfe von außen erforderlich ist, stoßen die Familien auf ein lückenhaftes und/oder unübersichtliches Versorgungssystem. In den seltensten Fällen findet eine in Not geratene Familie jemanden, der ins Haus kommt. Nimmt die Krise zu und weiß die Familie sich nicht mehr anders zu helfen, kann eine Klinikeinweisung, auch zwangsweise, notwendig werden. So eine Noteinweisung wird von allen Beteiligten meistens dramatisch und sogar entwürdigend empfunden. Fast ausnahmslos wird dabei lediglich der Erkrankte als Leidender und Hilfsbedürftiger wahrgenommen.

Die Angehörigen hingegen werden mit ihrer Angst, ihren Nöten, Fragen und Zweifeln allein gelassen. Beim ersten Kontakt mit der Institution von der sie Hilfe erwarten, werden diese Dinge selten angesprochen. Allenfalls stellt man ein paar Fragen zur Krankengeschichte. Vielfach wird den Angehörigen durch die Therapeuten das Gefühl vermittelt, sie wollten ihr krankes Familienmitglied abschieben. Durch die (gut gemeinte — aber falsche) Parteinahme der Therapeuten mit dem Patienten festigt sich ihr Gefühl, irgendwie an dem ganzen Unglück schuld zu sein.

In dieser Situation sind die Angehörigen meistens nicht in der Lage ihr eigenes Leiden zu artikulieren, allenfalls wagen sie Fragen nach Diagnose und Prognose zu stellen (so wie wir es alle im Umgang mit der Medizin gelernt haben). Doch mit den unklaren, oder abweisenden Formulierungen mit denen wir Professionellen dazu neigen unsere eigene Hilflosigkeit und begrenzten Hilfsmöglichkeiten zu verdecken, können sie wenig anfangen. Oft bleibt der Griff zum Lexikon und Gesundheitsratgeber.

Mit dem, was sie dort lesen, wird ihr natürliches, aber oft nicht verkehrtes Krankheitsverständnis zugedeckt und sie fühlen sich hilfloser und schuldiger als zuvor. In manchen Einrichtungen machen die Angehörigen die Erfahrung, daß ihnen zunächst jeder Besuch untersagt wird, ohne daß sie eine Erklärung dafür bekommen. Aber aus dem abweisenden Verhalten des Klinikpersonals werden sie den Schluß ziehen,daß sie die Behandlung stören, die Genesung gefährden. Dies verstärkt die Phantasie, Verursacher, und deswegen auch Schuldiger zu sein. In anderen Fällen sind die Kontakte mit den Familien in einer Klinik durch Besuchszeiten geregelt. Der gesamte Klinikalltag ist oft so strukturiert, daß die Angehörigen sich als Störenfriede vorkommen müssen, da sie gar nicht eingeplant sind. Je nach therapeutischen Prinzipien kann es auch sein, daß Therapeuten jedes Gespräch mit den Angehörigen ohne Beisein des Patienten ablehnen. Oft wird gerade Eltern bedeutet, daß sich der Patient von der Familie lösen und selbständiger werden müsse, und dies in einer Form, als stünden sie dabei nur im Wege. Zunehmend müssen die Eltern das Gefühl bekommen, daß die Mitarbeiter der Institution, die eigentlich „besseren Eltern" seien, welche die Hilflosigkeit und Ratlosigkeit, die sie erleben, gar nicht kennen.

Die Familien werden mit ihren Sorgen und Grübeleien sich selbst überlassen. Der Vater eines junges Mannes, der schon einige Male in stationärer psychiatrischer Behandlung war, drückte es so aus: „Die Information, die wir bekommen haben, war meines Erachtens ungenügend, mehr als ungenügend. Selbst wenn man fragte, hatte man ausweichende Antworten bekommen und ich war eigentlich ein paarmal drauf und dran, den Leuten der Anstalt, dem Personal zu sagen, ich habe es nicht gerne, wenn eine klare Frage mit einer Gegenfrage beantwortet wird. Ich hatte oft den Eindruck, daß wir mit dazu da sind, daß wir ausgefragt werden. Dagegen lassen die sich in keiner Weise ausfragen. Da kriegen sie immer eine ausweichende Antwort".

Eine große zusätzliche Belastung ist der ständige Wechsel des therapeutischen Personals in Krankenhäusern, so daß keine langfristige Vertrauensbasis entwickelt werden kann. Die mangelnde Aufklärung über mögliche Hilfen, über Medikamente und ihrer Nebenwirkung, so wie die sich widersprechenden Ansichten über Ursachen, Diagnosen und Verläufen tragen dazu bei, daß die Familie verunsichert wird und ihre Ratlosigkeit ständig wächst.

Dabei quält die Angehörigen vor allem die Frage wie es weitergehen soll. Ist die Entlassung eines Patienten aus der Klinik geplant, so trifft dies die Familien oft unvorbereitet und mobilisiert neue Ängste, da ihre Fragen bisher unbeantwortet blieben. Sie werden selten gefragt, ob sie sich den damit verbundenen Belastungen gewachsen fühlen. Rehabilitationspläne werden häufig ohne, oder gar gegen die Familie gemacht, manchmal fehlen sie ganz (Ein vorläufiges Ergebnis der Auswertung des Modellprogramms zeigt, daß in nur 4% der Fälle die Familie in die Rehabilitation einbezogen wird!). Das Angebot an beschützten Arbeits- und Wohnplätzen reicht noch bei weitem nicht aus. Es fehlen Krisendienste, die auch zu „Unzeiten" ins

Haus kommen und Krisenbetten, ortsnah und in kleinen Einrichtungen, wo unkompliziert jemand für eine Nacht oder länger bleiben kann, damit nicht aus jeder Krise ein Unglück werden muß.

Was wird, wenn ich nicht mehr bin? Diese Frage beschäftigt viele Angehörige, insbesondere Eltern. Sie überlegen, wo ihr erkranktes Familienmitglied wohnen kann, wer für ihn/sie sorgt wenn es nötig ist, wer in Krisenzeiten ihre/seine Angelegenheit regelt. Die Sorge um die Zukunft beherrscht oft das Denken der Eltern so stark, daß wenig Platz für das Heute bleibt. Dazu kommt, daß unser Versorgungssystem wenig überschaubar und für langfristige Kranke/Behinderte so lükkenhaft ist, daß hilfreiche Hinweise schwer zu bekommen sind. Die betroffenen Familien fühlen sich auch hier mit ihren Sorgen vielfach im Stich gelassen, falls sie nicht immer wieder Gelegenheit bekommen, darüber zu sprechen. Selbst dann wenn es keine Antwort gibt, da der Verlauf einer psychischen Krankheit sich nicht vorhersagen läßt.

Die psychische Erkrankung und Psychiatrisierung eines Familienmitglieds hat mannigfaltige soziale und materielle Belastungen zur Folge. Zunächst eine indirekte Auswirkung: Unter den Alltagssorgen leidet nicht selten die berufliche Leistungsfähigkeit der „gesunden" Familienmitglieder. Es kommt vor, daß ein Elternteil die Berufstätigkeit aufgeben muß um den häuslichen Alltag zu bewältigen. Hinzu kommen manchmal finanzielle Belastungen, die sich aus dem unvernünftigen Verhalten Erkrankter ergeben. Manche können entweder überhaupt nicht mit Geld umgehen, oder geben in kritischen Phasen große Summen aus, verschenken oder verlieren ihr Geld, rauchen ungewöhnlich viel oder zertrümmern wertvolle Einrichtungsgegenstände. Rechtlich mögliche Hilfen, wie z.B. Pflegschaft oder Schwerbehindertenausweis sind „Bumerangs", da sich auch immer Stigmatisierung bedeuten und einer Rehabilitation und dem Wiederherstellen eines guten Selbstwertgefühls des Erkrankten im Wege stehen können.

Häufig zieht sich die Erkrankung länger hin als Krankengeld gewährt wird, Arbeitslosengeld gibt es — wenn überhaupt — zeitlich nur begrenzt, Arbeitslosenhilfe, Frühberentung und letztlich Sozialhilfeabhängigkeit des Erkrankten führen zu dessen Verarmung. Die Familie muß ihr (oft bescheidenes) Einkommen und Vermögen einsetzen, Lebensunterhalt und Betreuung mitfinanzieren (dazu ein Ergebnis aus dem Modellprogramm Psychiatrie: Eine Forschergruppe hat errechnet, daß die Familien 19% der Kosten für die Versorgung tragen, die Krankenkassen im Vergleich 21%. Diese 19% ergeben sich aus dem Rückgriff der Sozialhilfe auf Einkommen der Familie. Die Kosten für täglichen Lebensunterhalt hat noch niemand errechnet, diese kommen noch dazu). Die materielle Abhängigkeit der Familienmitglieder untereinander erschwert zunehmend Prozesse des Selbständigwerdens auf allen Seiten. Verschärft wird die schwierige Lebenssituation der Familien psychisch Erkrankter durch die immer angespannter werdende gesellschaftliche Situation: Die Arbeitslosigkeit trifft am härtesten eine der benachteiligsten Gruppen dieser Gesellschaft. Nahezu 100% der psychisch Kranken sind arbeitslos.

Zum Abschluß eine Charakterisierung der Situation der betroffenen Familien durch Herrn K. H. Walter, anläßlich des 8. Landestreffens der Baden-Württembergischen Angehörigengruppen. „Im Zuge einer Entwicklung mit immer kürzer werdendem Klinikaufenthalt wird Psychiatrie zunehmend in die Wohnzimmer der Angehörigen verlagert. So mancher Angehöriger arbeitet dort — nicht unter den Bedingungen der 40-Stunden, sondern der 168 Stunden-Woche — und dies ohne Bezahlung, ohne Sozialversicherung, ohne Urlaub, ohne Supervision. Ich fände es infam von einer Gesellschaft, wenn sie diesen Angehörigen zu allen Belastungen schließlich noch die Schuld aufladen würde, anstatt ihnen zu helfen so gut es geht".

Überarbeitete Fassung eines Beitrages aus der Broschüre „Familien helfen sich selbst", des Dachverbandes psychosozialer Hilfsvereinigungen

Mißachtung durch die Institution

Eine Untersuchung über „Schwierigkeiten und Probleme von Angehörigen chronisch schizophrener Dauerpatienten“

Hansjörg Becker/Karl-Johann Katzmann

Wir wollen über eine Untersuchung berichten, die wir im Philippshospital Riedstadt durchgeführt haben. Diese Untersuchung betrifft die Angehörigen von chronisch schizophrenen Dauerpatienten, und sie soll sich in erster Linie mit den Problemen und Schwierigkeiten der Angehörigen befassen. Es ging uns also darum, herauszufinden, auf welche Art und Weise Angehörige betroffen und beeinträchtigt sind, wenn ein Familienmitglied wegen einer schizophrenen Erkrankung für lange Zeit in einem psychiatrischen Krankenhaus untergebracht werden muß.

Das Interesse der Psychiatrie an den Angehörigen ist ja nicht ganz neu. Zunächst wurden den Aspekten der Ätiologie und Pathogenese unter psychodynamischen Gesichtspunkten besondere Aufmerksamkeit gewidmet, das heißt, die Beziehung zwischen dem Patienten und seiner Familie steht im Mittelpunkt des Interesses. Später wurde die Familie des Patienten unter sozialpsychiatrischen Gesichtspunkten interessant: Man erkannte, daß der Krankheitsverlauf ganz wesentlich davon abhing, inwieweit es noch stabile Beziehungen zur Familie gab, das heißt, die Familie spielt eine entscheidende Rolle bei der Beurteilung der Rehabilitationsmöglichkeit des Patienten.

In jedem Fall war die Betrachtungsweise dabei sozusagen „patientenzentriert“, das heißt, die Angehörigen wurden gesehen als eine wichtige variable Größe bei der Beurteilung der Lebenssituation des Patienten.

So sind die Angehörigen in eine schwierige Situation hineingeraten: Unausgesprochen oder explizit vermuten wir ja, daß die Beziehung des Patienten zu seinen Eltern, vor allem in der früheren Kindheit, bei der Krankheitsentstehung eine wichtige Rolle gespielt hat. Gleichzeitig sollen schizophrene Patienten so weit wie möglich außerhalb der Klinik behandelt werden und dies heißt ja, bei dem noch weitgehenden Fehlen gemeindenaher Behandlungsmöglichkeiten, in der Familie.

So sind die Angehörigen in einer wirklich verrückten Position: Auf der einen Seite werden sie für die Krankheit des Patienten verantwortlich gemacht, auf der anderen Seite wird von ihnen erwartet, daß sie für ihn sorgen.

Welche Belastungen Familienangehörige in solchen Situationen ausgesetzt sind, was für Beweggründe sie haben, den Kontakt zum Patienten abzubrechen oder aufrecht zu erhalten, welche Erfahrungen sie dabei mit dem Krankenhaus und seinen Mitarbeitern gemacht haben, das war der Gegenstand unseres Interesses.

Zur Durchführung unserer Untersuchung hatte es sich als nützlich erwiesen, die Angehörigen in zwei Gruppen einzuteilen: In solche, die den Patienten konstant und regelmäßig besuchen und andere, die den Kontakt zu ihm weitgehend oder vollständig abgebrochen haben.

Zu diesem Zweck mußten wir eine Bestandsaufnahme unter den schizophrenen Dauerpatienten im Philippshospital machen. Wir mußten zunächst herausfinden, welche Patienten Besuch bekommen und welche nicht. Das klingt einfach, aber bereits hier stellten sich die ersten Komplikationen ein: Manche Patienten bekamen seit einigen Jahren regelmäßig Besuch von Angehörigen, ohne daß dies auf der Station registriert worden war und umgekehrt kam es vor, daß alle, die den Patienten kannten, der Meinung waren, daß ein ganz bestimmter Angehöriger hin und wieder zu Besuch komme, in Wirklichkeit war er vielleicht vor drei oder vier Jahren das letzte Mal in der Klinik gewesen.

Im weiteren suchten wir die Adressen der Angehörigen heraus: Aus Stationskarteien, Krankenakten, und natürlich erfragten wir sie von den Patienten selbst. Wir fanden, daß ein großer Teil Adressen überholt, in einzelnen Fällen weit über zehn Jahre alt war, daß manche Patienten die neue Adresse ihrer Angehörigen kannten, die Station aber nichts davon wußte, und umgekehrt.

Schließlich mußte ein Teil der Anschriften über die Einwohnermeldeämter erfragt werden, wobei sich herausstellte, daß eine ganze Reihe von Angehörigen schon vor Jahren verzogen und seitdem völlig aus dem Blickfeld der Patienten geraten war.

Wir haben dann die Angehörigen zu einem Gespräch in der Klinik eingeladen, was ja bei denen, die ohnehin regelmäßig zu Besuch kamen, vergleichsweise wenig Probleme bereitete. Schwieriger war es dann schon bei den Anghörigen, die ihren Kontakt zum Patienten abgebrochen hatten. Hier mußten wir häufig nachfragen, zuhause anrufen und in einzelnen Fällen uneingeladen bei einigen Angehörigen erscheinen. Bezeichnenderweise fanden die meisten Interviews mit Nichtbesuchern bei ihnen zuhause statt. Später erfuhren wir von vielen, daß sie auf unser Schreiben einfach mit Angst reagiert hatten und sich fürchteten, in die Klinik zu kommen. Manche dachten sogar, sie sollten im Rahmen einer modernen Psychiatriepolitik den Patienten gleich mit nach Hause nehmen.

Für die Gespräche mit den Angehörigen hatten wir einen Interviewleitfaden entworfen, in dem neben wichtig sozialen Daten vor allem nach ihren persönlichen Erfahrungen mit der Institution des psychiatrischen Krankenhauses gefragt wurde, nach ihren Eindrücken und Erlebnissen beim Besuch und nach ihren Erfahrungen mit der Krankheit und Verhaltensstörung des Patienten.

Damit Sie sich ein Bild machen können von der Patientengruppe, die von unserer Untersuchung betroffen war, möchte ich an dieser Stelle ein paar Daten erwähnen:

Es wurden alle schizophrenen Patienten berücksichtigt, die an einem bestimmten Stichtag länger als ein Jahr ohne Unterbrechung im Philippshospital untergebracht und nicht älter als 65 Jahre waren. Die Patienten waren im Durchschnitt 49 Jahre alt, die gesamte Hospitalisierungsdauer lag zwischen 2 und 38 Jahren, im Durchschnitt waren es immerhin 20 Jahre. Man kann sich also leicht vorstellen, daß es sich um Patienten handelte, deren soziale Bindungen und familiäre Kontakte allein durch die jahrelange Hospitalisierung extrem reduziert waren.

Da also viele Patienten schon zu einer Zeit in der Klinik untergebracht waren, als man gemeindenahe Versorgung zumindest in Deutschland noch nicht einmal dem Namen nach kannte, waren ihre Angehörigen beim Besuch mit den Hindernissen konfrontiert, die sich damals wohl jedem Außenstehenden präsentierten, wenn er eine psychiatrische Klinik betreten wollten:

Begrenzte Besuchszeiten, Besucherkarten, hohe Zäune, Besuchszimmer, ständige Anwesenheit eines Pflegers beim Besuch und Besuchsordnungen, die jeden Kontakt zum Patienten in der Klinik zu einer Art Hindernislauf machten. Wir hatten an diese Umstände zunächst gar nicht gedacht, erst durch die Berichte und Erzählungen der Angehörigen wurden wir darauf hingewiesen, wie sehr sich die Verhältnisse in den letzten Jahren geändert hatten.

An dieser Stelle soll einmal vorgetragen werden, was die Schwester eines Patienten über den Besuch bei ihrem Bruder im Philippshospital vor ca. 20 Jahren berichtete:

„Erstmal mußte man sich beim Pförtner anmelden, sonst wäre man ja gar nicht hineingekommen. Es war überall ein Zaun herum und alles abgeschlossen. Beim ersten Mal hatte ich keine Karte — man brauchte so eine Besucherkarte. Da mußte ich erst nachweisen mit dem Personalausweis, daß ich die Schwester bin. Dann wurde auf der Abteilung angerufen, daß der Pfleger mich abholt. Man hat dann vor dem Tor gewartet, bis genug Besucher zusammengekommen waren; dann kam der Pfleger von der Station und holte uns ab. Man wurde in das Besucherzimmer geführt, mein Bruder war schon drinnen. Der Pfleger hat gleich wieder hinter uns abgeschlossen und blieb dann neben dem Tisch stehen. Es waren ja noch andere Besucher im Raum und ich wußte gar nicht, was ich eigentlich sprechen sollte. Ich war irgendwie gehemmt, und mein Bruder hat auch nichts gesagt. Ich habe vielleicht gesagt: „Zuhause ist alles in Ordnung, der Papa hat sich ein neues Auto gekauft, der Franz hat sich das Bein gebrochen", was anderes konnte man nicht reden, es war irgendwie beklemmend. Wenn ich ehrlich sein soll, am Ende war ich froh, wenn die Besuchszeit aus war."

Soweit die Schwester eines Patienten. Was diese Besucherin persönlich erlebt hatte, findet seine Bestätigung in der damaligen Politik, wenn man so sagen kann, gegenüber den Angehörigen. In einem Rundschreiben, das 1962 von der damaligen Direktion herausgegeben wurde, heißt es unter der Überschrift:

„Betrifft: Abfertigung von Besuchern:
Ich bitte nochmals darauf zu achten, daß nur solche Besucher den Abteilungen zugeleitet werden, die im Verwandtschaftsverhältnis zu den jeweiligen Patienten stehen. Irgendwelche Personen, die nicht verwandt sind, können nur dann Patienten besuchen, wenn sie eine schriftliche Ermächtigung für den Besuch von den nächsten Angehörigen vorweisen können."

In einem anderen Rundschreiben von 1968 heißt es:

„Es ist mit sofortiger Wirkung untersagt, Bekannte, Freunde oder wie auch immer sie sich nennen mögen, zum Besuch irgendwelcher Patienten zu lassen, es sei denn, es liege eine grundsätzliche Anweisung des Arztes vor."

Insgesamt ensteht also der Eindruck, daß Besucher aus der Sicht der Klinik als unangenehm oder störend wahrgenommen wurden. Besuch scheint nichts Normales odes Alltägliches gewesen zu sein, sondern eher eine Ausnahme, vielleicht sogar eine Vergünstigung, in jedem Fall aber eine zusätzliche und überflüssige Arbeitsbelastung für die Mitarbeiter.

In unserem Bericht über die Ergebnisse der Untersuchung wollen wir uns auf einige wichtige Beobachtungen beschränken, um im Anschluß noch einige Thesen zur Diskussion stellen zu können.

Eine Anzahl von Fragen, die wir an die Angehörigen richteten, bezog sich auf ihre Erfahrung mit der Institution des psychiatrischen Krankenhauses. Das wohl eindrucksvollste Ergebnis aus diesem Bereich ist der offenkundige Informationsmangel der Angehörigen. Es wurde danach gefragt, ob sie sich ausreichend über die Krankheit unterrichtet fühlen, ob und von wem sie den behandelnden Arzt kennen, wann sie das letzte Mal mit ihm gesprochen haben und was sie über die Behandlung und den Tagesablauf des Patienten wissen.

Der Informationsabend über die Erkrankung war in den meisten Fällen völlig unzureichend. Die Hälfte aller Angehörigen aus der Nichtbesuchergruppe sagte sogar, daß ihnen die Diagnose unbekannt sei (und das nach einer durchschnittlichen Hospitalisierungsdauer von 20 Jahren!).

In beiden Gruppen herrschte eine äußerst resignative Einstellung bezüglich des Krankheitsverlaufs vor, was man ja verstehen kann, angesichts so schwerer und langwieriger Erkrankungen, wie wir sie bei unseren Patienten vorgefunden haben.

Aber bemerkenswert erscheint uns auch die Tatsache, daß schon vor Jahren, manchmal bereits beim ersten Gespräch mit den Angehörigen, von den behandelnden Ärzten die schlechte Prognose der Krankheit und die Unvermeidbarkeit der Dauerunterbringung herausgestellt worden war. Begriffe wie „unheilbar“ oder „hoffnungslos“ waren in diesem Zusammenhang oft zu hören.

Die Mutter eines Patienten, der vor 25 Jahren in die Klinik aufgenommen worden war und seitdem ohne Unterbrechung hier lebt, erzählte uns von ihrem ersten Gespräch mit einem Arzt, das ungefähr drei Monate nach der Aufnahme stattfand:

„Der Doktor sagte zu mir, 'Frau X, Ihr Sohn hat eine schwere geistige Verwirrung, er ist in einer ganz anderen Welt. Er wird nie mehr in Freiheit leben können, es ist auch besser für ihn, wenn er hier bleibt. Er lebt in einer ganz anderen Welt und wir sollten nicht daran rühren'.“

Überrascht waren wir auch von den zum Teil eigenwilligen Vorstellungen, die sich bei den Angehörigen im Laufe der Jahre in bezug auf die Krankheitsursache herausgebildet hatte:
So wurde zum Beispiel vermutet, daß es „irgendetwas mit dem Mond“ zu tun habe oder „eine Durchblutungsstörung im Kleinhirn“ vorliegt. Daß der Patient „auf den Kopf gefallen“ und seitdem krank sei, daß möglicherweise „ein Schlag auf den Hinterkopf“, eine Hirnhautentzündung in der Kind-

heit oder der seelische Schock bei der Vergewaltigung die Krankheit verursacht haben könnte, sind nur einige, mit großer Überzeugung vorgebrachte Meinungen von Angehörigen über die Krankheitsursache. Auch daß der Patient, „von einer Nervenärztin verrückt gemacht" wurde oder daß „Schizophrenie durch Geschlechtsverkehr übertragen" wird, wurde geäußert.

Natürlich sind diese Vorstellungen sehr eigenartig und wir werden annehmen, daß sich unter den Bedingungen der Uninformiertheit allerhand skurile Ideen entwickeln können. Sehr auffällig war jedoch, daß eine ganze Reihe von Angehörigen an diesen Vorstellungen festhielt, auch wenn wir im Laufe unserer Gespräche Korrekturen daran vorzunehmen versuchten. Ob es also allein ein Mangel an Informationen ist, der zu diesen eigenartigen Vorstellungen über die Krankheit führt, ist fraglich und wir wollen am Ende noch einmal darauf zurückkommen.

Einigermaßen überrascht waren wir auch über die Antwort auf die Frage nach Kontakten zum behandelnden Arzt. Auch in der Gruppe der Angehörigen, die die Patienten regelmäßig besuchte, und damit ein deutliches Interesse zeigte, lagen die letzten Arztkontakte zwischen 2 Monaten und 10 Jahren zurück. Zur Begründung wurden oft schlechte Erfahrungen mit Ärzten genannt. Die Ärzte seien unnahbar, haben keine Zeit, oder seien gar nicht anwesend. Häufig war es auch so, daß die Angehörigen an Wochenenden zu Besuch kamen oder nach Feierabend, jedenfalls zu Zeiten, in denen der Arzt in der Regel nicht anzutreffen ist. Für eine Anzahl von Angehörigen war es auch gar nicht ersichtlich, warum sie überhaupt mit einem Arzt sprechen sollten. Sie konnten sich gar nicht vorstellen, was für einen Zweck ein solches Gespräch haben sollte, denn ihrer Meinung nach kann der Arzt auch nichts ändern. Die Enttäuschung über ihre früheren Kontakte zum Arzt waren sehr unterschiedlich motiviert und sollen hier nicht im Einzelnen berichtet werden.

Aber ich möchte die Äußerung der Schwester eines Patienten wiedergeben, mit der sie ihre Furcht begründete: „Meine Mutter wurde früher von den Ärzten für einen Idioten gehalten. Man hat ihr gesagt, daß mein Bruder die Krankheit von ihr hat, und sie soll sich auch behandeln lassen. Ich hatte dann natürlich Angst, die Ärzte könnten so etwas auch zu mir sagen."

Daß den Angehörigen von Seiten der Ärzte mit Begriffen und Kategorien aus der Psychopathologie begegnet wurde, läßt sich ganz anschaulich am folgenden Eintrag in einer Krankengeschichte dokumentieren: „Die Eltern erschienen heute in der Besuchersprechstunde. Der Vater, ein robust wirkender Geschäftsmann, die Mutter eine etwas matronenhafte Blondine mit getönter Brille, die ein auffälliges Schielen und eine Gesichtsasymmetrie verbergen soll. Das rechte Auge liegt wesentlich tiefer (Zustand nach operativem Eingrif am Gesichtsschädel?). Außerdem ist die Mutter ausgesprochen schwerhörig, liest meist von den Lippen ab, ist auch in der Auffassung verlangsamt."

Diese Einstellung gegenüber den Angehörigen scheint weit verbreitet gewesen zu sein. Aus vielen Äußerungen der Angehörigen geht jedenfalls hervor, daß es angebracht ist, den Ärzten gegenüber in Reserve zu bleiben.

Dann haben wir die Angehörigen danach gefragt, was sie über den Tageslauf der Patienten wissen und über die Behandlung. Hier war fast allen geläufig, daß Medikamente verabreicht wurden, manche wußten auch von arbeits- und beschäftigungs-therapeutischen Angeboten und ein paar waren tatsächlich der Meinung, daß regelmäßig Elektroschocks verabreicht wurden. (Und dies, obwohl in der Klinik vor 16 Jahren das letzte Mal geschockt worden war.)

Es zeigt sich hier, wie auch bei anderen Antworten, daß die Vorstellungen mancher Angehörigen über die Klinik an Zuständen orientiert waren, wie sie vor gut 20 Jahren geherrscht hatten, daß also das Bild, das man sich draußen von der Klinik machte, einfach nicht Schritt gehalten hatte mit der tatsächlichen Entwicklung. So gab es Angehörige, die auf die Frage, ob sie denn das Zimmer des Patienten kennen, antworteten: „Ja, irgendwo hinter dem Aufenthaltsraum sind doch die Säle."

Wir waren erstaunt, haben nachgefragt und schließlich stellte sich heraus, daß diese Angehörigen vor langer Zeit einmal zufällig oder heimlich einen Blick in einen der damaligen

Schlafsäle hatten werfen können. Dieser Eindruck war für sie so nachhaltig, daß sie bis heute nicht anders konnten, als zu denken, daß die Patienten in Schlafsälen untergebracht seien. Tatsächlich waren es 2- oder 3-Bettzimmer und ein Blick durch die Tür hätte genügt, sich von diesem Umstand zu überzeugen. Was sie aber daran hinderte, diese Realität wahrzunehmen, wissen wir nicht, aber die Tatsache selbst erscheint uns bemerkenswert.

Dann gab es einen Fragenkomplex, der die Erfahrungen der Angehörigen mit Krankheit und Verhaltensstörungen der Patienten betraf. Wir wollten herausfinden, inwieweit die durch Krankheit oder Hospitalisierung bedingte Kommunikationsstörung das Verhältnis der Angehörigen zum Patienten beeinträchtigt und damit vielleicht das Besuchsverhalten beeinträchtigt haben mochte.

Viele Angehörige klagten natürlich über ein ganz bestimmtes Verhalten des Patienten. Zurückgezogenheit und Wortkargkeit waren ein großes Problem für die Besucher. Daß der Patient sich abkapselt, zu niemandem Kontakt will, daß er ein Einzelgänger ist, überhaupt nicht spricht, die Angehörigen gar nicht erkennt, sind nur einige Bemerkungen aus einer langen Reihe von Klagen.

Aber auch Streitsüchtigkeit, unheimliches Verhalten und Aggressivität machen vielen Angehörigen zu schaffen, sei es, daß sie bereits frühere Erfahrungen mit aggressivem Verhalten des Patienten gemacht haben, sei es, daß sie hinter schwer begreiflichen oder unverständlichen Äußerungen des Patienten irgendetwas Unheimliches vermuten. In jedem Fall scheint es so zu sein, daß ungewohntes und unkalkulierbares Verhalten bei den Angehörigen ganz erhebliche Befürchtungen hinterläßt.

„Was soll man auch tun mit einem Menschen, mit dem man nicht reden kann?" fragt ein Angehöriger und meint dann weiter: „Wenn ein normaler Mensch das und das sagt, dann weiß man, so und so wird er handeln. Bei einem Geisteskranken, der sagt vielleicht so und so, und dann handelt er ganz anders. Was soll man denn da machen? Woran soll man sich halten?"

Wir haben Angehörigen ganz einfach folgende Frage gestellt: „Wie fühlen Sie sich nach Ihrem Besuch?"

Und die Antworten, die wir hier erhielten, waren besonders, manchmal ganz persönlich beeindruckend. Meist waren es keine kurzen und prägnanten Aussagen, sondern sehr ausführliche Berichte über eine persönliche Leidensgeschichte der Angehörigen. Mit einem Mal, und ohne es vorher richtig zu wissen, hatten wir etwas thematisiert, das bislang mit den meisten Angehörigen noch niemals angesprochen worden war, nämlich, daß sie selbst Angst hatten, deprimiert waren, vor dem Besuch zitterten, nächtelang nicht schlafen konnten, mit den Nerven fertig oder vollkommen erregt waren, die Atmosphäre in der Anstalt furchtbar und bedrückend fanden, jedes Mal von neuem einen Schock erlitten, oft von der Anstalt träumten, unter Schuldgefühlen und Selbstvorwürfen litten, Resignation und Hilflosigkeit nicht mehr ertragen konnten und oft bei dem Gedanken an den Patienten weinen mußten. Dies sind nur einige Bemerkungen aus einer großen Zahl von Klagen und wurden durchweg unter einer großen gefühlsmäßigen Beteiligung hervorgebracht.

Es war manchmal, als sei eine Schleuse geöffnet worden, sodaß viele Angehörige erstmals über Ungerechtigkeiten von Seiten der behandelnden Ärzte berichteten, über intolerante Nachbarn, über die Undankbarkeit der Patienten, über Ordnungsämter, die sie in schwierigen Situationen alleine gelassen hatten, so daß sich im Laufe unserer Gespräche immer mehr herausstellte, daß ein ganz wesentliches Problem für die Angehörigen eben darin lag, daß sie mit ihren Sorgen alleine waren, daß sie sich zwar verantwortlich fühlen sollten für den Kranken, daß sich aber niemand dafür interessierte, was man als Angehöriger tun soll, wenn etwa ein Familienmitglied 6 Monate ohne Unterbrechung im Bett liegt und sich nicht mehr wäscht. Es wurde bald deutlich, daß die Angehörigen eigentlich niemanden haben, mit dem sie über ihre ganz besondere und besonders belastende Situation sprechen können.

Die Schwester eines Patienten faßte ihre Stimmung nach einem Besuch so zusammen: „Es ist, als hätte man einen Toten besucht. Man fühlt sich wie nach einer Beerdigung. Wenn man rauskommt, ist man froh, daß man noch lebt. Vielleicht ist es sogar noch schlimmer, denn der andere lebt ja noch und ist trotzdem schon begraben."

An dieser Stelle soll die Aufzählung von Ergebnissen abgebrochen werden, und wir wollen nochmals zusammenfassen, was uns besonders wichtig erscheint:

1. Was wir noch gar nicht erwähnt haben, ist die Tatsache, daß Eltern die Hauptbesuchergruppe sind, das heißt, die Wahrscheinlichkeit, Besuch zu erhalten, ist größer wenn die Eltern noch leben. Dieser Befund wird auch noch in einer ganzen Reihe anderer Untersuchungen bestätigt, sodaß wir überlegen sollten, was für Konsequenzen diese Tatsache für unsere Einstellung gegenüber den Eltern von Patienten haben könnte.
2. Über den Informationsmangel der Angehörigen haben wir bereits gesprochen. Er bezieht sich gleichermaßen auf Wesen und Verlauf der Erkrankung, auf etwaige Möglichkeiten, damit umzugehen, sowie auf den Tagesablauf und die Behandlung des Patienten. In jedem Fall erscheint der mangelhafte oder fehlende Kontakt zwischen Angehörigen und Mitarbeitern der Klinik in erheblichem Umfang dafür verantwortlich zu sein. Ebenso spielt die Einstellung der Klinikmitarbeiter zu den Angehörigen eine große Rolle.
3. Von der seelischen Belastung der Angehörigen haben wir zuletzt berichtet. Von großer Bedeutung ist dabei die Unsicherheit dem Patienten gegenüber. Die Angehörigen wissen in der Regel nicht, wie sie sich dem Kranken gegenüber verhalten sollen, sie fühlen sich unsicher oder verängstigt. Eine wichtige Rolle spielt dabei die Angst vor Aggressionen, sowie die Vorstellung, daß der Patient in seinem Verhalten unberechenbar sei. Viele Angehörige fühlen sich durch die Erkrankung so sehr belastet, daß sie selbst am Rande ihrer Kräfte sind.

Es bleibt die Frage, was für Schlußfolgerungen aus den Beobachtungen gezogen werden können.

Wir haben gehört, wie sehr der Kontakt zwischen der Institution und den Angehörigen gestört ist, und daß er in vielen Fällen schlicht unterbleibt. Ich denke, wir sollten es nicht ausschließlich den Angehörigen überlassen, ob ein Gespräch mit dem Arzt oder dem Pflegepersonal zustande kommt. Möglicherweise müssen wir hier aktiver werden und auf die Angehörigen zugehen und ihnen vermitteln, daß sie für den Patienten und die Behandlung eine wichtige Rolle spielen. Ich meine auch, daß die Gespräche der Angehörigen nicht ausschließlich über den behandelnden Arzt laufen sollten, sondern auch alle anderen Mitglieder eines Teams in dieser Richtung ermutigt werden sollten.

Wenn wir oben festgestellt haben, daß es den Angehörigen an Informationen mangelt, so könnten wir überlegen, ob wir ihnen nicht so etwas wie eine Basisinformation geben müssen.

Wir werden ihnen alles sagen, was wir über die Schizophrenie wissen. Wir werden sie über die Behandlung laufend unterrichten, Beurlaubungen des Patienten mit ihnen absprechen und ihnen bei der Entlassung vielleicht Ratschläge an die Hand geben, wie sie sich im Fall einer neuerlichen psychotischen Krise verhalten sollten. Ich denke, daß wir damit die Zusammenarbeit mit den Angehörigen tatsächlich ein Stück weit verbessert haben. Aber ich möchte zu überlegen geben, ob wir damit wirklich alle Fragen der Angehörigen schon beantwortet haben. Ich meine nämlich, und diesen Bereich konnten wir in unserer Untersuchung leider nicht erfassen, daß die Fragen von Angehörigen tiefer zielen. Wenn wir gefragt werden: „Woher kommt die Krankheit eigentlich?“, dann ist der Familie des Patienten wenig gedient mit biochemischen oder psychodynamischen Hypothesen, dann zielen diese Fragen auch auf die ganz persönliche und individuelle Beziehung zum Patienten.

Schließlich möchte ich noch eine Bemerkung machen zu der Beobachtung, daß Eltern die Hauptbesuchergruppe sind.

Wie wir gesehen haben, ist ihnen schon früher das Gefühl vermittelt worden, daß sie irgendwie für die Krankheit verantwortlich seien. Dahinter mögen Überlegungen gestanden haben, die in erbbiologischen Hypothesen begründet sind.

Heute denken wir eher an die psychische Verursachung der Schizophrenie durch die Eltern. Die schizophrenogene oder pathogene Mutter und psychotoxisches Verhalten sind Begriffe, die unseres Erachtens ein Mißverständnis nahelegen: nämlich die Vorstellung, daß die Einflüsse der Eltern auf ihre Kinder vergleichbar seien etwa mit der Wirkung pathogener Keime bei der Entstehung ansteckender Krankheiten. Ich möchte einmal etwas polemisch fragen, ob nicht der Gedanke die Erbträgerschaft der Schizophrenie durch die Eltern einerseits und die Vorstellung einer psychotoxischen Verursachung der Schizophrenie durch die Eltern andererseits nicht zwei Seiten einer Medaille sind, nämlich der eindimensionalen und unreflektierten Schuldzuweisung.

Wenn wir also Eltern behandeln wie hochvirulente Erreger und uns ihnen gegenüber verhalten nach den Gesetzen der Hygiene und sie vom Patienten fernhalten und aussperren und andererseits die unausgesprochene Erwartung an sie richten, daß sie nach der Entlassung für den Patienten sorgen, dann verlangen wir zwei völlig gegensätzliche und unvereinbare Dinge von ihnen, das heißt, wir bringen sie eigentlich in eine „Double-bind"-Situation und wir sollten uns nicht wundern, wenn sie dann ambivalent, schuldbewußt oder mit Rückzug reagieren.

Referat, gehalten auf einem Symposion über „Angehörige von Langzeitpatienten" im Philippshospital Riedstadt

Wenn der Geist schwindet: — senil Demente in der Familie

Jens Bruder

Zahl und wachsende Bedeutung der psychisch kranken alten Menschen

Die psychisch kranken alten Menschen bilden mit Abstand die größte Gruppe unter allen psychisch Kranken in Deutschland und anderen hochentwickelten Ländern. Mit zunehmender Veränderung der Altersstruktur der über 65jährigen ist in den nächsten 20 Jahren mit einer weiteren Zunahme der Zahl dieser Kranken zu rechnen. Bis Mitte der 90er Jahre wird sich z.B. die Zahl der 90jährigen erneut um etwa 50% erhöhen. Die schwerwiegendste geistige Veränderung, die senile Demenz, also Einbußen des Erinnerungs- und Denkvermögens und Veränderung der Persönlichkeit, trifft in dieser Altersgruppe mindestens jeden Dritten. Aber auch gegenwärtig gibt es bereits 500.000 infolge von Demenz eingeschränkte und betreuungsbedürftige alte Menschen. Unter diesen wird nur eine Minderheit – schätzungsweise jeder siebente – über längere Zeit in Heimen versorgt; für einen etwas größeren Anteil, nämlich 25%, kommt es kurz vor dem Tod noch einmal zu einer Heimaufnahme. Die umfangreichste Betreuungsarbeit findet also in Familien statt.

Die biologische Basis des geistigen Abbaus im Alter

Wenn man danach fragt, warum erst in der 3. Auflage dieses Buches eine Abschnitt vorgesehen ist, der sich den Schwierigkeiten Angehöriger psychisch kranker alter Menschen widmet, lautet die Antwort zunächst sicher: Ganz anders als bei den Eltern Schizophrener scheint für die Kinder dementer alter Menschen kaum die Frage aufzutauchen, ob sie für deren geistigen Abbau verantwortlich seien. Tatsächlich ist in aufwendigen Untersuchungen belegt worden, daß das emotionale Klima und Merkmale von Beziehungen kaum einen Einfluß auf die

Geschwindigkeit ausüben, mit der die Demenz als Krankheit voranschreitet. Daß es sich anders als z.B. bei der Schizophrenie dabei um einen krankhaften biologischen Prozeß handelt, der zu Untergängen von Nervengewebe, pathologischen Ablagerungen und Schrumpfungen des Gehirns führt, ist durch verschiedene Untersuchungsmethoden nachgewiesen.

Obwohl diese Tatsache also von der Verantwortung für die psychische Erkrankung der Eltern entlastet, bedeutet es auch zugleich eine große Belastung, sich mit der — bisher noch gegebenen — Unbeeinflußbarkeit und Unausweichlichkeit dieser Krankheitsvorgänge abzufinden.

Dabei breitet sie sich nicht (wie AIDS) durch Infektion aus, sondern die Menschen altern ihr sozusagen entgegen. Umgehen ließe sich das Risiko nur durch Vermeidung des hohen Alters. Aus diesen Gründen ensteht Angst, ohne daß Wege erkennbar werden, diese Angst überflüssig zu machen. Sie muß — da sonst schwer zu ertragen — verdrängt werden. Damit geraten u.U. auch die Ursachen für diese Angst aus dem Blickfeld, das späte Alter und seine Defizite. Zugleich entfällt aber auch die Frage, ob es nicht wenigstens für Teilaspekte des Problems Erleichterungen und Entlastungen gibt. Im folgenden sollen einige Hinweise gegeben werden, die die Versorgung geistig eingeschränkter alter Menschen in der Familie erleichtern können (s. a. Bruder, 1987).

Schwankungen und Akzeptanz der Defizite

Zu den größten und folgenreichsten Problemen der Altersdemenz zählt der schleichende, oftmals unbemerkte Beginn. Eine Reihe von Faktoren sind dabei wichtig, die z. T. untereinander im starken Widerspruch stehen. In der Regel wünschen sich Kinder, daß sich besonders die positiven Eigenschaften und Fähigkeiten ihrer Eltern, durch die sie einst wesentlich geprägt wurden, möglichst lange und ohne Abschwächung erhalten. Dazu gehört die Bereitschaft, hinter leichteren Defiziten der Eltern zunächst nur eine vorübergehende Krankheit oder aktuelle Einflüsse aus der Lebenssituation als Ursache anzunehmen, die grundsätzlich zu beseitigen sind. Was noch wichtiger ist: Die Fähigkeit der alten Menschen selbst, solche Einbußen wahrzunehmen, ist in vielen Fällen sehr beschränkt, weil sie mit dem Erkennen und Sprechen über solche Defizite — zu Recht — den Verlust von Anerkennung und Respekt befürchten. Darin liegt ja der wesentliche Unterschied zwischen dem eher spielerischen, manchmal sogar koketten Eingestehen von Gedächtnisschwäche bei jüngeren Menschen mit tatsächlich ungebrochener beruflicher Leistungsfähigkeit und der Reaktion alter Menschen auf solche Störungen in der eigentlichen Defizitphase, wo diese Ausfälle einen ganz anderen Realitätsgrad haben. Da das Selbstgefühl der Menschen nun einmal stark leistungsbezogen ist, stellen schwere und bleibende Defizite für jeden Menschen — und ganz besonders für alte — eine hochgradige Bedrohung dar. Deshalb werden sie in vielen Fällen geleugnet.

Auf der anderen Seite erleichtert es das Verhältnis mit kranken alten Menschen sehr, wenn möglichst realistisch, angstfrei und offen mit den Defiziten umgegangen werden kann, und zwar immer dann, wenn sie zutage treten. Dies setzt Bedingungen voraus, unter denen die mit dem Erkennen der Ausfälle grundsätzlich verknüpfte Angst möglichst klein bleiben kann. Die erwähnte Befürchtung des alten Menschen, mit dem Einräumen seiner Defizite zwangsläufig an Wertschätzung, vielleicht sogar Zuwendung zu verlieren, muß also weitgehend unbegründet bleiben. Es liegt auf der Hand, daß diese Erfahrung viel mit Lernen zu tun hat, und daß sie am ehesten dann möglich wird, wenn die Einsichtsschritte noch nicht sehr groß zu sein brauchen, also gerade bei den leichteren Einschränkungen erfolgen. Das dies alles insbesondere Männern schwerfällt, deren lebenslange Selbstsicherheit stark von ihrer beruflichen, nicht selten auch geistigen Leistungsfähigkeit abhing, ist offensichtlich.

Unterscheidung zwischen Krankheit und Persönlichkeit

Wenn schon früh positive Erfahrungen mit einem solchen unängstlichen Anerkennen der Defizite gemacht wurden, ist viel erreicht. Über eine beträchtliche Spanne des Krankheitsprozesses kann dann oft noch eine annähernd partnerschaftliche Beziehung zwischen Krankem und pflegenden Angehörigen bestehen bleiben. Beide bleiben sich der Veränderung bewußt und können sie — dies ist das wesentliche — auch gemeinschaftlich ausdrücken. Was Umgang und Pflege mit geistig Eingeschränkten grundsätzlich sehr belastend und einseitig macht, ist das Nebeneinander von zwei verschiedenen Ebenen des Austausches: auf der einen wird gesprochen und auf der anderen z. B. empfunden: „Über dies, was mir gerade so schwer ist, kann ich mit ihm nicht mehr sprechen, weil er sich dessen nicht mehr bewußt ist". — Ein solches ermüdend einseitiges Verhalten verliert an Bedeutung, wenn die Defizite im geistigen Bereich kein Tabu-Thema bleiben müssen. Unabhängig von der Frage, ob der alte Mensch imstande ist, seine Einbußen zu erkennen und evtl. sogar darüber zu sprechen, verhindert die realistische Wahrnehmung der Defizite bei den Angehörigen falsche Deutungen gestörten Verhaltens. Denn immer wieder geraten sie in Versuchung, schwieriges Verhalten dem Wesen des alten Menschen zuzuschreiben (und nicht den krankhaften Veränderungen), beispielsweise etwa wiederauflebenden, längst beigelegten Konflikten oder neuen Bereitschaften zu aggressiever und herausfordernder Auseinandersetzung. Wenn es hier gelingt, deutlicher zu trennen zwischen dem, was zur Persönlichkeit gehört und veränderten Reaktionensweisen aufgrund von verminderter geistiger Wachheit und Kontrollfähigkeit, kommt es nicht so leicht zum Verletztsein und zu gereizten Reaktionen. Die Hilfe eines erfahrenen, möglichst kontinuierlich zur Verfügung stehenden Beraters kann dabei sehr entlasten. Denn gerade in der Erschöpfung und Aufgeriebenheit durch die Pflege geistig eingeschränkter Elternpersonen geht häufig die Fähigkeit zur Distanz und zum Abwägen verloren. Die Einzelbetreuung solcher Familien, aber auch die Arbeit mit Angehörigen haben gezeigt, daß das regelmäßige Einnehmen einer gelasseneren und etwas distanzierteren Perspektive in kleinen Schritten gelernt werden kann.

Das Selbsterleben des dement werdenden alten Menschen

Das Erleben eines dement werdenden alten Menschen umfaßt unterschiedliche Aspekte. Bereits erwähnt wurden die verbreitete leichtere Vergeßlichkeit und die Befürchtung, bei stärkerer Ausprägung soziale Abwertung zu erleiden. In fortgeschritteneren Stadien mit gröberen Störungen von Aufmerksamkeit, Wahrnehmung und Gedächtnis wird die Einordung der eigenen Person in die Umwelt, d.h. die Orientierung mit allen möglichen Teilaspekten immer schwerer. Dies kann große Angst erzeugen, die dann ihrerseits die geistige Funktionsfähigkeit, zumindest vorübergehend, weiter beeinträchtigt; auch jüngeren Menschen ist dies aus Situationen großer emotionaler Belastung vertraut, die von einer betimmten Intensität an leicht blockieren kann. Es ist also sehr wichtig, den Umgang mit geistig eingeschränkten alten Menschen, sowohl in der Familie wie auch in Institutionen, stets möglichst angstfrei zu halten. Das betrifft das Vermeiden von Überforderungen, das Erspüren von Hintergründen ängstlich-unruhigen Verhaltens und die Bereitschaft zum häufigen Wiederholen von beruhigenden Aussagen. Stets muß einem deutlich sein, daß zu den tiefsten Ängsten des dement Werdenden die Furcht vor dem Verlassenwerden zählt. Bei akuten Verwirrtheitszuständen, die oft durch emotionale Erregung ausgelöst werden, können angstlösende (anxiolytische) Medikamente sehr sinnvoll sein; sie sollten jedoch nur für kurze Zeit eingesetzt werden.

Demenz-Paradoxie

Auch in einem anderen Zusammenhang ist es hilfreich, sich die innere Situation eines dement werdenden alten Menschen vor Augen zu führen. Besonders in Familien, wo die oben beschriebenen Bemühungen um einen gelasseneren und offeneren Umgang mit Defiziten wenig erfolgreich waren, werden Mißgeschicke vom alten Menschen oft geleugnet. Wenn also z. B. im Toiletten- oder Hygienebereich oder im Umgang mit haushaltstechnischen Geräten gröbere Fehler gemacht werden, auf die der alte Mensch ungeduldig oder auch nur besorgt und erschrocken hingewiesen wird, erleben viel Angehörige immer wieder, daß er sie bestreitet. Daraus können sich dann sehr belastende Auseinandersetzungen ergeben, obwohl die Pflegenden eigentlich längst wissen, daß die Verantwortlichkeit für dieses Verhalten bei ihren Elternpersonen verlorengegangen ist. Hier hilft es, sich vor Augen zu führen, daß der Hinweis auf das von ihm verursachte Mißgeschick den alten Menschen im ersten Moment oft heftig beschämt. Wann immer jüngere Menschen dieses Erlebnis haben, also von Schamgefühlen überflutet werden, beispielsweise wenn sie in einer eher öffentlichen Situation versagen, setzt eine Vielzahl von Reaktionen ein. In einem Akt bewußter Konzentration besinnt man sich auf den Zusammenhang der gegenwärtigen Situation, auf das, was war und zu erreichen ist; man erzeugt Hoffnung in sich, den Fehler nicht zu wiederholen und wieder besser zu werden; man besinnt sich unter Umständen auf verwandte Situationen, in denen man gut war, und vielleicht stellt sich auch etwas Trotz ein, nicht unterlegen zu sein. Unter Umständen führt man sich auch ganz schnell vor Augen, daß die Menschen, vor denen man im Moment versagt hat, selbst alle einmal ähnliche Situationen durchgemacht haben, oder man besinnt sich sogar gezielt auf ein genaues Ereignis, bei denen andere der jetzt Anwesenden tatsächlich scheiterten. Manchmal vergegenwärtigt man sich auch den eigengen Wert fast autosuggestiv mit der Formel, so schlecht doch nicht zu sein, um die gegenwärtige Situation nicht erfolgreich bewältigen zu können.

Diese vielen kleinen Bewußtseinsakte, in denen konzentriertes Denken und bewußtes Empfinden untrennbar miteinander verbunden sind, ermöglichen schließlich, daß eine beschämende Situation mit einem leidlich stabilisierten Selbstgefühl überstanden wird, und alles, was gerade ablief, weitergehen kann. Die einzelnen Anteile wurden so ausführlich dargestellt, um zu verdeutlichen, wie sehr sie einer unbeeinträchtigten geistig-psychischen Leistungsfähigkeit bedürfen. Wenn eben dies nicht mehr möglich ist, bleibt der Kranke den heftigen Gefühlen des Beschämtseins, die ja auch etwas Bedrohliches haben, mehr oder weniger hilflos ausgeliefert und muß — natürlich nicht bewußt — zu ungenügenden, konfliktträchtigen Bewältigungsformen ausweichen. Dies sieht in der alltäglichen Versorgungssituation dann so aus, daß ein alter Mensch einfach sagt: „Das war ich gar nicht“ oder „Ich verbitte mir solche ungerechten Vorwürfe!“ In diesem Zusammenhang wird außerordentlich gut verstehbar, wie sehr die Demenz gerade in die Bereiche des Menschen eingreifen kann, die ihn zu einem sozial empfindsamen und gestaltungsfähigen Wesen machen. Die Demenz schränkt die Fähigkeiten zum Mitschwingen und zur Rücksichtnahme ein.

Die Tatsache, daß der geistige Abbau gerade die Fähigkeiten einschränkt, die besonders geeignet und erforderlich sind für die Bewältigung von Insuffizienzerlebnissen, wie sie bei der Demenz auftreten, kann man auch als Demenz-Paradoxie bezeichnen.

Partielle Trauer

Kranke und demente Mütter oder Väter zu pflegen heißt, sich allmählich zu trennen von ihren vertrauten und wichtigen Wesensbereichen und Fähigkeiten. Für manch eine Pflegende bedeutet dies, endgültig Abschied zu nehmen von dem, was sie — in der Phantasie oder sogar Realität — immer noch an Schutz und Unterstützung durch diese Elternperson erlebt hat. Dieses Abschiednehmen in kleinen Schritten (partielle Trauer nach Berezin, 1970) hat belastende, aber auch entlastende Aspekte. Belastend ist sicher, daß permanent der endgültige Abschied und Tod droht, sozusagen eine angestrengte Wartestellung der Seele erzwungen wird, weil die endgültige Trauerarbeit des Abschiedes nicht stattfinden und die sich schließlich stets ergebende Erholung nicht einstellen kann. Auf der anderen Seite, und dies ist das Entlastende, kann man sozusagen aktiv steuern, wo man Verluste anerkennt, sich also schon von bestimmten Wesensbereichen trennt, und wo man sich demgegenüber vermehrt auf erhaltende Züge und Potentiale besinnt, dem Schmerz des Verlustes also immer wieder etwas entgegenzusetzen hat. Vieles spricht dafür, daß diese Form des allmählichen Abschiednehmens der partiellen Trauer, engen Beziehungen zwischen Menschen sehr viel gemäßer ist als der schlagartige Verlust aus weitgehender Gesundheit heraus.

Emotionale Autonomie

Manche Pflegende trennen sich schwer von der Erwartung, immer noch etwas von ihren Eltern an Schutz oder Förderung zu bekommen. Bei ihnen kann es sich um noch stark kindlich gebundene und unabgegrenzte Persönlichkeiten handeln. Aus dem bisher Erläuterten wird sicher deutlich, daß sie in vielerlei Hinsicht belastet und gefährdet sind. Zum einen fällt ihnen die realistische Wahrnehmung der Defizite schwer und damit auch der angemessene Umgang, zum anderen ist zu befürchten, daß die Pflege u. U. verhindert hat, daß sich Identität und Lebenserfahrung in anderen Bereichen als diesem entwickeln konnten. Hier ist es sinnvoll, eine verbesserte Abgegrenztheit und Selbständigkeit vom alten Menschen im Sinne emotionaler Autonomie anzustreben. Damit ist nicht die Abwendung vom alten Menschen und Aufgabe der Pflege gemeint, die ja ein Wunsch der Pflegenden war (nur von Familien, in denen die Entscheidung zur Pflege als eigen und freiwillig erlebt wurde, ist in diesem Abschnitt die Rede). Es hat sich gezeigt, daß die Pflegesituation immer dann am ausgewogensten war und am längsten bestand, wenn die Betreuende aus einer inneren Sicherheit heraus auch eigene Bedürfnisse befriedigen und gegen die Gesichtspunkte der Versorgung abzuwägen wußte. In solchen Familien ist, soweit beurteilbar, auch das psychische Wohlbefinden und die Zufriedenheit mit der Situation bei alten Menschen ausgeprägter.

Der oft sehr lange Prozeß der emotionalen Verselbständigung von den Eltern kann hier in seinen inneren Schritten und Qualitäten nicht beschrieben werden. Es geht lediglich um den Hinweis bzw. die Anregung. Immerhin kann ein Begleiter solcher Familien — insbesondere bei einer kontinuierlichen Unterstützungsbeziehung — diesen Prozeß fördern. Neben der Entwicklung von Maßnahmen und Förderung bestimmter Verhaltensweisen geht es in diesem Prozeß wesentlich um die Auseinandersetzung mit den Ängsten und Widerständen, die auftreten, wenn kleine Schritte auf dem Wege zu mehr Autonomie ins Auge gefaßt und gewagt werden. Das dies ein mühsamer Weg ist, der sich nur in Schwankungen um eine mittlere

Richtung herum vollziehen kann, weiß jeder, der sich um eigene Entwicklung bemüht.

Fürsorglich-autoritäres Pflegeverhalten

In einem weiteren Bereich von Schwierigkeiten muß neu gelernt werden. Insbesondere, wenn ein geistig eingeschränkter alter Mensch körperlich noch gut beweglich ist, erfordern sein mangelndes Orientierungs- und Kontrollvermögen bei familiärer Versorgung immer wieder, daß man ihm Grenzen setzt. Dies kann sich auf Grenzen im übertragenen Sinne beschränken wie Nichterfüllung von Wünschen und Verbote, kann aber genauso gut auch einmal das Verschließen von Zimmern, das Festhalten und Abwehren bis hin zum vorübergehenden Fixieren beinhalten, wenn niemand anders helfen kann. Dies sind Maßnahmen, die uralten Geboten aus den frühen Phasen der Eltern-Kind-Beziehung zutiefst zuwiderlaufen und deshalb zunächst starke Schuldgefühle hervorrufen können. Diese Schuldgefühle sind sehr viel aktueller und situationsbezogener als die bereits erwähnten, die mit der Frage der Verantwortlichkeit für die Krankheit zusammenhängen.

Schuldgefühle

Hier ist für die Angehörigen von großem Wert, wenn sie sich ihrer liebevoll-fürsorglichen Gefühle für den alten Menschen ganz sicher sind. Manchmal ist dazu Hilfe von außen notwendig, weil diese Gefühle über den oft zermürbenden Alltagsbelastungen in den Hintergrund zu treten drohen. Dann spüren sie deutlicher, daß sie aus liebevoll-fürsorglicher Verantwortlichkeit handeln. Es geht ja darum, die eigene Kraft bzw. die der Familie möglichst weit reichen zu lassen, damit es nicht zur Beendigung der Familienpflege kommt. Denn die weit überwiegende Mehrheit der gepflegten alten Menschen zieht diese Versorgungsform jeder anderen vor. Es kommt also darauf an zu verhindern, daß die Schuldgefühle zu groß werden und sich verselbständigen. Im Übermaß führen sie zu Depressionen und zu Entscheidungsunfähigkeit, also zum Unvermögen, zwischen notwendigen und überfordernden Anstrengungen zu unterscheiden, sodaß das Risiko wächst, daß es zur völligen Erschöpfung und zum Zusammenbruch der Versorgungssituation kommt. An derartige Zusammenbrüche kann sich dann eine übereilte und chaotische Auflösung der Pflegegemeinschaft anschließen mit verschiedenen Risiken (Noteinweisung in eine Institution mit schlechten Auswirkungen auf psychisches und körperliches Wohlbefinden des alten Menschen; verstärkte Schuldgefühle bei den Angehörigen mit unterschiedlichen Folgereaktionen wie Kontaktvermeidung oder überkritischer Einstellung zu den Heimmitarbeitern).

Filiale Reife

Es ist deutlich, daß die drei zuletzt besprochenen Schwerpunkte aus dem Zusammenleben mit psychisch Alterskranken — emotionale Verselbständigung bzw. Autonomie, Fähigkeit zu einem fürsorglich-begrenzenden, d. h. auch autoritären Verhalten, und Fähigkeit zur Kontrolle von Schuldgefühlen — miteinander enge Beziehungen haben und sich z. T. überlappen. Sie begrifflich voneinander abzugrenzen, hilft aber zu verdeutlichen, wovon Erleichterungen zu erwarten sind. Dies betrifft Pflegende, die sich allein bemühen, aber auch Versorgungsgemeinschaften, in denen von außen geholfen wird.

Gemeinsam tragen diese Eigenschaften, die ja eher Entwicklungsrichtungen darstellen als Zustandsbeschreibungen, dazu bei, daß eine emotional sicher begründete, die Nähe zum und das Verantwortungsgefühl für den alten Menschen erkennende und bejahende Haltung entsteht. Dazu gehört das Bewußtsein der Freiwilligkeit der Pflegeleistungen ebenso wie ein stabiles Gefühl für die eigenen Ansprüche. In der Bezogenheit auf die eigenen Eltern läßt sich die so entstehende Einstellung als Filiale Reife (Blenkner, 1965) bezeichnen. In ihr drükken sich die Anstrengungen der Verselbständigung ebenso aus wie die gewachsene Bereitschaft der mittelalten Kinder, sich ihren alten Eltern zuzuwenden, wenn diese Hilfe benötigen.

„... nur eine Schwester?“

Lotte Mucha

Ich bin eine solche Schwester und seit vielen Jahren in der Angehörigenbewegung tätig. Was mich beunruhigt: „Wo sind die Geschwisterangehörigen, wo sind die Ehepartnerangehörigen?“

Wenn in einer Familie ein Angehöriger, ob Sohn, Tochter, Ehemann, Bruder oder Schwester psychisch erkrankt, leidet die Familie mit und findet wenig Freunde, mit denen sie über diese Erkrankung sprechen kann. Darum sind ja auch unsere Aktionsgemeinschaften für Angehörige psychisch Erkrankter entstanden. Hier finden wir Hilfe, Trost und Rat. Vor allem hoffen wir Verständnis füreinander zu finden. Ist das aber auch wirklich wahr, daß wir in unserem Leid uns so gut verstehen und nirgends kommt ein Mißverständnis auf? Wäre das nicht fast zu edel und harmonisch?

Vorwiegend kommen in unsere Gruppen Eltern deren Kinder (obwohl auch schon erwachsen) an einer psychischen Erkrankung leiden, um Aussprache, Rat und Hilfe in der Gruppe zu suchen. Es sind die aktuellen Themen, die auf den Nägeln brennen: bevorstehende Reha-Maßnahme oder abgebrochene Reha-Maßnahme, und: wie geht es jetzt weiter? akuter Zustand mit Krankenhausaufenthalt oder kurz vor der Entlassung aus dem Krankenhaus, was nun? Probleme mit Wohngemeinschaften, Arbeit, die nicht zu bekommen ist, oder Arbeit, die nicht angenommen wird. Wer kennt all diese Situationen von uns Angehörigen nicht? Vor allem die Eltern sind damit sehr massiv belastet, weil sie ja noch in der „ersten Reihe“ stehen. Wie lange noch?

Seit 45 Jahren bin ich Angehörige. Allerdings — „nur eine Schwester“ —. Auch bei uns standen die Eltern fast 30 Jahre lang in der „ersten Reihe“. Sie trugen die Pflicht und die Verantwortung für die Betreuung der erkrankten Tochter. Als dann durch ihren Tod die „erste Reihe“ ausgefallen ist, kam — nur die Schwester — in die „erste Reihe". War das ganz selbstverständlich?

Meine Schwester war in der Zwischenzeit älter geworden (bestimmt nicht einfacher im Umgang) und alle bis dahin angebotenen und ausprobierten Maßnahmen hatten keine Wirkung gezeigt. Es wäre nur noch die Unterbringung in einem Heim geblieben und sie wäre Sozialfall geworden, wenn wir nicht unsere Familie geöffnet hätten für die nicht selbständig lebende Schwester, um ihr einen Heimplatz zu ersparen und der Erkrankten ein Zuhause in der Familie zu geben.

Wie „selbstverständlich" hat sich die Schwester in unserer Familie einleben müssen, mit Jugendlichen, auch schon jungen Erwachsenen, mit einem angeheirateten Schwager. Was hat sich nicht alles in unserer Familie abgespielt? Die Fortsetzung der Spannungen zwischen Eltern und Kind, vielleicht noch schlimmer, denn es ist ja eine erweiterte Familie an die Stelle der Eltern getreten.

Wie schwer war es für mich, dem Lebenspartner zu sagen: „Ich habe eine schizophrene Schwester, sie wird ein Leben lang auf meine Begleitung und Hilfe angewiesen sein". Und immer wieder die Frage: Kann ich meinen heranwachsenden Kindern zumuten, daß ständig eine „mit ihrer Krankheit belastete" Tante mit im Haus wohnt.

Zum Beispiel die Gedanken an einem Nachmittag: Wie werde ich meiner Familie gerecht, wenn der Ehemann seine beruflichen Erfolge oder Mißerfolge mit mir besprechen will, der 20-jährige Sohn mit der Freundin nicht zurechtkommt und dringend mit der Mutter sprechen mag, die 16-jährige Tochter die zweite Fünf in Französisch geschrieben hat und dadurch in der Versetzung gefährdet ist und getröstet werden will und die kranke Schwester sehr unruhig ist, unbedingt sofort ein Gespräch sucht und zum Arzt gefahren werden will, um eine Spritze zu bekommen?

Dies alles löst bei mir zwar keine Schuld, aber noch so etwas wie ein schlechtes Gewissen aus und dazu die Zweifel: Werde ich den Bedürfnissen der erkrankten Schwester gerecht, was empfindet meine Schwester, wenn sie bei Sport, Spiel und Diskussion nicht mitmachen kann in einer Familie mit Jugendlichen? Wenn ihre Nichte ihr energisch verbietet sie in der Schule abzuholen, wenn die Meinungsverschiedenheiten lautstark ausgetragen werden?

Darum liebe Eltern erkrankter Kinder: *Auch Schwestern und Brüder sind Angehörige mit Problemen!* Ich wünsche Ihnen für Ihren Erkrankten nur eine Schwester oder nur einen Bruder, der in die erste Reihe tritt, wenn sie nicht mehr dort stehen können. Ich wünsche Ihnen gesunde Kinder, deren Familie bereit ist ihr erkranktes Kind aufzunehmen, mit aller Konsequenz.

Denken Sie daran, daß dann auch ihre Enkelkinder zu diesem kranken, nicht immer leicht zu ertragenden Onkel oder Tante ja sagen müssen, wenn er oder sie nicht nach irgendwo abgeschoben werden soll. Wir Angehörige sollten unser Leid nicht abwägen, es wiegt für jeden Einzelnen immer gleich schwer.

Darum gehören in keine Gruppe Sätze wie: „Bei mir ist das aber ganz anders... !" Oder: „Bei Ihnen ist das ja nicht so schlimm..., Sie sind ja nur die Schwester."

II. *Was ist zu tun und wie?*

Handwerksregeln für Angehörigengruppen

Klaus Dörner

1. Ein Beispiel für viele

Herr M., 21jähriger Schlosser, kommt psychotisch, nach PsychKG eingewiesen, zur Aufnahme. Er ist angstabwehrend gespannt, kann oder will kaum sprechen, und nur mit Mühe erfährt man, daß er sich verfolgt und bestrahlt fühlt. Zur Aufnahme kam es, wie schon bei früheren Gelegenheiten, weil er plötzlich und ohne sichtbaren Anlaß lebensgefährdend auf seinen Vater eingeschlagen hatte. Wir laden die Eltern in die Angehörigengruppe ein. Dadurch, daß sie sich in der Gruppe von dem Schrecken und der Angst der letzten Zeit freisprechen, können sie sich entlasten. Die Teilnahme der Gruppe tut ihnen gut. Aber sonst passiert nichts. Der Sohn ist nett, die Eltern sind nett — keiner kommt mit der Lösung des Familienrätsels weiter.

Nach drei Wochen bringt der Sohn schon mal einzelne Worte oder kurze Sätze heraus. Im Zusammenhang mit dem Vater bringt er das Wort „Maske" heraus. Wir bringen dieses Wort vorsichtig in die Angehörigengruppe ein. Aber niemand kann damit etwas anfangen. Wir alle finden nicht, daß der Vater maskiert wirkt. Er selbst auch nicht. Zwei Wochen später — wir sind uns in der Angehörigengruppe inzwischen etwas nähergekommen — greift ein anderer Vater, Herr O., das Wort von der „Maske" auf und bemerkt, Vater M. habe immer so ein leises Lächeln um den Mund, auch dann, wenn dazu kein Anlaß besteht (Vater O. weiß, wovon er spricht: Wir hatten ihn einige

Wochen zuvor auf sein eigenes Lachen aufmerksam gemacht.) Erst dadurch fällt auch uns dieses leise Lächeln bei Herrn M. auf; es wäre uns sonst entgangen. Vater M. braucht wesentlich länger, um damit etwas anfangen zu können.

Dies hilft uns, auf der Station mit Sohn M. zu erörtern, daß eben dieses Lächeln ihm verwehrt, den Vater als Person zu spüren, was er sich sehnlichst wünscht. Nur wenn er auf den Vater einschlägt, ist das Lächeln, die Maske, für eine kurze Zeit weg, spürt er den Vater. Vater M. braucht wiederum die liebevolle Hilfe der Gruppenmitglieder, um zu verstehen, daß es eigentlich Liebe ist, die seinen Sohn dazu bringt, auf ihn einzuschlagen. Entscheidend für seine Einsicht ist es, daß seine Frau eines Abends in der Gruppe ihm Hebammendienste leistet: „Sag doch endlich mal, was Dich immer so bedrückt." Daraufhin spricht der Vater aus, wovon er bis dahin noch nie gesprochen hatte, daß er nämlich immer noch darunter leidet, daß sein Bruder 1941 in einer psychiatrischen Anstalt von den Nazis vergast worden ist. Erst jetzt haben wir einige Zugänge zum Familienrätsel der Familie M.

Sohn M. kann jetzt auch besser sagen, was er sonst noch alles an seinem Vater vermißt. Vater M. ist etwas von seinem Druck los, wirkt freier, traut sich wieder, sich mit sich selbst zu beschäftigen, auch mit seiner Rolle als Vater, wobei er sehr erstaunt ist, daß er für seinen 21jährigen Sohn jetzt plötzlich wieder als Beziehungsfigur wichtig ist; kann sich darüber hinaus aber auch mit seiner Rolle als Ehepartner beschäftigen. Nach insgesamt drei Monaten kann der Sohn eine eigenen Wohnung nehmen, zugleich die Eltern regelmäßig besuchen, wobei es zum Austausch zwischen Vater und Sohn kommt, wovon beide und die ganze Familie etwas haben. Das Problem war damit noch lange nicht ausgestanden. Aber alle Beteiligten waren ein wesentliches Stück weitergekommen.

2. Warum ich nur noch mit Angehörigen psychiatrisch arbeiten kann

Nun ist es zehn Jahre her, daß ich begonnen habe, mit Angehörigengruppen zu arbeiten. Seither bin ich außerstande, ohne diese Möglichkeit psychiatrisch tätig zu sein. Es ist mir unverständlich, daß ich früher anders gearbeitet habe. Und auch heute ist mir jede Angehörigengruppenstunde eine mich neu verwirrende Erfahrung, die ich dringend für meine Wahrnehmungskorrektur, meine Supervision brauche. Dennoch bin ich — von einem Aufsatz abgesehen — erst seit kurzem in der Lage, über Angehörigengruppenarbeit öffentlich zu sprechen. Vermutlich deshalb, weil mir durch die Angehörigengruppen so viele Grundlagen des psychiatrischen Wahrnehmens und Handelns fragwürdig geworden sind, daß ich Sorge habe, mich lächerlich zu machen, den Kontakt zu den meisten Fachkollegen zu verlieren, vielleicht einer Dummheit, einer Einbildung oder gar einer Wahnidee aufzusitzen.

Wahrscheinlich hat mich erst der Umstand mutiger gemacht, daß jetzt schon zehn Stationen des PKH Gütersloh Angehörigengruppen haben, die zum Teil schon seit über zwei Jahren von zahlreichen Mitarbeitern aller psychiatrischen Berufe mit Selbstverständlichkeit und Gewinn betrieben und genutzt werden. Dies war wohl die Voraussetzung dafür, daß ich mich jetzt traue, meine Gedanken über diese Erfahrung im Zusammenhang vorzutragen, um sie mir und vielleicht auch anderen dadurch klarer zu machen.

Zunächst einmal: Wie bin ich überhaupt dazu gekommen?
Es waren wohl mehrere Umstände:
1. Meine Arbeit im Team der Hamburg-Eppendorfer Tagesklinik stellte uns schon nach zwei Jahren vor die Notwendigkeit, die Angehörigen unserer Patienten als aktiv Handelnde zu beteiligen. Dies lag nahe, da die Patienten, die acht Stunden am Tag in der Tagesklinik waren, dort etwas über sich lernten, was sie des Abends im Kreise der Familie auszuprobieren versuchten. Wir kamen zu dem Schluß, man könnte die Intensität des Lernens verbessern, wenn die andere Seite, die Seite der Angehörigen, eine gleichgute Lernchance für sich bekommen könnte.
2. Nebenamtlich war ich zehn Jahre im psychiatrischen Dienst des Gesundheitsamtes tätig. Ich habe dort mehr Psychiatrie gelernt als im Krankenhause; insbesondere durch Hausbesuche. Diese haben es mir unmöglich gemacht, die Augen weiterhin

davor zu verschließen, daß das Leiden der Angehörigen gleichgroß ist wie das der Patienten, ja, daß dieses Familienleiden eine Einheit ist.

3. 1978 hat die „Deutsche Gesellschaft für Soziale Psychiatrie" eine Denkschrift veröffentlicht — im Gedenken an die psychisch Kranken, die im Dritten Reich getötet wurden und an deren Angehörige. Das hat einige Angehörige ermutigt, erstmals öffentlich über ihre abgrundtiefe Einsamkeit, ihre Gefühle der Schuld, der Schande, der Schmach zu sprechen. Es hat mich zutiefst getroffen, daß ich und alle anderen psychiatrisch Tätigen sie seit 1945 in dieser Isolation allein gelassen haben. Wir sind gar nicht einmal auf die Idee gekommen, in welchem Ausmaß sie es gebraucht hätten, sich freisprechen zu können. Und dabei wäre dies doch das Mindeste und Naheliegendste gewesen. Warum sind wir alle nicht auf diesen Gedanken gekommen?

4. Schließlich gibt es zu denken, daß fast alle modernen psychiatrischen Theorien — Interaktions- und Kommunikationstherorie, Labeling-Ansatz, psychoanalytische und andere psychodynamische Theorien, sozialpsychiatrische und gemeindepsychiatrische Denkansätze — die Bedeutung der Familie in den Mittelpunkt stellen, ohne daß sich dies im Alltag der psychiatrischen Praxis niederschlägt. Zwar gibt es inzwischen auch hier und dort familientherapeutische Praxis. Doch sie wird eher von der Theorie und von den Universitäten mit großem Aufwand von oben heruntergewickelt. Es fehlt etwas, was von unten aus der Erfahrung des psychiatrischen Krankenhauses, wo sich die schwersten psychischen Leidenszustände befinden, nach oben entwickelt wird. Eben dies ist der Ansatz der Angehörigengruppen. Denn er verhindert es sowohl praktisch als auch grundsätzlich, daß die Schuldzuschreibung für psychische Störungen irgendwann doch wieder bei den Angehörigen anlangt.

Die Schuldgefühle der Angehörigen aber sind zentrales Thema fast jeder Gruppenstunde. Wer auch nur einige Abende Angehörigengruppenerfahrung gemacht hat, den läßt die bange Frage nicht mehr los, ob es nicht die Psychiatrie selbst ist, die von

Anbeginn an letztlich immer wieder die Angehörigen mit Schuld belädt, ihnen den schwarzen Peter zuschiebt, um sich schwer Erklärliches zu erklären und um sich von eigenen Mißerfolgen zu entlasten — nach dem auf jeder psychiatrischen Station immer wieder zu hörenden Motto: „Ist ja kein Wunder — bei der Mutter!" Dabei wäre der Gedanke für jeden Unbefangenen naheliegend, daß diese Mutter Hilfe vielleicht noch nötiger braucht als ihr psychisch kranker Sohn. Statt dessen spüre ich auch heute noch im Stationsalltag ständig die Verführung zur Ursachen- und Schuldzuschreibung an die Angehörigen. Schon von meiner Ausbildung her ist das tief in mir verwurzelt. Deshalb werde ich noch auf unabsehbare Zeit zu meiner Selbstkorrektur und Supervision wenigstens einmal in der Woche eine Angehörigengruppe brauchen.

Wie nun soll ich hier meine Gedanken vortragen, damit mich Leute verstehen, die die Erfahrung der Angehörigengruppe noch nicht gemacht haben? Und damit sie Lust bekommen, die Erfahrung selbst zu machen? Und damit sowohl psychiatrisch Tätige als auch Angehörige als auch Patienten meine Erfahrungen mit einigem Gewinn nachvollziehen können? Um dies zu erreichen, werde ich zuerst meine Gedanken über die Familie entwickeln, die ich meinen Angehörigengruppen der letzten zehn Jahre und damit den Angehörigen selbst verdanke. Es wird also erst um das möglichst vollständige Wahrnehmen der Familie gehen (3.) und danach um den Umgang in und mit Familien (4.). Sollte mir das einigermaßen wunschgemäß gelingen, hätte das den Vorteil, daß der Leser sich zunächst selbst als Angehöriger fühlt (der er ja in jedem Fall auch ist!). Anschließend hätte es der Leser leichter, sich in das Handeln in und mit Angehörigengruppen hineinzuversetzen (5.).

Insgesamt werde ich möglichst weitgehend meine Gedanken in die Form von Regeln kleiden. Ich nehme damit eine Anregung von Asmus Finzen auf, der in seinem Aufsatz über die „Neue Einfachheit" (Sozialpsychiatrische Information 1981) mit Recht gefordert hat, daß unser psychiatrisches Handeln methodisch kontrolliert zu sein habe. Er spricht von „Handwerksregeln"; man könnte auch von „Hausfrauenregeln" sprechen oder von „Kochbuchregeln".

Ich fühle mich nämlich in einer ähnlichen Situation: So wie der Handwerker, die Hausfrau oder der Koch, so habe auch ich lange Zeit etwas getan, woraus sich für mich wiederholbare Erfahrungen ergeben haben, die ich nun zu Regeln verallgemeinere. Im Sinne zunehmender Annäherung unterscheide ich Regeln der Wahrnehmung, des Umgangs und des Handelns. Regeln sind subjektiv, denn sie ergeben sich aus meiner Erfahrung. Auch wenn sie nach langer Erfahrungszeit ein wenig Allgemeingültigkeit beanspruchen, so lassen sie doch immer Ausnahmen zu, und jemand anderes macht andere Erfahrungen. Gleichsam von der Seite her können Regeln Zuflüsse aus irgendwelchen Theorien haben.

Auch wenn ich sagen kann, daß ich aus diesen drei Regelschichten die Angehörigengruppen als psychiatrische Methode begründe, so ist dies keine Theorie, dafür aber methodisches Handeln. Theoretisch interessierte Leute mögen meinen Gedanken hier und dort Ansätze zu einer Theorie oder Logik der Gefühle im Unterschied zur Logik der Sachen entnehmen. Praktisch interessierte Leute können meinen Erfahrungen aber Anregungen für ihre eigene Existenz als Familienangehörige abgewinnen. Deshalb mache ich abschließend den Vorschlag, die Angehörigengruppe als eine Form der Erwachsenenbildung anzusehen (6.).

3. Regeln der Wahrnehmung der Familie

Um Mißverständnissen vorzubeugen: ich habe nicht die Absicht, das Wesen der Familie schlechthin zu beschreiben. Vielmehr handelt es sich nur um Aspekte der Familie, die für unser Thema wichtig sind, wenn sich daraus auch gelegentlich Beleuchtungseffekte der Familie im allgemeinen ergeben. Freilich sei dem Leser geraten, bei der Lektüre der einzelnen Regeln immer auch an sich selbst in der eigenen Familie zu denken. Denn schließlich spielt es im gefühlsmäßigen Bereich eine große Rolle, von sich auf andere zu schließen.

1. Psychiatrisches Handeln bedeutet, daß ich mich nie auf einen Einzelmenschen, sondern immer auf eine ganze Familie einlasse

Ein Mensch ist immer Teil einer Familie, ihrer Beziehungen und ihrer Geschichte. Dies gilt insbesondere für die hier entscheidende gefühlsmäßige Existenz. Versuchen Sie einmal in der Phantasie sich vorzustellen, es gäbe Sie ohne familiäre Bezüge. Sie wären dann vielleicht ein vegetierendes oder auch funktionierendes Etwas, könnten sich aber kaum als Person fühlen. Wer diese grundlegende Regel wirklich „gefressen" hätte, müßte eigentlich nicht weiterlesen. Wieviel in uns sich dagegen sträubt, zeigt sich jedoch erst im folgenden.

2. Die Familie ist der Ort der Entstehung psychischer Störungen , aber bei Gott nicht ihre Ursache und daher auch nicht der Anlaß für Schuldzuschreibung

Es ist die Tragik oder auch die Schuld der Psychiatrie, dies immer wieder verwechselt zu haben. Als psychiatrisch Tätiger bin ich immer wieder verführt, — wie sonst in der Medizin üblich — nach dem Schema Ursache-Wirkung zu denken, so wie der Tuberkelbazillus früher als die Ursache der Tuberkulose galt. Aber die Psychiatrie ist keine medizinische Wissenschaft, sie hat nur wichtige medizinische Anteile. Nur wer sich das Denken in Ursachen wirklich verkneifen kann, darf sagen, daß der Ort der Entstehung psychischer Störungen in der Tat der familiäre beziehungsweise der Privatbereich ist, während Bedingungen aus dem Arbeits- beziehungsweise Freizeit-Bereich nur zusätzlich wirksam werden. Hierfür spricht schon die Statistik: Wenn die Beteiligten zur Zeit der Lebensaufgabe der sozialen Abnabelung (15—25 Jahre) den Preis dafür leugnen, entstehen in diesem Zeitraum am häufigsten die Psychosen, die schizophren genannt werden. Wenn die Beteiligten zur Zeit der Lebensaufgabe der Herstellung einer Partnerschaft auf derselben Ebene (25—45 Jahre) den Preis dafür leugnen, entstehen in dieser Alterphase am häufigsten depressive und süchtige Abhängigkeiten. Wenn zur Zeit der Lebensaufgabe des Einsamwerdens und Übrigbleibens die Beteiligten den Preis dafür leugnen, entstehen in dieser Altersphase am häufigsten depressive oder wahnhafte Alterspychosen. Zwar kann jede dieser Störungen auch als Selbsthilfeversuch angesehen werden, auch hinsichtlich des reinen Überlebens erfolgreich sein, jedoch um den Preis der Einengung des gefühlsmäßigen Realitätskontaktes. In jedem Fall handelt es sich aber um ein Problem, an dem alle Familienangehörigen — selbst die bereits gestorbenen — beteiligt sind.

3. Die Familie ist größer und umfangreicher als man denkt

In der Angehörigengruppe machen alle bald die Erfahrung, daß das Reden von der „modernen Kleinfamilie" auch nur die halbe Wahrheit ist. Es zeigt sich vielmehr, daß hinsichtlich der Bedeutung auch heute mal eine Cousine, mal ein Onkel, mal der Großvater im Vordergrund stehen. Im Beispiel von Herrn M. tauchte ein Onkel auf, an dem er sich übergangsweise so positiv orientieren konnte, wie er sich dies von seinem Vater wünschte, was sich therapeutisch wesentlich nutzen ließ. Wenn Sie nur Ihren Wahrnehmungshorizont offen genug halten und darauf achten, werden Sie immer wieder die Erfahrung machen, daß es gewissermaßen am Familienrand eine wichtige Bezugsperson gibt, von der man eine Zeitlang das bekommen kann, was man von der nächsten Bezugsperson haben möchte. Probieren Sie es aus! Mehr noch: Um die Familie herum gibt es in konzentrischen Kreisen nicht nur die fernen Verwandten, sondern auch die Freunde und schließlich die Bekannten. Ohne die Familie sind auch die entfernteren Kreise spärlicher und weniger dauerhaft. Dabei wird der Bekanntenkreis in seiner Bedeutung meist unterschätzt. Sie brauchen aber bloß einmal bei sich selbst darüber nachzudenken, wie wichtig es für Sie ist, einen Kreis von Bekannten zu haben, das heißt von Leuten, mit denen Sie unverbindlicher, mit mehr Risiko umgehen können, etwas ausprobieren können, da ein Verlust nicht so tragisch wäre, zum Beispiel jemanden „vors's Schienbein treten".

4. Die Familie ist länger und dauerhafter, als man denkt

Vor allem in Angehörigengruppen geriatrischer Stationen erleben wir schwindelerregend, wie gefühlsmäßig Sinngehalte, Familienrätsel oder auch nur Gewohnheiten buchstäblich bis ins „dritte oder vierte Glied" vererbt und in der Gegenwart wirksam werden.

Beispiel: „Tante Änne", 82 Jahre, wird vom Bauern, Herrn F., verwirrt und wahnhaft ins Krankenhaus gebracht. In der Angehörigengruppe zeigt sich, daß sie nicht deshalb auf dem Hof unerträglich geworden ist, sondern weil sie vom Morgen bis in die Nacht alle Arbeiten machen will, obwohl sie nur noch Durcheinander anrichtet. Die Bäuerin, Frau F., die natürlich auch weiterhin Tante Änne pflegen will, ist derart verzweifelt und überfordert mit dieser Pflege, daß sie erwägt, Tante Änne zuliebe das Pflegekind abzugeben, das ihr seit fünf Jahren ans Herz gewachsen ist. Sie fragt in die Gruppe:

„Warum hat Tante Änne bloß diesen jetzt total leerlaufenden und zerstörerischen Arbeitsdrang?"

Nur weil die Gruppe, also ein Kreis von Fremden, aber Schicksalsgenossen, sich eine Zeitlang mit dieser Frage ernsthaft beschäftigt, findet Frau F. schließlich selbst die Antwort, was ihr zu Hause nicht möglich war: „Jetzt fällt mir ein, daß Tante Änne mit zwanzig Jahren, also jetzt vor zweiundsechzig Jahren, zu wählen hatte, ob sie heiraten und vielleicht Kinder haben oder ob sie auf dem Hof mitarbeiten wolle. Fröhlich hat sie das letztere gewählt und bis heute allzeit fröhlich ihre Arbeit getan. Jetzt fällt es mir wie Schuppen von den Augen, daß sie mit der Fröhlichkeit nur den Schmerz des Verzichtens überspielt hat, und daß deshalb die Arbeit das einzige war und ist, woran sie sich festklammern kann. Deshalb kann sie jetzt keinen Frieden finden."

Erst diese Lösung eines Familienrätsels brachte uns gemeinsam auf den richtigen Einfall: Tante Änne kam noch eine Zeitlang tagesklinisch auf die geriatrische Station, um zum Hof alternative Inhalte für ihren Arbeitsdrang zu finden, die sie entsprechend weniger zwanghaft ausführen konnte. Nach dieser Tagesklinikzeit konnte sie ein wenig mehr in Frieden mit sich selbst auf dem Hof gepflegt werden und sich mit ihrem Feierabenddasein besser anfreunden.

Von einem Leser der ersten Auflage dieses Buches, Herrn K. H. Wolter wurden mir hierzu einige wichtige Anmerkungen zugeschickt, die ich zitieren will: „Hier wird nach meinem Verständnis dargestellt, daß die Bewältigung von Problemen (und psychischer Krankheit) mit der Entwicklung der Individuen einer Familie zu tun hat (z.B. Familienrätsel). Das ist wichtig und sicherlich gescheit und einfühlsam beobachtet. Aber vielleicht kann man damit auch Schuldgefühle bei Angehörigen erzeugen, wenn man nicht deutlich macht: In einer Angehörigengruppe von Beinamputierten würde man den gleichen Grad an „Entwicklungsdefiziten" antreffen wie bei Angehörigen psychisch Erkrankter. Daß die aus solchen Defiziten entstehenden Spannungen und Konflikte bei bestimmten Menschen zu spektakulären psychischen Reaktionen führen, liegt an einer extremen Verletzlichkeit, deren Ursachen wir nicht kennen. Der Unterschied zwischen betroffenen und nicht betroffenen Angehörigen liegt wohl darin, daß Nichtbetroffene es sich eher leisten können, das „Unerledigte" noch jahrelang und manchmal bis ins Grab mit sich herumzutragen. Für Angehörige von psychisch Erkrankten ist ein solcher Weg schmerzvoll und fatal. Bei ihnen wird Entwicklung provoziert, und manche von ihnen werden damit in einem Lebensalter überrascht, in dem ihre nicht betroffenen Mitbürger es sich leisten können, sich mit dem Unerledigten einzurichten."

Die Sinnwirksamkeit der Familie ist oft noch dauerhafter: Nicht selten muß die Angehörigengruppe den Rahmen bieten für die Auseinandersetzung mit einem bereits verstorbenen Familienmitglied, für die Einsicht, daß es keine Wiedergutmachung gibt, daß man Schuld zu akzeptieren hat und nur auf diesem Wege zur Versöhnung und zum Friedenschließen kommen kann — eine Lebensaufgabe, die jeder von uns kennt, der so alt ist, daß er schon ein wichtiges Familienmitglied verloren hat.

Daraus ergibt sich für die Wahrnehmung der Familie die Regel, stets danach zu fragen, wie alt gegenwärtig nicht nur der Patient, sondern auch alle wichtigen Familienmitglieder sind und welche Lebensaufgabe dem jeweiligen Alter üblicherweise entspricht. Versäumt man das, geht man rettungslos in die Irre. Diese Regel ist aber erst dann vollständig befolgt, wenn man sie auch auf sich selbst anwendet. Das heißt, auch ich als psychiatrisch Tätiger habe mir immer wieder vor Augen zu führen, wie alt ich bin und welche Lebensaufgabe und damit auch welche Problemsicht meinem Alter entspricht. Bin ich jünger, solidarisiere ich mich mehr mit den Jüngeren, bin eher für Trennungen innerhalb der Familie. Bin ich älter, verstehe ich die Älteren besser, wünsche mir mehr den Zusammenhalt einer Familie.

Ähnlich geht es mit der unterschiedlichen Bewertung der Bedeutung von Unabhängigkeit und Abhängigkeit. Deshalb ist es entscheidend wichtig, daß die zwei Moderatoren einer Angehörigengruppe sich dem Alter nach unterscheiden.

5. Ich habe mir ein Bild von den Entwicklungsstufen im Erwachsenenalter zu machen

Psychologie und Psychoanalyse haben sich bisher auf die Entwicklungsstufen im Kindes- und Jugendalter konzentriert. Ihre Aussagen über Entwicklungsstufen im Erwachsenenalter bleiben blaß. Hier sind wir auf uns selbst angewiesen. Deshalb haben wir in der Angehörigengruppe immer wieder die Frage zu stellen, welche Lebensaufgaben überlicherweise mit 21, 35,

47, 82 Jahren „dran“ sind. Hilfreich ist hier vor allem die praktische Erfahrung der Erwachsenenbildung, wie sie vor allem im Rahmen der Volkshochschule gemacht wird. Die pädagogische Wahrnehmung ist hier wichtiger als die medizinische Wahrnehmung. Einige Gedanken hierzu habe ich unter III, 2 ausprobiert.

---

6. Ich habe ständig mein Bild vom Sinn, von der Funktion, von der Aufgabe der Familie aus der Erfahrung anzureichern

---

Dabei ist die Fremderfahrung und Selbsterfahrung — wie übrigens immer — eine Einheit (eine große Selbsttäuschung der Selbsterfahrungsgruppen!). Zur Anregung der Phantasie hier einige Beispiele:

Die Familie ist ein Trainingsfeld für Handlungsweisen, die ich zunächst an vertrauten Personen ausprobiere, bevor ich sie mit einigem Erfolg auch auf fremde Menschen anwenden kann

---

Dies gilt für alle Familienmitglieder, vorrangig für die jüngeren. Für sie sind die Eltern Sparringspartner, an deren Widerstand und Autonomie ich mich positiv oder negativ orientieren und danach den ersten Schritt in die Fremde wagen kann. Der Schutz der Familie erlaubt es, daß dieser Kampf ziemlich gnadenlos ausgetragen wird, bis beide Seiten das Gefühl haben, daß sich im guten Sinne Gegner be-gegnen. Mir hat sich als Kochbuchregel bewährt: „Es darf zu Hause kein ungerupftes Hühnchen mehr herumliegen, bevor man sich draußen mit hinreichendem Selbstvertrauen bewegen kann.“ Bei diesem Match können ersatzweise und entlastend der Onkel, die Cousine, der Neffe, die Großmutter hilfreich sein.

Der Vater ist besonders hilfsbedürftig

Die Angehörigengruppe offenbart regelmäßig, daß Väter in der „vaterlosen Gesellschaft" besonders arme Schweine sind, die des Aufbaus in der Gruppe bedürfen. Wenn Kindererziehung in der Regel Muttersache ist, wie soll so ein armer Vater verstehen, daß gerade dann, wenn sein Sohn mit 18 oder 21 Jahren aus dem Gröbsten herauszusein scheint, er völlig unerwartet und ungeübt zur zentralen Erziehungsfigur für seinen Sohn wird? Und zwar eben nicht als Leistungsträger, womit er 20 Jahre lang seinen Ruhm in der Familie begründet hat, sondern als eigenständige, gefühlsmäßige Person, die im richtigen Augenblick ja und nein sagen, hart und weich, stark, aber vor allem auch schwach und hilflos sein und dies unzweideutig ausdrücken kann, mal Besiegter statt Sieger zu sein. Gerade darin aber fordert ihn sein Sohn, in nichts anderem. In diesem Kampf geben sich also Vater und Sohn gegenseitig die Entwicklungschance, zur autonomen Person zu werden. Ähnliches gilt natürlich für die Beziehung Mutter-Tochter, wobei es alleinerziehende Mütter besonders schwer haben. Sie brauchen in der Gruppe meist längere Zeit, um in ihrem Selbstwertgefühl soweit aufgebaut zu werden, bis sie es sich leisten können, auch schwach zu sein.

Eltern dürfen nie vergessen, daß sie, getrennt davon, gleichzeitig auch Ehepartner sind

Meist verwischt sich dieser Unterschied im Stress des Aufbaus der materiellen Existenz und der Kindererziehung. Sie gehen in der Elternrolle auf. Dadurch verlieren sie an Eigenständigkeit und in den Augen der Kinder an Wert. Das rächt sich laufend und kann zur Katastrophe führen, wenn die Kinder aus dem Hause gehen. Denn dann sind sie hauptsächlich nicht mehr Eltern, sondern wieder Mann und Frau, wissen aber damit nichts mehr anzufangen, da die beiden sich als Ehepartner vernachlässigt haben. Es ist eine der schönsten Chancen der Angehörigengruppe, zwei Eltern wieder als Ehepartner füreinander aufmerksam und sensibel zu machen: „Letzten Samstag sind wir seit 7 Jahren zum ersten mal wieder ins Kino und tanzen gegangen!"

Jedes Familienmitglied braucht einen Vertrauten, einen Bundesgenossen innerhalb und außerhalb der Familie

---

Für diese Regel gibt es viele Anwendungen. Ich greife eine heraus: Wenn zwei Leute sich derart verlieben, daß sie sich zum Heiraten entscheiden, dann ist die Liebe oft so groß und macht so blind, daß der Mann seinen Freund und die Frau ihre Freundin vernachlässigen und vergessen. Sie haben einen falschen Begriff vom Erwachsensein und versäumen es daher, die Freundschaftsbeziehungen der Jugendzeit mithinüberzuretten. Doch jede große Liebe geht einmal in den Ehealltag über mit seinen notwendigen Krisen. Nun sind die Ehepartner mit ihrem Groll aufeinander allein und können sich nur noch gegenseitig zerfleischen. Eben jetzt aber braucht die Frau die Freundin und der Mann den Freund, also jemanden, zu dem er oder sie blind Vertrauen hat, sich nach Herzenslust über den Ehepartner beschweren und auskotzen kann, bis er wieder Eigenanteil und Fremdanteil an dem Problem unterscheiden kann. Isolation zu Zweit kann schlimmer sein als allein. Es ist dann schon schwerer, aus der bereits drängenden Not heraus sich die Nachbarin oder den Arbeitskollegen zum mit Recht parteiischen Bundesgenossen zu machen. Wer nicht mal das schafft, ist von den typischen psychischen Störungen des Erwachsenenalters bedroht. Umgekehrt sagt das Kochbuch: Niemand in einer Ehe bekommt eine psychische Störung, wenn beide Partner ihren Vertrauten haben und dies — trotz aller parteilichen „Ungerechtigkeit" — auch akzeptieren können. Angehörigengruppe: „Ich habe gestern meine Schulfreundin angerufen. Sie sagte zu meiner Überraschung, sie habe sich das schon lange gewünscht, sich bloß nicht getraut. Mein Mann nörgelt zwar, aber wir treffen uns morgen trotzdem im Cafe."

Man kann niemanden angreifen, der allein beziehungsweise ungeliebt ist

---

Eine merkwürdige Handwerksregel! Jede lebendige Beziehung braucht beide: sie lieben und sich angreifen. Wer einen Partner hat, der allein und ungeliebt ist, dem mag das Lieben nicht mehr gelingen, noch sicherer fühlt er sich gehemmt, offen und konstruktiv anzugreifen. An die Stelle treten entwertende Gefühle von Rücksicht und Mitleid. Wir erleben es in der Angehörigengruppe immer wieder, daß dann, wenn ein Angehöriger von der Gruppe gemocht und getragen wird, der zugehörige Patient sich freier fühlt, ihm offen, direkt und ohne Rätselbilder zu sagen, was ihm an ihm mißfällt, was er sich von ihm wünscht (z.B. Sohn M.).

Die Familie hat den Sinn, in einem endlosen Austausch die widersprüchlichen grundlegenden sozialen Handlungstendenzen immer wieder ins Gleichgewicht zu bringen

---

Das gilt für das Zusammenkommen und Auseinandergehen, für Lieben und Hassen, für Unabhängigkeit und Abhängigkeit, für Freiheit und Geborgenheit. Die Spannung zwischen diesen Widerspruchspaaren ist immer wieder neu herzustellen und macht das Lebendige jeder Beziehung aus.

Die Familie dient der Positionsbestimmung

Aufgrund ihres Schutzraumcharakters ist die Familie zumindest der günstigere Ort, immer wieder neu zu experimentieren und herauszufinden, was meine Position, mein Standort, mein Standpunkt in der Welt ist, wo ich in meiner Entwicklung stehe, wo ich anderen gleiche und mehr noch, wo ich mich von anderen unterscheide. Die Angehörigengruppe dient dazu, in Familien, in denen die Positionen durcheinandergeraten sind, die Positionen wieder zu sortieren und neu herzustellen, da erst dann alle Familienmitglieder in ihren Äußerungen wieder eindeutig werden können.

Vertrauen fängt beim Nicht-verstehbaren an

In jeder Beziehung versteht jeder einen Teil des anderen, einen anderen Teil nicht. Ist eine Beziehung von Vertrauen getragen, dann versuche ich nicht, den nichtverstehbaren Teil des anderen durch liebevolles Werben oder Bohren mir verstehbar, das heißt mir gleich zu machen. Vielmehr respektiere und schätze ich gerade das Nichtverstehbare am anderen als Zeichen seiner Eigenständigkeit, seiner Einzigartigkeit, seiner Würde als Person. Gerade der Unterschied zwischen mir und ihm macht unsere Beziehung spannend, lebendig, fruchtbar. Angehörigengruppe: „Ich habe am Sonntag meiner Tochter gesagt, daß ich zwar vieles von ihr nicht verstehe, aber daß ich sie als Mensch gut finde und daß ich blindes Vertrauen habe, daß sie ihren Weg schon machen wird egal, was auf diesem Weg alles noch passieren mag. Das mit dem „blinden Vertrauen“ ist mir schwergefallen. Ich glaube, das hat meine Tochter gemerkt. Sie war wohl etwas verwirrt, hat zwar nichts gesagt, mich aber ganz ungläubig und irgendwie liebevoll angeguckt. Eine Stunde später hat sie mich zum ersten Mal gefragt, wie es mir denn eigentlich geht?“

Die Familie ist der natürliche Ort des Leidens und des Schmerzes

---

Die Regel klingt vielleicht sentimental, ist dennoch Erfahrung.

Zumindest kann ich mich hier besser „gehenlassen“, mein Leiden ausleben. Die Familie, in der man nicht leiden kann, sondern in der das Leiden bekämpft oder weggetröstet werden soll, ist trostlos. Denn Leiden und Schmerz sind 1. die Grundlage jeder Krise, jeder Veränderung und damit Entwicklung, wovon man immer erst das Negative und erst später vielleicht das Positive erfährt; und 2. die Grundlage jedes Gesprächs, das etwas bringen soll, und damit die Voraussetzung zum Glück, während die nur harmonische Familie tot ist. Deshalb ist die Atmosphäre der Angehörigengruppen „von selbst“ fast immer lebendig und gerade wegen des Umgangs mit unendlichem Leiden meistens fröhlich.“

Wahlverwandtschaft

Dieses Bild ist mir als Kochbuchzutat sehr lieb geworden. Nicht nur, daß es — „gewählte Verwandte“ — das Wesen der Wohngemeinschaft ziemlich genau trifft. Es verweist mich auch darauf, daß ich mein Leben lang mir meine Familie, meine Verwandten selbst zu wählen und zusammenzustellen habe, einschließlich der schon erwähnten konzentrischen Kreise, der Freunde, Bekannten, Nachbarn, Arbeitskollegen, Straßenpassanten und Kneipengesprächspartner. Dies gilt genauso für den, der in einer Familie aufgewachsen ist, wie für den, der als Heimkind nie eine Familie hatte. Das Bild trifft einen weiteren Aspekt der Angehörigengruppen, die darin einübt, daß man sich die notwendigen Gesprächspartner selbst suchen kann, wenn man keine hat.

4. Regeln des Umgangs in und mit Familien

---

1. Alle Familienmitglieder leiden gleich viel

Auch dies wieder eine Grundregel, aus der sich die meisten anderen Regeln ableiten lassen. Sie besagt: Wenn ein Familienmitglied psychiatrischer Patient wird, dann bedeutet dies ein

Familienproblem, an dem alle anderen Familienmitglieder – Ehepartner, Eltern, Kinder, Geschwister – beteiligt sind, aktiv und passiv, als Täter und als Opfer, und darunter leiden. Ich möchte diese Handwerksregel noch mehr zuspitzen: Möglicherweise leiden die Angehörigen noch mehr als der Patient.

Während nämlich der Patient einen Teil seines Leidens, seiner Angst in Form von Symptomen (Wahnidee, Trinken) abbinden kann, „als Patient“ in seinem Leiden anerkannt ist und die psychiatrisch Tätigen als Gesprächspartner für sein Problem zur Verfügung hat, sind die Angehörigen ihrem Leiden schutzlos ausgeliefert, sind nicht als Leidende anerkannt, werden eher noch beschuldigt, das heißt dafür bestraft, und sind mit ihrem Leidensanteil allein gelassen, ohne regelmäßige kompetente Gesprächsmöglichkeit. Dabei drückt sich auf beiden Seiten, sowohl auf der Seite des Patienten als auch auf der Seite der Angehörigen, ein intensives und langes, wenn auch vergebliches Bemühen umeinander aus. Angehörigengruppe: „In dieser Familie ist zu viel Liebe!“ Daher ist es im Umgang damit entscheidend, auf beiden Seiten nicht den Erfolg, dafür aber das Bemühen selbst anzuerkennen und zu bewundern, zumal oft dies Leiden das erste Gemeinsame der Familie ist und geteiltes Leid bekanntlich halbes Leid ist.

2. Alle Familienmitglieder leiden gleich lang, unter Umständen lebenslang

Diese Regel klingt noch unglaublicher. Sie wird aber nicht nur durch die Hinterbliebenen der Naziopfer, sondern auch durch die Angehörigen der Langzeit-Patienten bestätigt. Denn selbst dann, wenn nicht zuletzt durch Schuld der Psychiatrie selbst, die Angehörigen ihre Langzeit-Patienten zwanzig Jahre lang nicht mehr besucht haben und wir dadurch, daß wir uns zunächst in ihre Lage hineinversetzt haben, den Kontakt wieder herstellen konnten, kommen die lebensbegleitenden Gefühle der Schande und der Schuld, die Ängste, das Selbstverbot, Kinder zu kriegen aus Angst vor Vererbung, das selbsteinengende schlechte Gewissen, die Verheimlichung, selbst vor dem Ehepartner oder gegenüber der Umwelt, das Alleingelassensein mit alledem auf den Tisch. Das bedarf immer wieder der Entlastung und der Möglichkeit, sich freizusprechen, bevor eine einigermaßen unbefangene Beziehung wieder gelingt.

Beispiel: Herr G. war 15 Jahre alt, als seine Mutter wegen einer Wahnpsychose endgültig im Landeskrankenhaus verschwand. In seinem damaligen Alter war es seine Lebensaufgabe, also gewissermaßen seine Pflicht, sich gegen seine Eltern abzugrenzen, um seine eigene Person zu finden. Er konnte also das Verschwinden der Mutter nur als eine gegen ihn gerichtete Handlung der Mutter bewerten. Er verweigerte fortan jeden Kontakt. Jetzt ist er 32 Jahre, hat selbst Kinder, die ihn danach fragen, wie es denn in seiner Kindheit war. Obwohl er auf diese Weise nun ein ganz neues Interesse an seiner Mutter hatte, war erst ein Gespräch an einem neutralen Ort erforderlich, um ihn von seinem schlechten Gewissen zu entlasten, bevor nun Sohn und Mutter auf einer neuen Ebene wieder etwas voneinander haben konnten.

Wie in diesem Beispiel, so ist auch in allen anderen Fällen der Umgang mit den zentralen Schuldgefühlen entscheidend. Zum Sich-Frei-Sprechen gehört es auch, einen irgendwo immer noch verspürten Rest an auf sich geladener Schuld auf sich zu nehmen, zu bejahen und zu akezptieren, auf die Hoffnungsillusion zu verzichten, man könne im Leben irgendetwas wiedergutmachen. Nur ohne solche falschen Wiedergutmachungstöne ist eine wirklich neue Beziehungsaufnahme möglich.

3. Alle Familienmitglieder haben das gleiche Recht

Für alle im Krankenhaus Tätigen bedeutet dies eine fürchterliche Kränkung. Denn nun steht der Patient nicht mehr im Mittelpunkt, die Angehörigen sind nicht mehr Satelliten. Natürlich dürfen jetzt nicht umgekehrt dafür die Angehörigen in den

Mittelpunkt rutschen. Vielmehr haben beide Seiten auf derselben Ebene etwas Gleichgewichtiges mitzuteilen. Da aber die Beziehung zwischen beiden Seiten ineinander verhakt und verwischt, nur noch als Clinch zu bezeichnen ist, sind die unterschiedlichen „Rechtspositionen“ gar nicht mehr zu erkennen. Daher sind — wie im Boxkampf — beide Seiten voneinander zu trennen und bedürfen, getrennt voneinander, der Unterstützung, damit sie sich zunächst wieder auf sich selbst besinnen und ihre Positionen wieder eindeutig bestimmen können, bevor die Beziehung oder Begegnung auf einer neuen Ebene fortgesetzt werden kann oder auch nicht. Die Position des psychiatrisch Tätigen kann man hier mit dem Bild des Ringrichters oder des Schiedsrichters ausmalen. In Italien hat man es einmal mit dem Bild des Friedensrichters versucht. Die psychiatrisch Tätigen sind für diese Position aufgrund ihrer Erfahrung und Kompetenz nur zum Teil geeignet, und zwar dadurch, daß sie zu beiden Seiten den gleichen sympathischen Abstand wahren.

4. Alle Familienmitglieder haben die gleichen Chancen

Bei beiden Seiten kann man auf dasselbe Selbsthilfepotential vertrauen, wenn es nur wirksam werden kann. Der Patient ist wahrscheinlich näher am Familienproblem dran, freilich so nahe, daß er es nur noch in Rätseln (Symptome) ausdrücken kann. Die Angehörigen sind an diesem Familienproblem wahrscheinlich nicht so nah dran, haben dafür den größeren Abstand und die größere Freiheit der Selbstannäherung. Damit das Selbsthilfepotential frei wird, ist es günstig, daß die Angehörigen selbstverständlich und öffentlich darüber sprechen, daß jemand aus der Familie psychisch gestört ist, da Verheimlichung nach außen auch zu Verheimlichung nach innen führt, außerdem isoliert. Für den Patienten ist es im selben Zusammenhang günstig, daß wir im Gespräch mit ihm ein umgangssprachliches Wort für den Sinn seiner Symptome finden, das auch die Angehörigen verstehen können. So gelingt es zum Beispiel im Gespräch mit vielen wahnhaften Patienten, daß sie den Sinn ihrer

Wahnäußerungen als „testen“ bezeichnen: Wer für oder gegen sie ist, bis wohin man Leute treiben kann, wer Widerstand leistet, wer sich in seinem Vertrauen nicht beeinträchtigen läßt, wer bereit ist, seine Angst zu teilen usw.

5. Symptome sind Hinweise auf Familienrätsel

Durch Symptome (Wahn, Stimmenhören, Trinken, Depression) rückt der Patient nur optisch in die Hauptrolle. Da alle fasziniert auf das ungewöhnliche Symptom starren, hält er sich die Leute vom Leibe, lenkt sie von seinen Ängsten und Wünschen ab, die er sich nicht mehr traut, offen zu äußern und auf diese Weise abwehrt. Die Aufgabe einer Angehörigengruppenstunde läßt sich daher oft als „Rätselraten“ bezeichnen, wobei die Angehörigen freilich ein Teil des Rätsels sind.

6. Zwischen allen Familienmitglieder besteht Telepathie

Diese sehr nützlich Handwerksregel unterstellt, daß alle Familienmitglieder alles voneinander wissen, vor allem dann, wenn sie versuchen, etwas voreinander zu verbergen. In der Angehörigengruppe sind auch alle Angehörigen dann überzeugt, wenn es sich gerade nicht um ihre Familie handelt. Deshalb können sie sich gegenseitig auch gut ermutigen, die Aufmerksamkeit vom Patienten weg und wieder auf sich selbst zu richten. Wenn dies nämlich gelingt, wozu oft viel Zeit und Wiederherstellung von Selbstvertrauen nötig ist, zeigt es sich, daß die Angehörigen das ihnen vom Patienten aufgegebene Rätsel im Grunde selbst am besten lösen können, was noch lange nicht heißt, daß sie auch das zugrundeliegende Familienproblem angehen können, was auch nicht immer möglich oder nötig ist.

7. Alle Familienmitglieder halten die jeweils andere Seite für schlecht

Gegen diese Regel ist jeder Arzt machtlos. Er kann, so oft er will, betonen, daß es sich hier um eine Krankheit handelt. Es ist vergeblich: Der Patient hält seine Angehörigen für schlechte Menschen, die ihm als Eltern bloß die Freiheit, als Ehepartner die Unabhängigkeit oder als Kinder die Liebe nicht geben wollen. Die Angehörigen ihrerseits halten den Patienten für einen schlechten Menschen, der sie terrorisiert, undankbar, gemein, hinterhältig, erpresserisch ist und sie nur an der Nase herumführt. Auch wenn der Doktor sagt, daß der Patient nicht kann, ist es ihre Erfahrung, ihr Erleben und Leiden, daß er nicht will, wenn auch vielleicht nicht aus Bosheit, sondern aus Hilflosigkeit. Deshalb kann man sich bei der häufigen Frage „Kann er nicht oder will er nicht?" bestenfalls auf halbem Wege treffen.

8. Alle Familienmitglieder sind mehr für den jeweils anderen als für sich selbst da

Gerade nach der Regel 7 nimmt das nicht wunder. Beide Seiten, Patienten wie Angehörige, sind aufmerksam nur für die andere Seite, verzehren sich in Sorge, haben Angst vor und um den jeweils anderen und suchen im jeweils anderen des Rätsels Lösung. Sie können diese Ablenkung von sich selbst als Liebe, Hass oder Verantwortung empfinden. Dauert dies längere Zeit an, so wissen sie kaum noch, wie das geht, daß man ein Problem am besten dadurch löst, daß man sich zunächst auf seinen eigenen Anteil konzentriert und daß man erst dann Anderen helfen kann, wenn man sich erstmal selbst geholfen hat. Die Angehörigengruppe dient dazu, diese Fähigkeit wiederzufinden, zum Beispiel ins Kino zu gehen oder in Urlaub zu fahren, unabhängig davon, ob es dem Patienten schlecht oder gut geht. Nur wer für sich selbstverantwortlich ist, kann auch für andere Verantwortung tragen — eine Regel, die kaum umkehrbar ist.

9. Alle Familienmitglieder sind gleich stark

Auch diese Regel wird alle Krankenhausarbeiter sowie die meisten Familientherapeuten beleidigen. Üblicherweise sieht man den Patienten als das schwächste Glied, in der Omega-Stellung, oder als Sündenbock für andere. Man fragt sich empört, wie man mit Hilfe der Angehörigengruppe die Position der Angehörigen gegenüber dem Patienten noch mehr stärken kann. Die Erfahrung lehrt uns etwas anderes. Danach tut man gut, davon auszugehen, daß alle gleich stark sind, nur daß die Waffen unterschiedlich sind; daß darüber hinaus beide Seiten sich aus einer Politik der Stärke gegenseitig in eine Sackgasse, in ein Gefängnis manövriert haben, so daß es zunächst einmal darum geht, daß jede Seite zunächst für sich selbst die eigene Schwäche, Hilflosigkeit, Ohnmacht und Angst zugeben kann, wodurch man wieder so viel Selbstvertrauen tankt, daß man die eigene Schwäche auch der anderen Seite offenbaren und dadurch wieder zu wechselseitigem Vertrauen kommen kann.

Beispiel: Depressive Hausfrauen haben in der Regel leistungsstarke, strahlende, vitale Ehemänner, die obendrein noch dadurch Märtyrer geworden sind, daß sie seit Monaten oder Jahren außer ihrem Beruf auch noch den Haushalt und die Kindererziehung managen. Schnell sind sie auch in der Angehörigengruppe Zentrum, wissen für andere guten Rat, bis ein anderer Angehöriger fassungslos fragt, wie lange sie das noch machen wollen, wann sie einmal Zeit für sich selbst hätten und ob sie sich nicht wie eine Maschine vorkämen, während ihre Ehefrau sich immer überflüssiger finden müsse. Wenn das dann dazu führt, daß der angesprochene Ehemann endlich einmal seine Fassung verliert, bekennt, daß er sich ganz am Ende fühle, und daß er schon seit Jahren gern auch einmal wie ein Kind in den Arm genommen werden möchte, statt ständig den Starken zu spielen, und wenn er anschließend diesen „Offenbarungseid“ auch seiner Frau schwören kann, die oft genug seit Jahren sich

nichts anderes gewünscht hat, dann besteht die Chance zu einem Neubeginn.
Freilich kann man sagen, daß bei der Verschiedenheit der Waffen eher als der Patient der Angehörige die Freiheit wiedererlangen kann, sich als erster auf sich selbst zu besinnen. Eben dies macht es dem Patienten leichter, denselben Weg zu gehen.

10. Alle Familienmitglieder sind gleich isoliert

So wie der Patient sich in seinem Symptomgefängnis isoliert, so isolieren sich auch die Angehörigen. Sie verzichten auf den Geburtstagsbesuch bei Tante Emma, da der Sohn sich vielleicht wieder so unmöglich benimmt, so daß Tante Emma denkt, „sind die aber komisch" und sie das nächste Mal nicht wieder einlädt. Ähnlich geht es mit Freunden und Nachbarn, bis man nach Jahren endlich hermetisch von der Außenwelt abgeschlossen ist. Ein soziales Leben der Familie findet nicht mehr statt. In dieser Phase kann man die Kochbuchregel weiter zuspitzen: So wie ein Mensch in der Krise sich nicht selbst verstehen kann, sondern einen Außenstehenden braucht, so kann auch eine Familie in der Krise sich nicht selbst verstehen und braucht Außenstehende, eine andere Familie. Dieser Zwischen-Familien-Austausch ist vielleicht die entscheidende Chance der Angehörigengruppe.

11. Alle Familienmitglieder sprechen nur allein ihre ganze Wahrheit aus

Bisher galt dies einseitig nur für die Seite des Patienten. Es trifft aber für die Seite der Angehörig genauso zu. Dies umso mehr im Schutz der Angehörigengruppe, in der die Angehörigen gegenüber den psychiatrisch Tätigen in der Mehrzahl sind, sich endlich freisprechen können, ohne sowohl auf den Patienten als auch den psychiatrisch Tätigen „Rücksicht“ nehmen zu müssen — oder wie man dies merkwürdige rückgratverbiegende Gemisch aus Verantwortung, Kontrolle, Mitleid, Liebe und Haß dem Patienten gegenüber, sowie Abhängigkeitsgefühl, Höflichkeit, Anständigkeit und Anpassung dem psychiatrisch tätigen Experten gegenüber nennen will. Auch dies wohl eher ein Vorteil der Angehörigengruppe gegenüber der Familientherapie, in der der Therapeut aus seiner Übermachtposition schlecht herauskommen kann. Schließlich kann der am besten wieder zu sich selbst und dann zum anderen kommen, der sich zunächst einmal für sich allein ganz aus- und freisprechen kann. Das gilt für den Angehörigen genauso wie für den Patienten.

12. Alle Familienmitglieder haben den gleichen Anspruch auf Glaubwürdigkeit

Daß ich als psychiatrisch Tätiger für die Angehörigen nur dann glaubwürdig bin, wenn ich mit der Problemsicht des Patienten vertraut bin, war immer schon selbstverständlich. Die Umkehrbedürftigkeit dieser Regel ist bisher niemandem aufgefallen. Dabei muß der Patient mich doch innerlich auslachen, wenn ich ihm mit dem Wissen über das Familienproblem komme, das die Angehörigen bei ein oder zwei Besuchen auf der Station mir vermitteln konnten. Glaubwürdig jedoch kann ich für den Patienten nur dann sein, wenn ich mit den Problemen der Angehörigen genauso vertraut bin. Erst dann hat meine Glaubwürdigkeit Chancengleichheit nach beiden Seiten.

5. Regeln des Handelns in und mit Angehörigengruppen

Viele Handlungsregeln haben sich bereits aus den Abschnitten 3. und 4. ergeben. Andere sind in den übrigen Kapiteln dieses Buches beschrieben. So formuliere ich hier meine persönlichen Handlungsregeln als Antworten auf besonders berechtigte und häufige Fragen.

1. Wie lade ich ein?

Am besten gleich beim ersten Kontakt mündlich und schriftlich zugleich, vor allem ohne Druck auf die Angehörigen. Die schriftliche Form hat den Vorteil, daß man sie immer mal wieder in die Hand nehmen kann. In ihr steht etwa, daß der Patient nun bei uns sei und ausführlich Gelegenheit habe, mit uns über sein Problem zu sprechen, weshalb wir es für einen Akt der ausgleichenden Gerechtigkeit halten, wenn die Angehörigen wenigsten einmal in der Woche (alle 14 Tage) Gelegenheit hätten, ihren Anteil des Problems zur Sprache zu bringen, da man davon ausgehe, daß alle Beteiligten gleichermaßen unter dem Problem zu leiden hätten. Dies könne zum Beispiel mittwochs von 18.15 Uhr bis 20.00 Uhr erfolgen, und zwar in einem anderen als dem Stationsgebäude. Dies folgt der Regel, daß ich dann am besten etwas erreiche, wenn ich nicht den anderen, sondern mich unter Druck setze, nicht den anderen, sondern mich verpflichte, so daß ich dem anderen die Freiheit lasse, dasselbe mit sich selbst zu tun. Dies ist zugleich schon ein Beispiel für die Haltung, die es in der Angehörigengruppe zu vermitteln gilt. Beim Mißerfolg ist vielleicht zunächst ein Einzelgespräch mit den Angehörigen erforderlich. Nur bei Patienten mit leichten Störungen kann man es sich leisten zu sagen, man könne sich nur dann auf den Patienten einlassen, wenn sich auch der Angehörige zur Verfügung stelle.

2. Wer kommt nicht?

Nur selten ist die Verbitterung und Verhärtung so fortgeschritten, daß der Angehörige nicht kommt. Auch dann gehe ich lieber davon aus, daß ich einen Fehler gemacht habe, vielleicht doch zu sehr Druck ausgeübt habe oder den Angehörigen in der ersten Stunde nicht zu seinem Recht kommen ließ, ihn überfordert habe. Wer zwei oder drei Mal da war, hat schon die in der Angehörigengruppe bestehende Chance erkannt und wird kaum noch wegbleiben. Es ist wesentlich schwieriger, jemandem verständlich zu machen, daß er nicht mehr kommen muß, zum Beispiel weil sonst die Gruppe zu groß wird. Die oft besonders hilfsbedürftigen Väter kommen häufig erst dann, wenn die Mütter schon etwas Selbstvertrauen gewonnen haben. Wenn Leute zu weit weg wohnen, sollte man lieber in der nächstgelegenen Stadt eine eigene Angehörigengruppe anbieten, zunächst gemeinsam mit dort befindlichen psychiatrisch Tätigen (z.B. Gesundheitsamt), die die Gruppe dann allein weitermachen können.

3. Was ist das Anliegen der Angehörigengruppe?

Sie soll es für alle psychiatrisch Tätigen selbstverständlich machen, daß sie sich nicht mehr primär für den Patienten, sondern daß sie sich primär für alle an einem psychiatrischen Problem Beteiligten zuständig fühlen, wobei dieses Problem als Familienproblem im weiteren Sinne stets zugleich ein Problem der Beziehung, der Entwicklung und der Persönlichkeit der Beteiligten ist.

4. Was ist das Ziel der Angehörigengruppe?

Es geht davon aus, daß durch die psychiatrische Krise alle Beteiligten außer sich geraten sind und daß es daher die Aufgabe ist, alle Beteiligten wieder zu sich selbst zu bringen, den Clinch zu lösen, Abstand herzustellen, Positionen wieder eindeutig zu machen, damit danach eine Begegnung auf einer neuen Ebene möglich wird, wobei es gleichgültig sein muß, ob dies zu einer Wiederherstellung der Beziehung oder zu einer endgültigen Trennung führt.

5. Wie soll die Angehörigengruppe organisiert sein?

Entscheidend ist es, daß sie selbstverständlicher und normaler Bestandteil der jeweiligen psychiatrischen Einrichtung wird, egal, ob es sich dabei um eine Station, um eine Ambulanz, um einen sozialpsychiatrischen Dienst am Gesundheitsamt, um eine nervenärztliche Praxis oder eine Beratungsstelle handelt. Nur dann schlägt die durch die Angehörigengruppe gewonnene Haltung der psychiatrisch Tätigen auf ihr gesamtes Alltagshandeln durch. Je vollständiger alle denkbaren Familienrollen in einer Angehörigengruppe repräsentiert sind, desto wirksamer ist sie.

6. Wer soll die Angehörigengruppe moderieren?

Hier sind für mich nur zwei Aspekte wichtig. Zum ersten sollte einer der beiden Moderatoren zum Stammpersonal, also zum Beispiel zum Pflegeteam einer Station gehören — zur Gewährleistung der Kontinuität und der Vervielfältigung der Wirkung. Zum zweiten sollte der eine jünger, der andere älter sein, damit beide sich mit den unterschiedlichen Altersangehörigen solidarisieren, sich aber auch gegenseitig vor Einseitigkeit bewahren können. Insbesondere jüngere Teammitglieder neigen dazu, sich dem „Nächsten", dem Patienten, zu identifizieren, einen verursachenden Schuldigen zu suchen, Unabhängigkeit höher als Abhängigkeit, Freiheit höher als Geborgenheit zu bewerten. Daher ist die Angehörigengruppe für sie verwirrend, schwer, ein Risiko — natürlich auch eine fabelhafte Entwicklungschance. Ältere neigen zu den entgegengesetzten

Wahrnehmungseinseitigkeiten. Alles andere ist bei der Auswahl der Moderatoren weniger wichtig. Man kann sogar sagen, daß, abgesehen von den Risiken der eigenen Alterswahrnehmung, die Moderation einer Angehörigengruppe besonders leicht ist, ja, daß man Gruppenmoderation hier besonders gut lernen kann, da das Gruppeneigenleben schon in den ersten zwei, drei Stunden beginnt, sich ziemlich leicht selbst den richtigen Weg sucht, so daß die Moderatoren sich zurückhalten können, nicht zwingend eine Vorbildung, auch keine Supervision brauchen.

7. Gibt es typische Phasen der Angehörigengruppe? Und worauf ist dabei zu achten?

Nach meiner Erfahrung lassen sich am häufigsten folgende Stufen unterscheiden:

- Der Anfang wird meist dadurch erleichtert, daß alle verwundert feststellen, daß sie nicht alleine leiden, sondern daß es anderen auch so geht. Entlastung wird dankbar dadurch empfunden, daß die Isolation wegfällt und daß geteiltes Leid halbes Leid ist. Der Moderator hat anfangs mit zwei Schwierigkeiten zu tun: einmal hat er den zunächst verständlichen Fragen nach dem Zustand des Patienten mit dem Hinweis zu begegnen, daß es hier nicht um das Wohl des Patienten, sondern um das Wohl des Angehörigen gehe, wobei er den Umstand der ständigen Sorge des Angehörigen aufgreifen kann. Zum anderen bedürfen gerade diejenigen Angehörigen der liebevollen Zuwendung, die besonders vital wirken, denen das Helfen vielleicht schon seit Jahren zur zweiten Natur geworden ist, die damit ihren eigenen Leidenszustand abwehren und die sich daher die Vorstellung anfangs gar nicht leisten können, daß sie selbst Hilfe benötigen. Bei ihnen ist die Gefahr besonders groß, daß sie in der zweiten oder dritten Stunde wegbleiben, da sie ja gewohnt sind, für sich selbst nichts zu brauchen. Der Moderator sollte diese Märtyrerhaltung nie hinterfragen, da dies später schon von selbst aus der Gruppe erfolgt, sollte vielmehr die unendliche Bemühung daran bewundern, was nicht schwer fällt, da sie oft schier übermenschlich ist.

- Aus dem Entlastungserleben heraus pflegt sich die Gruppe danach auf Kosten der Patienten zu solidarisieren. Nach Herzenslust zieht man über sie her, hält sie für niederträchtig und erpresserisch. Hier muß der Moderator der Versuchung widerstehen, zu früh „im Namen der Gerechtigkeit“ sich für die Patienten stark zu machen. Denn so ungerecht und einseitig dies Schimpfen sein mag, so haben die Angehörigen doch alles Recht, all das, was sie jahrelang als Negatives gedacht, empfunden und erlitten haben, endlich einmal frei aussprechen zu dürfen. Ähnliches gilt für den freien Austausch der Angehörigen von negativen Erfahrungen mit der Psychiatrie. Der Moderator, der sich hier auf das aufmerksame Zuhören beschränkt, ohne sich zu verteidigen, wird dafür reichlich belohnt, indem er eine Menge über eigene Fehler lernt, die er bisher zu machen pflegte.

- Irgendwann haben die Angehörigen das Gefühl, daß sie nun genug *gegen die Patienten* gewesen sind. Es breitet sich eine Stimmung der Resignation, Hoffnungslosigkeit, Ratlosigkeit, Hilflosigkeit und Schwäche aus: „Wir sind am Ende“. Hier ist es für den Moderator wichtig, daß er nicht oberflächlich tröstet und Mut macht. Zwar hat er sich zu einer Expertenrollen zu bekennen, indem er Sachfragen direkt beantwortet. Doch hat er zuzugeben, daß auch er als Experte die Gefühle der Hoffnungs- und Hilflosigkeit gut kennt, wodurch er die entsprechenden Gefühle der Angehörigen eher noch vertieft.

- Erst wenn die Angehörigen sich auf diese Weise zu ihrer eigenen Schwäche und Hilflosigkeit bekannt haben, kann der Moderator einerseits die Angehörigen vorsichtig ermutigen, dies doch auch mal ihren Patienten zu gestehen, was sich fast immer als Erfolg erweist. Zum anderen kann er die Angehörigen darauf hinweisen, daß sie mit diesem „Offenbarungseid“ vielleicht seit langem erstmals wieder auch etwas *für sich selbst* getan haben, sich selbst gegenüber ehrlicher und offener geworden sind.

● Der Moderator wird jetzt etwa folgende Fragen stellen: „Wenn Sie sich selbst jahrelang so vernachlässigt haben, kein eigenes Leben mehr gelebt haben, haben Sie sich dadurch nicht nur für sich selbst, sondern auch für den Patienten entwertet?“ Das heißt, er ermutigt den Angehörigen, nicht etwa weniger für den Patienten zu tun, was gar nicht gehen würde, sondern vielmehr mehr für sich selbst zu tun; nicht nur an seine eigene Verzweiflung und Angst, sondern auch an seine eigenen Wünsche zu denken, daß heißt wieder anzufangen, ein eigenes Leben zu führen. Im Umgang mit dem Patienten erlebt der Angehörige, daß sein neuer scheinbarer Egoismus (allein ins Kino gehen, auch wenn es dem Patienten schlecht geht), seine Besinnung auf sich selbst und sein eigenes Leben zwar mehr Abstand schafft; jedoch wird er für sich selbst — und dadurch auch für den Patienten — als Person wieder greifbarer, gegenseitige Wahrnehmung und Auseinandersetzung wird möglich. Am Widerstand des Angehörigen spürt der Patient seine eigene Existenz besser, gerade auch dann, wenn der Angehörige den Vorwurf der Rücksichtslosigkeit mit gutem Gewissen auf sich nimmt. Selbsthilfe wird als Voraussetzung dafür erkannt, auch anderen helfen zu können. Über diese neue Beziehung des Angehörigen zu sich selbst kommt er — wenn es gut geht — mit Hilfe der Gruppe auch dazu, seinen eigenen Anteil an dem vom Patienten aufgegebenen Familienrätsel zu erkennen; kann dem Patienten vielleicht sogar dankbar dafür sein. Freilich bedarf der Angehörige in dieser harten Phase der Auseinandersetzung, der scheinbaren Ungerechtigkeit, des Aufgebens des schlechten Gewissens dringend der Unterstützung der Gruppe, da sowohl der Angehörige als auch der Patient immer wieder versucht wird, den alten, vertrauten Zustand des Clinches wiederherzustellen.

● Erst wenn jeder sich selbst und dadurch den anderen wieder als eigenständigen Menschen wahrnehmen und respektieren kann, ist die Entscheidung möglich, ob man sich trennen will oder — auf einer neuen Ebene — weiter zusammenleben will. Der Moderator hat die Frage zu stellen, was sich im Falle des weiteren Zusammenlebens geändert hat, damit eine neuerliche psychische Störung überflüssug wird. Er hat danach zu fragen, wie die neu erworbene Distanz auch eine neue Nähe ermöglicht: „Sie haben gelernt, hart zu sein; wie wollen Sie nun aber auch weich sein, ohne zu zerfließen und die Möglichkeit der Härte einzubüßen?" Ebenso wie der Patient braucht der Angehörige noch eine Zeitlang einen Bundesgenossen, der solche unangenehmen Begleitfragen stellt, damit er nicht wieder „rückfällig" wird — jedenfalls solange, bis beide in ihrem eigenen Lebensmilieu sich selbst solche Bundesgenossen geschaffen haben.

8. Was ist die Rolle des Angehörigengruppenmoderators?

Diese Frage ist für mich teilweise noch offen. Einerseits bin ich psychiatrischer Experte, der Sachfragen beantwortet, in konkreten Fragen berät, der sich bemüht, die Gruppe weiterzubringen, der aber auch die eigenen Grenzen und die eigenen Gefühle der Hilflosigkeit und Schwäche zu erkennen gibt. Dadurch wird es den Angehörigen klar, daß im Gefühlsbereich der Expertenwert begrenzt ist und jeder sein eigener Experte zu werden hat. So ist es meine Aufgabe, daß zum Beispiel der Angehörige dahin kommt, daß er selbst bestimmt, ob und wann der Patient wieder zu ihm nach Hause kann — und zwar nicht mit der Begründung „Du bist noch so krank, Du mußt noch im Krankenhaus bleiben, werde erst einmal gesund!", sondern vielmehr etwas so: „Ich will noch nicht, daß Du nach Hause kommst, Du hast mich zu sehr verletzt, ich bin noch zu kaputt, ich brauche erst noch Zeit für mich allein!" In dem Sinne komme ich mir oft vor wie ein „Ersatzspieler", der dafür und nur solange einspringt, wie die Angehörigen oder wie die Familie keinen Vertrauten, keinen Bundesgenossen hat. So denke ich manchmal, ich nehme die Stelle eines Onkels, eines Nachbarn oder eines Freundes der Familie ein — ersatzweise, bis die Familie sich selbst wieder so jemanden schafft. Jüngere Moderatoren können sich vielleicht leichter in die Rolle einer Cousine, eines Neffen einfühlen. Dazwischen liegen die schon erwähnten Rollenbilder des Ringrichters oder Schiedsrichters. Schließlich fühle ich mich über weite Strecken nur als ein Teil der Angehörigengruppe, da ich ja in den meisten Konstellationen auch nur „Angehöriger" bin. Da ich selbst unerhört viel nicht nur beruflich, sondern auch für meine persönliche und für meine Familienentwicklung profitiere, bringe ich mich zugleich auch ohne Bedenken mit meinen eigenen persönlichen Erfahrungen ein, mache mich zum Modell, zum Beispielsfall. Beruflich ist die Angehörigengruppe meine Supervision. Unter VI werde ich noch einige Gedanken zu der Frage zusammentragen, ob die Angehörigengruppe nicht vielleicht am besten als Veranstaltung der Erwachsenenbildung zu verstehen ist.

9. Steht hier nicht die Schweigepflicht im Wege?

Ich denke, sie sollte entweder für alle oder für niemanden gelten, jedenfalls nicht einseitig. Wenn ich davon ausgehe, daß ich in jedem psychiatrischen Fall für das gesamte Familienproblem zuständig bin, gilt die Schweigepflicht nicht nur für den Patienten, sondern genauso für den Angehörigen. Wenn ich andererseits sehe, daß nicht nur auf der Station, sondern auch in der Angehörigengruppe sich zwei oder drei Menschen finden, die aus demselben Ort stammen, sich auch privat irgendwie kennen und dennoch im Laufe der Zeit die intimsten Familienprobleme miteinander austauschen, dann gewinne ich den Eindruck, daß im Regelfall des psychiatrischen Alltags die Schweigepflicht ziemlich bedeutungslos ist.

10. Sollte die Angehörigengruppe nicht von Leuten moderiert werden, die die zugehörigen Patienten nicht kennen?

Es gibt Leute, die so arbeiten, da diese Konstellation sicher Vorteile hat: Sie erleichtert es, daß hier nur die Problemseite des Angehörigen erörtert wird, vermindert Loyalitätsprobleme und die Gefahr des Machtmißbrauches. Dennoch bevorzuge ich es, daß ich getrennt voneinander mit den Angehörigen und mit dem Patienten arbeite, wenn beide Seiten damit einverstanden sind, was regelmäßig der Fall ist, auch wenn der Ehemann auf die Angehörigengruppe der Ehefrau eifersüchtig ist und glaubt, sie werde dadurch „verdorben". Ich werde dadurch der Forderung eher gerecht, für das Gesamtfamilienproblem zuständig zu sein. Wenn auch die Arbeitssituationen mit dem Patienten und den Angehörigen voneinander getrennt bleiben, so habe ich doch keine Bedenken, im Einzelfall eine Information oder einen Eindruck aus der einen Situation in die andere mithinüberzunehmen, wenn dies kenntlich gemacht wird. So kann ich einem Sohn erzählen: „Ich habe gestern Ihre Eltern näher kennengelernt, sie wirken sehr erschöpft und hilflos, was meinen Sie?" Die Familie M. liefert ein weiteres Beispiel.

11. Die Angehörigengruppe kostet viel Zeit, können wir uns die leisten?

Wer dies sagt, hält sie für etwas Zusätzliches. Wer damit anfängt, weiß bald, daß sie etwas Grundsätzliches ist, ohne daß psychiatrisches Arbeiten kunstfehlerhaft wird. Außerdem ist folgende Regel zu beachten: Neben der Angehörigengruppe werden alle Angehörigenkontakte abgelehnt, von berechtigten Ausnahmen abgesehen. Das klingt zwar hart, ist aber zur vollen Wirkung der Angehörigengruppe unerläßlich, weil nur dann alles dort auf den Tisch kommt. Bei Einhaltung dieser Regel kostet die Angehörigengruppe keine Zeit, vielmehr spart sie Zeit.

---

12. Ist die Angehörigengruppen eine bei allen psychiatrischen Patienten anwendbare Methode?

Selbstverständlich ja, wobei die Regeln grundsätzlich überall gleichermaßen gelten. Zusätzlich läßt sich vielleicht noch folgendes sagen:

- *Geriatrische Station:* Durch die Angehörigengruppe wird die Familie am weiteren Schicksal des alten Menschen vom ersten Tag an auch inhaltlich beteiligt. Die Angehörigengruppe ist hier schon deshalb besonders spannend, weil sie eine sehr langgestreckte, biografische Phantasie erfordert, beziehungsweise bewirkt. Ich verweise auf das Beispiel der Familie F. Es kann aber zum Beispiel auch darum gehen, daß ein Sohn sich von seiner Mutter kurz vor deren Tod sehnlichst wünscht, daß sie ein einziges Mal in seinem Leben ihm noch sagt, daß sie ihn gut findet, ihm gewissermaßen ihren Segen gibt, wovon die alte Dame aber nichts ahnen kann, da ihr gegenüber der Sohn immer sehr stolz auf seine Selbständigkeit gewesen ist. In diesem Fall bewirkte die Angehörigengruppe etwas, was für den Angehörigen noch wichtiger war als für die Patientin.

- *Sucht-Station:* Hier begründet die Angehörigengruppe den Sinn gemeindenaher Suchttherapie. Zudem macht sie überdeutlich, daß bei jedem Abhängigkeitsproblem die Abhängigkeit von chemischen Stoffen in Wirklichkeit nur ein Symptom des eigentlich zugrundeliegenden Abhängigkeitsproblems von Menschen ist. Das zeigt sich zum Beispiel dann, wenn die Kontrollsucht des Angehörigen noch lange andauert, obwohl die Alkoholsucht des Patienten überstanden ist. Oder wenn eine Angehörige von der Gruppe nur unter großen Schmerzen lernt, daß sie ihren alkoholkranken Mann nicht mehr wieder zu

Hause aufnimmt, solange Mitleid das Motiv ist, was das alte Beziehungsgefängnis wiederherstellen würde, sondern nur dann, wenn sie ihn als Menschen grundsätzlich will und akzeptiert.

- *Langzeit-Station:* Bisher ging man mit Langzeit-Patienten meist so um, daß sie primär mit Arbeit beschäftigt wurden, man vielleicht noch ihr Wohnbedürfnis ernstnahm, während man die Angehörigenkontakte kaum noch pflegte. Die Einführung der Angehörigenarbeit kehrt diese Reihenfolge um: Durch Wiederherstellung der Angehörigenbeziehungen verschaffen wir dem Langzeit-Patienten zunächst einmal wieder das Gefühl, Teil einer Familie und damit überhaupt eine Person zu sein. Das verbessert die Chancen der Rehabilitation zum freien Wohnen, während die Frage der Arbeitsmöglichkeit bestenfalls danach kommt. Ich verweise auf das Beispiel der Familie G.

- *Kinder- und Jugendpsychiatrische Station:* Hier versteht sich die Angehörigenarbeit von selbst.

- *Unmotivierte Patienten:* Sie bereiten uns schlaflose Nächte, da sie nicht kooperieren, die Medikamente nicht nehmen, nur Abwehr sind, bloß aus dem Krankenhaus herauswollen, obwohl jeder weiß, daß sie nach zwei Monaten wieder da-sein werden. Der Leidenszustand der Angehörigen ist entsprechend unerträglich. Nicht selten hilft es jedoch, daß wir den Patienten ziehen lassen, und nur die Angehörigen in der Gruppe in der nächsten Zeit so unterstützt werden, daß sie mit ihrer Situation besser umzugehen lernen, sich selbst besser fühlen. Obwohl dabei also der Patient in Ruhe gelassen und ohne Unterstützung bleibt, stabilisiert sich auf geheimnisvolle Weise gelegentlich auch sein Zustand — eine besonders faszinierende Anwendungsform der Angehörigengruppe.

- Wir sind ziemlich sicher, daß die Angehörigengruppe zum Beispiel auch für eine *internistische Station* genauso segensreich sein könnte und wünschen uns dringend Versuche in dieser Richtung.

13. Wie hört eine Angehörigengruppe auf?

Das ist vielleicht das größte Problem, da viele Angehörige auf diese Möglichkeit nicht mehr verzichten wollen und auch manche Moderatoren aufgrund des intensiven Erfahrungsaustausches sich nicht gut trennen können. Da es aber für psychiatrisch Tätige meist nur gesund ist, wenn sie bloß einen Abend in der Woche für berufliche Zwecke verwenden, und da die Situationsgruppen notwendigerweise fortlaufende Gruppen sind, die auch nicht beliebig groß werden können, müssen Beendigungsmöglichkeiten gefunden werden. In vielen Fällen reicht es, wenn die Angehörigen nur solange kommen, solange der Patient auf der Station ist.

In anderen Fällen — zum Beispiel auch von einer Ambulanz aus — ist es möglich, daß man von vornherein eine bestimmte Anzahl von Treffen (z.B. 8 oder 12) vereinbart. Diese vorherige Vereinbarung gibt der Angehörigengruppe eine Kursform — wie etwa an der Volkshochschule, so daß man sich die Zeit einteilen und nutzen kann; im Bedarfsfall nach einem Jahr den Kurs wiederholt. Eine andere Möglichkeit ist es, daß eine Gruppe sich teilweise verselbständigt, mit den Moderatoren etwa alle 4 Wochen Kontakt vereinbart. Schließlich können Angehörigengruppen auch zu reinen Selbsthilfegruppen werden. Sie können sich weiterhin auf ihre Funktion der Unterstützung bei der Selbstbesinnung beschränken oder können soziale oder politische Funktionen hinzunehmen, was sie sinnvollerweise gut voneinander trennen sollten, damit es nicht dazu kommt, daß sie doch wieder statt weniger, mehr für ihren Patienten tun. Obwohl es zweifellos Beispiele dafür gibt, daß Angehörige auch jahrelang eine von Moderatoren geleitete Gruppe zu ihrer Unterstützung brauchen, ist grundsätzlich zu sagen, daß diejenigen Angehörigengruppen am erfolgreichsten sind, deren Mitglieder nach einer gewissen Zeit gelernt haben, sich die durch die Gruppe ermöglichte Hilfe in ihrem Lebensbereich selbst zu schaffen, indem sie Personen finden, mit denen sie in einen ähnlichen, aber dauerhaften, vielleicht lebensbegleitenden Gesprächsaustausch treten.

6. Angehörigengruppen als Erwachsenenbildung

Irgendwann taucht in jeder Angehörigengruppe einmal die Frage auf, ob dies wohl Therapie sei. Meist ist die eine Hälfte heftig dagegen, während die andere Hälfte diese Arbeit schon für Therapie hält. Meistens einigt man sich schließlich darauf, daß dies eigentlich auch egal sei.

Obwohl das eigentlich stimmt, komme ich von der Frage nicht los, was die Angehörigengruppe eigentlich ist. Es verwirrt mich, daß dies etwas Wichtiges ist, das neu und eher einfacher als Vergleichbares ist und dennoch keine der infragekommenden Begriffe (z.B. Therapie, Beratung) oder Bilder (z.B. Onkel-Funktion, Nachbarschaftshilfe, Ringrichter) die Sache und Tätigkeit richtig treffen.

Am besten gefällt mir im Augenblick die Vorstellung, daß es sich bei den Angehörigengruppen um einen Fall von Erwachsenenbildung handelt. Mir ist schon seit längerem aufgefallen, daß nicht so sehr an den Universitäten, wohl aber an den Volkshochschulen sich praktisches Erfahrungswissen darüber sammelt, daß nicht nur Kinder und Jugendliche, sondern auch Erwachsene sich entwickeln, Entwicklungsstufen durchlaufen. Nicht selten haben auch Angehörige selbst für diese Gruppenarbeit spontan den Begriff „Lebensschule" benutzt. Schließlich verblüffen mich Bücher über Erwachsenenbildung, wie zum Beispiel „Erwachsene lernen" von E. Meueler, Stuttgart 1982, durch die Ähnlichkeit der Beschreibung der Erwachsenenbildungsgruppen und der Angehörigengruppen in fast allen Beziehungen.

In beiden Fällen tun sich wildfremde Leute zusammen, nicht, um wie in der Schule „etwas" zu lernen, sondern um von der eigenen und gemeinsamen Selbstbetroffenheit aus sich und einander zu helfen, um sich selbst zu den Veranstaltern des eigenen Lernens zu machen. Ausgangspunkt ist immer die eigene Erfahrung der Lebenspraxis und des Alltagsleidens. Die eigene Lebenswirklichkeit wird ausgelegt. Die Gruppe wird zur Begleitung der alltäglichen Lebenspraxis. Die Teilnehmer machen sich selbst und ihre Umwelt zum Thema. Sie nehmen ihre eigenen Erfahrungen ernst und eigenen sich ihre eigene Lebensgeschichte an. Im Ansprechen, Aussprechen und Freisprechen findet man Gedanken, auf die man allein nie gekommen wäre. Da die eigene Betroffenheit, das eigene Leiden der Ausgangspunkt sind, fällt die bisherige verhängnisvolle Über- und Unterordnung von Helfern und Hilfsbedürftigen weg: Im Austausch hilft man sich und dem anderen auf derselben Ebene. Die Teilnehmer machen sich gegenseitig zum jeweils einzigen Experten für ihr eigenes Problem. Dadurch finden alle den Mut, etwas Neues auszuprobieren, zum Beispiel Angst zuzugeben, Urlaub zu machen.

Immer wieder ergibt sich die Frage: „Bisher haben Sie es auf diesem Weg versucht, offensichtlich erfolglos; dann können Sie jetzt auch mal einen anderen Weg erproben. Welchen Weg halten Sie auch noch für möglich?“ Als Mittel, ohne Druck und Unterordnung, wieder besser zu sich selbst zu finden, erweisen sich immer wieder als geeignet: Sprachbilder, Geschichten, auch Märchen, Sprichwörter, selbsterlebte Situationen. Es wächst die Einsicht, daß ich immer wieder und lebenslang andere Menschen brauche, um ich selbst zu sein. Dabei ist auch der Moderator, Leiter oder Experte wichtig. Er ist Reisebegleiter, Anreger, Bremser, Bewunderer, Hinterfrager, sowohl Vermittler als auch Spiegel und Widerstand-Leistender, um jemanden ständig wieder auf sich selbst zu verweisen.

Da Ausgangspunkt grundsätzlich immer die eigene Alltagserfahrung, das subjektive Leiden ist, steht das objektive Wissen, das der Experte eingibt, ausschließlich im Dienst der Erhellung des eigenen Leidens, der Freisetzung des eigenen Selbsthilfepotientals, der subjektiven Wahrheitsfindung, ist also nie Selbstzweck. Zu dieser dienenden Aufgabe findet der Experte umso besser, je mehr er bezüglich seiner eigenen Alltagserfahrung und seines eigenen Leidens gleichzeitig auch

Selbstbetroffener, Lernender, Hilfsbedürftiger, Teilnehmer ist. Es geht hier wie dort, in der Erwachsenenbildung wie in der Angehörigengruppe, um die Einübung einer Haltung, die es ermöglicht, im immer neuen, lebenslangen Gesprächsaustausch mit anderen mein eigenes Leben zu führen, für mich und damit auch für andere dazusein.

Wie ich zur Gruppenarbeit mit Angehörigen kam

Albrecht Egetmeyer

Es ist etwa fünf Jahre her, daß ich bei dem Versuch, Angehörige psychiatrischer Patienten in eine kontinuierliche ambulante Behandlung miteinzubeziehen, immer deutlicher das Gefühl bekam, daß es so, wie ich es bisher versucht hatte, nicht weitergehen konnte. Damals arbeitete ich in einem Forschungsprojekt, in dessen Mittelpunkt die kontinuierliche Betreuung von ersterkrankten Schizophrenen und deren Angehörigen stand, und hatte, zusammen mit einer Sozialarbeiterin, etwa 40 Patienten und deren Bezugspersonen nach der stationären Behandlung zu betreuen.

Bis zu diesem Zeitpunkt hatten wir — ähnlich, wie es auf Station üblich war — in regelmäßigen Abständen die Angehörigen zu gemeinsamen oder aber gesonderten ambulanten Terminen einbestellt, und immer wieder waren wir mit der Situation, die sich daraus ergab, unzufrieden: sei es, daß die Begegnung unverbindlich blieb, so zum Beispiel oft, wenn die Angehörigen Ehepartner oder Geschwister waren, sei es, daß wir trotz aller Vorsicht in eine Konfrontation zum Beispiel mit den Eltern des Patienten gerieten. Da die Mehrzahl der Angehörigen aus Elternpaaren bestand und wir sehr verschiedene Familien kennengelernt hatten, war bei uns die Phantasie entstanden, daß sie voneinander viel mehr lernen könnten als von uns, die wir viel jünger waren, daß die Extreme, die wir kennengelernt hatten — würde man sie zusammenbringen — vielleicht einen ganz guten Mittelweg ergeben könnten.

Ein Besuch bei Klaus Dörner in der Tagesklinik der Hamburger Psychiatrischen Klinik, den wir damals unternahmen, da wir zur gleichen Zeit in den Räumen der Ambulanz eine Tagesklinik planten, bestärkte uns in unserem Vorhaben, Angehörige in einer Gruppe zusammenzufassen.

Unsere anfänglichen Befürchtungen, zum Beispiel, daß bei der Verschiedenheit der Teilnehmer, ihrer Herkunft, ihrer sprachlichen Gewohnheiten, ihrem Alter und anderes mehr kaum ein Gespräch zustandekommt, oder daß sie gar nichts miteinander anfangen könnten, bewahrheiteten sich nicht. Jedoch sahen wir uns bald durch den in Gang gekommenen Gruppenprozeß mit auch für uns neuen Erfahrungen konfrontiert, die ein Um-Denken und ein Neu-Lernen unsererseits erforderten.

Bereits nach kurzer Zeit machte uns die Gruppenarbeit mit den Angehörigen dermaßen viel Spaß, daß wir sie auch im Rahmen der neu entstandenen Tagesklinik und in der Ambulanz einführten.

Mittlerweile habe ich etwa 12 Angehörigengruppen kürzere oder längere Zeit begleitet, sie sind zu einer Art „Lieblingsbeschäftigung" geworden und sind für mich aus der psychiatrischen Alltagsarbeit im ambulanten oder stationären Bereich nicht mehr wegzudenken. Ähnliches berichteten unsere Kollegen, die sich ermutigen ließen, solche Gruppen in ihren Tätigkeitsbereichen zu beginnen — so zum Beispiel in Sozialpsychiatrischen Diensten, in einer Tagesklinik für Alterspatienten, an psychiatrischen Landeskrankenhäusern; nicht erfolgreich war hingegen der zweimalige Versuch, Angehörigengruppen im Rahmen der Volkshochschule zu initiieren, obwohl neben der Beschreibung der Gruppe im Volkshochschulprogramm ein Hinweis in der regionalen Tageszeitung erschienen war. Auch ein Versuch in einer internistisch - onkologischen Abteilung eines Städt. Krankenhauses, eine Gruppe für Angehörige — die sich oft in einer ähnlich alleingelassenen Situation wie die der psychiatrischen Patienten befinden — einzuführen, ist bisher über das Planungsstudium nicht hinausgelangt. Andererseits haben Mitarbeiter — Erzieher und Sozialpädagogen — in einer Sonderschule für erziehungsschwierige Kinder den Plan ins Auge gefaßt, ihre oft mühseligen Einzelkontakte mit Eltern und die besonders unerfreulich unefektiven Elternabende ersatzlos fallen zu lassen und dafür die

Gruppenarbeit mit den Eltern der von ihnen betreuten Kinder zu versuchen.

Wie beginnt man an seinem eigenen Arbeitsplatz eine Angehörigengruppe?

In erster Linie erscheinen Angehörigengruppen angelehnt an ambulante oder stationäre Einrichtungen sinnvoll. Denkbar sind sie jedoch auch als Initiative, die von den Angehörigen selbst ausgeht, wie zum Beispiel die Aktionsgemeinschaft für Psychisch Kranke in Stuttgart, die vor 15 Jahren auf Initiative einer Mutter hin entstand (s. auch die Selbstdarstellung dieser Gruppe auf S. 207, und die neue Gruppenmitglieder über persönliche Kontakte, Informationsveranstaltungen oder in Wartezimmern von Arztpraxen ausgelegten Handzetteln findet.

Erst vor kurzem nahmen Mitarbeiter eines Landeskrankenhauses im südwestdeutschen Raum mit mir Kontakt auf, sich Ratschläge für den Beginn einer Angehörigengruppe geben zu lassen. Auf das Angebot hin, im Rahmen der üblichen Nachmittagsfortbildungsveranstaltungen etwas über Gruppenarbeit mit Angehörigen zu erzählen, wurde eingewandt, daß dieses Thema zum jetzigen Zeitpunkt in der Klinik aus „politischen Gründen" noch nicht zum Inhalt von Fortbildung gemacht werden könnte. Ich will damit sagen, daß als Mindestvoraussetzung von seiten der Institution, an der man arbeitet, zumindest die Toleranz für eine solche Arbeitsweise gegeben sein muß, da die Angehörigengruppe ein Stück Öffentlichkeit in die Institution hereintragen wird und für das Selbstverständnis der Institution und seiner Mitarbeiter nicht ohne Folgen bleiben wird. Nimmt man jedoch die Forderung nach „Öffnung des Krankenhauses" ernst, kann die Arbeit mit Angehörigengruppen ein wichtiger Schritt in dieser Richtung sein.

Seit einem Jahr bin ich an einem Bezirkskrankenhaus — so werden die psychiatrischen Landeskrankenhäuser in Bayern genannt — im Allgäu tätig und mit dem Aufbau einer Institutsambulanz befaßt. Da in dieser Einrichtung bislang keine Angehörigengruppen existierten und außer einer früheren Mitarbeiterin niemand über eine konkrete Erfahrung mit diesen

Gruppen verfügte, soll im folgenden geschildert werden, wie versucht wurde, den Kollegen im Haus das Konzept der Angehörigenarbeit näherzubringen.

Das genannte Krankenhaus liegt am Rande des Ortskerns einer etwa 40.000 Einwohner großen kreisfreien Stadt, versorgt eine Region von etwa 900.000 Einwohnern mit Entfernungen bis über 100 Kilometern und teilweise ungünstigen Verkehrsbedingungen.

Mitbedingt durch den Wechsel der Leitung vor etwa 2 Jahren, befindet sich das Krankenhaus in einem Umstrukturierungsprozeß — Mischung und Öffnung von Stationen, vermehrte Kooperation mit extramuralen Einrichtungen, geplante Auslagerung einer ganzen Abteilung mit allen Versorgungseinrichtungen in eine Kreisstadt, Vorbereitung der Sektorisierung u.a. —, der zugleich viel Unruhe und Verunsicherung für viele Mitarbeiter mit sich bringt. Darüber hinaus ist es für das Krankenhaus, wie für viele andere, kennzeichnend, daß es seit Jahren seinen Bettenbestand auf jetzt 850 verringert hat, in der gleichen Zeit nahmen die Aufnahmeziffern ständig zu, was eine erhebliche Mehrarbeit im Akutbereich mit sich brachte.

Trotz aller spürbaren Unzufriedenheit beim Personal hat sich der Wechsel, zum Beispiel der Assistenzärzte, deutlich vermindert, und erstmals wurden auch Anstrengungen unternommen, für die langjährigen Mitarbeiter im Pflegebereich eine halbjährige Fortbildung in Seminarform zu organisieren.

Die therapeutisch tätigen Berufsgruppen — Psychologen, Sozialarbeiter, Ärzte — sehen das Schwergewicht ihrer Arbeit, sofern sie im stationären Bereich arbeiten, in einer möglichst guten Versorgung der Patienten, solange sie stationär sind und stoßen dabei oft an die Grenzen des Machbaren, so zum Beispiel, wenn ein ärztlicher Kollege eine Aufnahmestation mit 30 Patienten zu versorgen hat; vereinzelt beteiligen sie sich in der ambulanten Nachsorge, auch besteht vereinzelt Interesse für gesundheitspolitische Aktivitäten und die Neustrukturierung der regionalen Versorgung. Es besteht zwar der Anspruch, der Entlassungsvorbereitung eines Patienten ebenso viel Mühe zu widmen wie der stationären Betreuung, doch kommt es trotz guter Zusammenarbeit mit den meisten extramuralen Diensten an diesem Punkt immer wieder zu „Pannen" und berechtigter Kritik von draußen.

Allen genannten Mitarbeitern ist die Notwendigkeit der Einbeziehung des sozialen Umfeldes bewußt, jedoch erlauben die Arbeitssituation und die Ausrichtung des Augenmerkes auf die Zeit der stationären Behandlung nur das Übliche: So hat zum Beispiel der täglich wechselnde Arzt vom Dienst neben der Versorgung seiner Station im Durchschnitt 10 — manchmal auch 20 — Aufnahmegespräche mit Patienten zu führen, hat sich dabei einen kurzen Eindruck vom Patienten zu verschaffen, während vor der Tür die Sanitäter ungeduldig warten oder bereits die nächste Aufnahme vor der Tür steht. In dieser Situation bleibt für die manchmal begleitenden Angehörigen wenig Zeit, sie werden allenfalls gebeten, aus ihrer Sicht zu schildern, was zur Klinikaufnahme geführt hat, sie bekommen den Hinweis, daß sie sich möglichst bald mit dem Stationsarzt in Verbindung setzen sollen, jedoch keiner denkt in diesem Moment an ihre Not und an das, was sie oft in den Wochen vor der Aufnahme zu Hause erlebt und erlitten haben.

Auf den Stationen gibt es Besuchzeiten, die jedoch niemand kontrolliert, und auch auf den Handzetteln, die Angehörige und Besucher an der Pforte bekommen, sind sie noch pro forma angegeben, obwohl sich niemand stören wird, wenn sich Besucher nicht daran halten. Vereinzelt haben die Ärzte noch Sprechzeiten eingerichtet, im Grunde sind sie jedoch für Besucher und Angehörige — sofern sie auffindbar sind — immer ansprechbar, aber eigentlich sind Angehörige im Stationsalltag nicht eingeplant. Es finden die üblichen Gespräche mit den Angehörigen statt, sei es, um die Fremdanamnese zu erheben, sei es, um wichtige Entscheidungen mit ihnen zusammen abzuklären, vereinzelt werden auch Familien gemeinsam zu Besprechungen mit dem Patienten und dem Therapeuten auf Station einbestellt. Im Mittelpunkt steht dabei jedoch immer der Patient und es gibt eigentlich keine Situation, in der es um die Angehörigen selbst geht. Aller Erfahrung nach kommen sie auch nicht selbst auf sich zu sprechen.

Etwa die Hälfte der Therapeuten befinden sich in einer psychotherapeutischen Weiterbildung, die sie in ihrer Freizeit außerhalb des Hauses absolvieren. Bei den ärztlichen Kollegen ist dies zumeist die Weiterbildung für den Zusatztitel „Psychotherapie"; einige Ärzte, Psychologen und Sozialarbeiter nehmen an einer Fortbildung in Familientherapie teil. Im weitesten Sinne kommt diese Fortbildung sicher der Klinikarbeit und auch dem einzelnen Patienten zugute und ist eine notwendige Korrektur für die sehr einseitige medizinische Ausbildung; unternommen werden diese Mühen jedoch meist im Hinblick auf ein späteres Arbeitsfeld, und zur Anwendung gelangen die erlernten Techniken im Arbeitsalltag der Klinik nur in ganz seltenen Fällen, quasi zur Erprobung oder zur Durchführung einer während der Ausbildung geforderten Kontrollbehandlung.

Das geschilderte Dilemma, daß für die Bewältigung der Alltagsprobleme in einem psychiatrischen Krankenhaus kaum Strategien gelernt wurden und man sie sich mühsam aneignen muß, und daß andererseits gerade psychotherapeutische Fortbildung abgespaltet von diesem Alltag erworben wird, im Rahmen dieser Institution und auch bei diesen Patienten nicht anwendbar ist, ist meines Erachtens weit verbreitet und hat auch etwas damit zu tun, daß diese Techniken nicht an diesem Ort, sondern eher in Laborsituationen entstanden sind, und allenfalls versuchsweise dem jeweiligen eigenen Arbeitsbereich übergestülpt werden.

Im besonderen Maße gilt dies für den Umgang mit den Angehörigen der psychiatrischen Patienten, die in den gängigen Lehrbüchern gar nicht erst vorkommen.

Nicht anders ist die Situation der allgemeinen oder psychiatrischen Krankenpflegeausbildung: Hier finden sich in den Lehrbüchern detailliert Anweisungen für den Umgang mit den Patienten, für die Strukturierung von Stationen, nicht aber wie man den Besuchern und Angehörigen im Krankenhaus begegnet. Aus dem Jahre 1926 datiert ein „Ratgeber für Angehörige von psychisch Kranken", in dem ausführliche Ratschläge für die allgemeine Lebensführung, Ernährung, Beschäftigung und auch der Eugenik zu finden sind, es ist aber kein Wort darüber verloren, wie man als Angehöriger selbst damit zurechtkommen kann, daß jemand in der Familie psychisch krank geworden ist. Ähnliche Ratgeber (von der pharmazeutischen Industrie) sind in jüngster Zeit zum Beispiel für die Angehörigen von depressiven Patienten, aber auch für die Angehörigen von chronisch Kranken, zum Beispiel Parkinsonkranken, herausgegeben worden — diese haben jedoch den gleichen blinden Fleck.

Soviel zur Beschreibung der oben erwähnten psychiatrischen Kliniksituation und Vorerfahrung der dort tätigen Mitarbeiter. Das Thema „Gruppenarbeit mit Angehörigen" war auf allgemeinen Wunsch für einen der üblichen Fortbildungsnachmittage, die in der Regel eineinhalb bis zwei Stunden dauern, vor einigen Monaten angesetzt worden. Eingeladen waren neben therapeutischen Berufsgruppen auch vereinzelt Pflegepersonal von den Stationen; die Teilnahme dieser Berufsgruppe ist jedoch eher eine Ausnahme.

Zu diesem Nachmittag hatten wir auch eine Mutter aus einer Münchener Angehörigengruppe eingeladen, die auch einen Beitrag zu diesem Buch geliefert hat. zweieinhalb Jahre zuvor waren wir aus dieser Gruppe, die etwa ein Jahr lang bestanden hatte, ausgeschieden, zum einen wegen des Wechsels des Arbeitsplatzes, zum anderen aber auch weil wir glaubten, daß diese Gruppe auch ohne uns weiterexistieren könnte.

In einer kurzen Darstellung versuchten wir den Weg nachzuzeichnen, wie wir zu Angehörigengruppen gekommen waren, wie wir sie organisiert hatten, welche Schwierigkeiten uns begegnet waren und vor allem auch, wieviel Spaß sie bereitet hatten. Im Anschluß daran schilderte Frau G., an welchem Punkt ihres Lebens sie erstmals in die Angehörigengruppe gekommen war und wie diese ihr, vor allem nach dem Tod ihres psychisch kranken Sohnes, weitergeholfen hatte. Sie verbarg nicht, daß es ihr viel leichter gefallen war, in die Gruppe zu kommen als ihrem Mann, der für sich wenig Sinn in diesen Treffen finden konnte.

Neben der Hilfestellung, die Frau G. erfahren hatte, berichtete sie jedoch auch von ihren Erlebnissen mit Ärzten und Kliniken, von der recht unfreundlichen Behandlung, die gerade sie als Mutter oft erfahren mußte, und wie belastend es war, besonders von den Ärzten keinerlei Information zu erhalten.

Die erste Reaktion der Zuhörer war eine Mischung aus Skepsis und Betroffenheit; obwohl es nicht ausgesprochen wurde, hatten sich sicher viele an die Situationen erinnert, in denen sie mit Angehörigen ihrer Patienten in „Clinch" gegangen waren, und obwohl die Kritik, die da geäußert wurde, anderen Kollegen galt, so fühlte man sich doch angesprochen.

Es folgten dann eine Reihe von Fragen — die, soweit es Antworten gibt, im nächsten Abschnitt ausführlich besprochen werden —, sie bezogen sich vor allem darauf, wie man Angehörige motivieren kann, wer in einer solchen Gruppe mitarbeiten sollte, ob man eine bestimmte Auswahl, zum Beispiel in diagnostischer oder anderer Hinsicht treffen sollte, wie oft und wie lange eine solche Gruppe tagt, was die Rolle der Moderatoren ist, ob sie wechseln können und ob sie ein bestimmtes Training vorher brauchen, was denn der Unterschied oder das Gemeinsame mit Familientherapie sei, ob die Moderatoren Supervision benötigen, wie man verhindern kann, daß die Angehörigen Falsches voneinander lernen oder sich in einem falschen Glauben gegenseitig bestärken, ob das Ganze nicht nachteiligt für die Patienten ausgehe, und ob eine solche Gruppe nicht gerade für sie Anlaß zu Mißtrauen gegenüber dem Therapeuten gäbe...

Von Mitarbeitern mehrerer Stationen wurde das Interesse bekundet, eine solche Gruppe zu beginnen, den meisten fielen auch Angehörige ein, die sie gern in einer solchen Gruppen sehen würden, niemand wollte jedoch bereits in der nächsten Zeit mit einer solchen Gruppe beginnen, so daß am Ende der Wunsch stand, daß zunächst eine Gruppe in der Ambulanz beginnen sollte mit der Möglichkeit, daß einzelne interessierte Mitarbeiter nach einer gewissen Anlaufzeit ein oder zwei Mal als Gäste in die Gruppe eingeladen werden, bevor sie ihn ihrem eigenen Bereich eine Gruppe beginnen.

Wegen der winterlichen Straßenverhältnisse hatten wir beschlossen, die Gruppe erst im Frühjahr beginnen zu lassen; bis Ende März hatten wir von den verschiedensten Stationen, aber auch aus dem Sozialpsychiatrischen Dienst in der Stadt, etwa 20 Familien genannt bekommen, die wir mit folgendem Schreiben zu einem ersten Treffen in den Räumen der Ambulanz Anfang April einluden:

„Sehr geehrte(r)
Wie Sie wissen, befindet sich Ihr(e) ....
derzeit in ambulanter/stationärer Behandlung. Aus unserer Arbeit kennen wir die Belastung, die die Erkrankung eines Familienmitgliedes mit sich bringen kann, auch glauben wir, daß Sie sich als Angehöriger mit diesen Sorgen häufig allein gelassen fühlen.
Wir möchten Ihnen anbieten, an einer 14tägig stattfindenden Gesprächsgruppe teilzunehmen, in der die Möglichkeit gegeben ist, all das zu besprechen, was Sie bewegt.
Als ersten Termin haben wir den .... um 18 Uhr vorgesehen, wir treffen uns (Ort und Raum).
Falls Sie zu diesem Termin verhindert sein sollten oder noch nähere Informationen wünschen, möchten wir Sie bitten, uns unter der o.a. Nummer anzurufen.
Mit freundlichem Gruß
Unterschrift“

Die Kollegen auf Station hatten wir zusätzlich gebeten, die Angehörigen persönlich anzusprechen, sie darauf hinzuweisen, daß sie demnächst eine Einladung erhalten und sie bei weiteren Fragen nach der Gruppe an uns zu verweisen. Sinnvoll wäre es auch gewesen, an die häufig vorhandenen Anschlagtafeln auf den Stationen einen Hinweis zu heften oder aber den Angehörigen gleich beim ersten Gespräch, zum Beispiel zum Zeitpunkt des ersten Kontaktes, ein Informationsblatt mit Telefonnummer, Datum, Ort usw. in die Hand zu geben.

Zum ersten Termin erschienen etwa 20 Personen, und wir hatten Mühe, in dem von uns gewählten Raum, dem Warteraum der Ambulanz, unterzukommen. Nachdem wir uns selbst vorgestellt hatten, baten wir die Teilnehmer, das gleiche zu tun und kurz zu berichten, was sie sich beim Erhalt des Briefes gedacht hatten. Viele begannen spontan damit, nachdem die ihren Namen gesagt hatten, die Krankheitsgeschichte ihres Angehörigen zu erzählen oder etwas, was sie in der letzten Zeit bedrückt hatte, zum Beispiel eine Wiedereinweisung oder ähnliches.

Die meisten Teilnehmer waren Eltern, daneben gab es zwei Ehepaare, zwei Töchter und eine Enkelin von Patienten. Zumeist war die Erkrankung des jeweiligen Patienten bereits vor Jahren aufgetreten, in einzelnen Fällen lag der Beginn der Erkrankung 15 Jahre zurück.

Während ihres Berichtes begannen manche zu weinen, spontan wurde oft bestätigt, daß man genau das gleiche Problem habe, es wurde zustimmend genickt. Vereinzelt wurde auch befreiend gelacht, so zum Beispiel, als ein Ehepaar schilderte, ihr Hauptproblem sei, daß ihre Tochter immer wieder in die Klinik dränge und, um diesen Zweck zu erreichen, auch alles Mögliche anstelle, und die anderen dagegen hielten, daß sie zumeist das umgekehrte Problem hätten.

In der ersten Stunde meldeten sich nicht alle Teilnehmer spontan zu Wort, so daß wir einzelne auch direkt ansprachen und sie baten, ihre Situation zu schildern.

Gegen Ende des ersten Treffens — nach etwa eineinhalb bis zwei Stunden — wurde der Vorschlag besprochen, sie in 14tägigen Abständen zu treffen, die Zeit um 18.00 Uhr sollte beibehalten werden, manche plädierten dafür, einen festen zeitlichen Rahmen zu setzen, damit sie die öffentlichen Verkehrsmittel nicht verpassen. An dieser Stelle fragten wir nach Mitfahrmöglichkeiten und es ließen sich spontan einige Fahrgemeinschaften bilden. Nachdem wir uns verabschiedet hatten und in unsere Arbeitsräume zurückgingen, um — wie immer nach solchen Gruppensitzungen — eine kurze Nachbesprechung zu halten, stand ein Großteil der Teilnehmer noch in Grüppchen vor dem Klinikgebäude.

Inzwischen hat sich die Gruppe acht mal getroffen und ist auf eine Teilnehmerzahl von durchschnittlich 12—14 Personen geschrumpft. Anfänglich hatten wir mit kurzen Schreiben jeweils an den nächsten Termin erinnert und hatten bei dieser

Gelegenheit auch die Familien nochmals eingeladen, die anfänglich nicht erschienen waren.

Während des Urlaubs eines Moderators war mit Zustimmung der gesamten Gruppe ein Mitarbeiter aus dem stationären Bereich eingeladen worden, den einige Angehörige auch persönlich kannten. Seine spontane Bemerkung am Ende der Stunde, daß er eigentlich auf Station ganz ähnliche Probleme habe, wie sie die Angehörigen von zu Hause berichten, wurde mit Verwunderung aufgenommen.

In dem ersten Vierteljahr ihres Bestehens hat die Gruppe sehr viele verschiedene Themen angesprochen, die meiste Zeit war jedoch ausgefüllt mit Berichten der einzelnen, in denen zunächst auch noch die Krankheitsgeschichte des Patienten im Mittelpunkt stand und erst später die Schilderung hinzukam, was die eigenen Sorgen und Belastungen sind.

Zumeist haben wir die Gruppenstunden damit begonnen, daß wir zum Beispiel für diejenigen, die das vorherige Mal nicht da sein konnten — immer mal wieder war jemand wegen Krankheit, Urlaub o.ä. abwesend — kurz selbst berichteten oder jemanden aus der Gruppe baten, zu erzählen, worüber wir das letzte Mal gesprochen hatten. Häufig begannen wir die Treffen auch damit, daß wir zunächst die Frage an die Runde stellten, ob jemand etwas auf dem Herzen habe, was er gleich berichten möchte; gelegentlich kam es auch vor, daß einzelne Gruppenmitglieder jemanden direkt ansprachen, der einen bedrückten Eindruck machte.

Vor allem bei den ersten Treffen kamen viele Fragen, die direkt an die beiden Gruppenleiter gerichtet waren, also zum Beispiel Fragen nach der Wirkungsweise von Medikamenten, nach der vermutlichen Prognose dieser und jener Krankheit, nach der Bedeutung von bestimmten Diagnosen, nach formalrechtlichen Sachverhalten, die wir nach bestem Wissen zu beantworten suchten, und gleichzeitig die anderen Gruppenmitglieder baten, ihr eigenes Wissen zu diesen Punkten selbst beizutragen. Weniger direkt haben wir Fragen nach dem Muster: 'Herr Doktor, was mache ich, wenn... (mein Sohn morgens nicht aufsteht, die Medikamente nicht nimmt, sich aggressiv mir gegenüber verhält', und anderes mehr) beantwortet; wir haben dann eher versucht, diese Fragen von allen beantworten zu lassen, was meist dazu führte, daß jeder berichtete, was er in entsprechenden Situationen schon alles probiert hatte, und auch dazu führte, daß nach dem weiteren Kontext von problematischen Verhaltensweisen gefragt und eine Beziehung zum jeweiligen eigenen Verhalten hergestellt wurde. Häufiges Ergebnis solcher Diskussionen war, daß es eben kein Patentrezept für bestimmte Probleme gibt.

Weitere Themen, die bisher von der Gruppe angesprochen wurden und die für den Beginn einer solchen Angehörigengruppe typisch sind: Alle beschäftigt immer wieder die Frage, ob alles, was der jeweilige Patient an problematischen Verhaltensweisen zeigt, als Krankheit zu sehen und damit zu entschuldigen ist, oder ob vieles einfach Bosheit (oder Faulheit, Widerspenstigkeit oder ähnliches) ist.

Über diesen Punkt wurde lange debattiert. Bei manchen der hierzu berichteten Beispiele wurde auch herzhaft gelacht, so zum Beispiel bei dem Bericht einer Ehefrau eines seit Jahren chronisch depressiven Patienten, der — zusätzlich durch sein Übergewicht behindert — zu keinerlei Mithilfe im Haushalt in der Lage ist; sie berichtete weiter, daß er bei den geringsten Anforderungen und Aufforderungen ihrerseits mit heftigen Herzschmerzen reagiere und sie dadurch jedesmal völlig verunsichert sei. Eines Tages habe sie ihn mit dem Auftrag in den Keller geschickt, 5 Kartoffeln zu holen, nach einiger Zeit sei er wiedergekommen, allerdings ohne Kartoffeln, und er hätte ihr entgegnet, er hätte nicht gewußt, welche fünf er nehmen solle.

Die Fußballweltmeisterschaft, die gerade in jener Zeit stattfand, war ein weiterer Anlaß, längere Zeit bei diesem Thema zu verweilen: übereinstimmend hatten viele berichtet, daß die sonst zu beobachtende „Antriebslosigkeit und Interesselosigkeit", die man früher im Hinblick auf die Krankheit akzeptiert und entschuldigt habe, jetzt gar nicht mehr zu beobachten sei. Einen Ausweg aus der scheinbar nicht zu beantwortenden Frage, was denn Krankheit sei und was nicht, fand die Gruppe erst über den Umweg der Frage, wie es sich denn bei einem jeden von ihnen selbst verhalte: ob sie nur gesund seien oder faul beziehungsweise boshaft, oder ob nicht auch beides gleichzeitig zutreffen könne, nämlich gesund sein und manchmal faul beziehungsweise boshaft usw.

Nur sehr zaghaft hat sich bisher die Gruppe damit beschäftigt, was denn jeder für sich selbst tun kann, damit es ihm besser geht; oft wurde diese Frage schnell abgetan mit dem Hinweis: „Wenn es ihm (dem Patienten) besser geht, dann geht es mir auch besser", und auch der Hinweis von anderen etwa: „Was nutzt es denn dem Patienten, wenn Sie am Ende selbst krank werden?" half nicht weiter. In letzter Zeit wurde dann das Thema „Urlaub" angesprochen, und es stellte sich heraus, daß kaum einer in den letzten Jahren sich einen Urlaub gegönnt hatte. Zwar äußerten viele den Wunsch, wieder mal etwas für sich zu unternehmen, doch sei dies derzeit nicht möglich. Und überhaupt habe man ja von einem Urlaub nichts, wenn man sich andauernd Sorgen über die Daheimgebliebenen machen müsse.

Dies ist in etwa der bisherige Verlauf einer seit eineinhalb Monaten bestehenden Angehörigengruppe, deren Dauer am Anfang nicht festgelegt worden war; in der allerersten Stunde hatten wir lediglich zu diesem Punkt angemerkt, daß die Gruppe ein Angebot der Klinik und keineswegs eine Verpflichtung sei, und daß jeder solange daran teilnehmen könne, wie er Lust dazu verspüre.

Wie es mit einer Angehörigengruppe weitergehen kann und was sonst noch zu beachten ist.

Wie auch in dem geschilderten Beispiel, wird es selten möglich sein, alle Angehörigen, die man in eine Gruppe einlädt, zu erreichen. Am ehesten scheint mir dies möglich, wenn Gruppen als Routine zu den üblichen Aktivitäten einer Station, einer Tagesklinik, einer Ambulanz oder einer Beratungsstelle gehören und bereits beim ersten Kontakt ein entsprechender Hinweis gegeben werden kann. Von einer direkten Verpflichtung der Angehörigen würde ich mir wenig versprechen, mehr dagegen von der Mund-Propaganda. Was die Gruppengröße betrifft, so fühlte ich mich selbst umso unwohler, je weniger Leute anwesend waren. Meiner Ansicht nach sollten es nicht weniger als sechs Angehörige sein, bei 15—20 Angehörigen sollte man auch überlegen, ob man nicht besser die Gruppe teilt, dabei aber in Rechnung stellen, daß vielleicht noch einige abspringen.

In dem geschilderten Beispiel war die Gruppe nicht unter irgendwelchen Gesichtspunkten zusammengestellt worden, allenfalls hatten die uns zuweisenden Kollegen eine Ahnung von dem Ausmaß der Belastungen, die die Angehörigen ihnen gegenüber hatten durchblicken lassen. Nach den bisherigen Erfahrungen schien es mir immer hilfreich, wenn möglichst viele Generationen und verschiedene Verwandtschaftsverhältnisse vertreten sind. Bei Elternpaaren ist häufig zu beobachten, daß zunächst die Mutter erscheint und die Väter erst später oder gar nicht mehr kommen; manchmal ist es so, daß sich ein Vater aus der Gruppe anbietet, den anderen Vater einmal anzurufen, um ihn gesondert einzuladen und um ihm von den Vorteilen der Gruppe zu berichten.

Da im Regelfall die Mehrzahl der Gruppenteilnehmer Eltern sein werden, fühlen sich oft Ehepartner von Patienten — wenn sie mit diesem Verwandtschaftsverhältnis die einzigen in der Gruppe sind — schnell isoliert, mit ihrem Anliegen nicht verstanden oder haben etwas anders gelagerte Probleme und Sorgen, die seltener zur Sprache kommen; daher kann es sinnvoll sein, mindestens zwei Ehepartner in der Gruppe zu haben. Das gleiche gilt übrigens für die erwachsenen Kinder von älteren Patienten, deren Hauptsorge oft ist, ob sie die Krankheit von der Mutter oder vom Vater geerbt haben können; auch sie werden sich, wenn sie die einzigen in der Gruppe sind, fehl am Platze fühlen und tun sich schwerer, sich mit ihren Anliegen Gehör zu verschaffen; in der oben geschilderten Gruppe haben sich sehr schnell zwei etwa 30jährige Töchter zusammengetan, in der Gruppe sitzen sie auch immer nebeneinander.

Die Diagnosen der Patienten sind von geringer Wichtigkeit: oft kommt es vor, daß alle glauben, alle erkrankten Patienten hätten die gleichen Diagnosen, oder aber es ist genau anders rum, die Übereinstimmung in den Problemen, die jeder zu Hause hat — trotz unterschiedlicher Diagnosen — läßt deren beschränkte Bedeutung erkennen. Im Regelfall werden es jedoch eher Angehörige von chronisch psychisch Kranken sein, die man zu einer Angehörigengruppe einlädt und die sich auch dazu motivieren lassen.

Von mehr Bedeutung für den Gruppenprozeß ist jedoch, ob man eine fortlaufende offene Gruppe wählt oder eine geschlossene Gruppe mit offenem oder definiertem Ende: Bei offenen Gruppen ist immer nur eine Teilnahme über einen bestimmten Zeitraum möglich und in dieser Zeit können die Themen, die etwas mehr Vertrautheit und Entlastung von aktuellen Problemen voraussetzen, nur mit Mühe angesprochen und behandelt werden. Andererseits kann eine offene Gruppe den meist in einer Krisensituation neu Hinzugekommenen sehr viel Stützfunktion und aktuelle Entlastung bieten, es wird dann jedoch vielmehr rekapituliert und oft entsteht die Stimmung: „Das hatten wir doch schon, wir waren doch schon weiter".

Bei geschlossenen Gruppen ist jeder Zeitraum zwischen einem halben und mehreren Jahren denkbar, meist ist es leichter, eine Angehörigengruppe zu beginnen, als sie zu beenden! Das Ende einer Gruppe kann so aussehen, daß man sich entweder in größeren Zeiträumen als bisher trifft, oder daß die Gruppe als Selbsthilfegruppe außerhalb der Institution weiter existiert, wobei ein Gruppenmitglied die organisatorischen Dinge übernehmen kann. Bis zu einem solchen Zeitpunkt sind zwischen den einzelnen Gruppenmitgliedern Kontakte geknüpft worden, man telefoniert miteinander in Krisensituationen, eventuell auch aus anderen Anlässen; um diese Kontakte untereinander zu fördern, haben wir oft mit dem Einverständnis aller eine vervielfältigte Adressenliste ausgeteilt.

Ebenso denkbar ist es, von Anbeginn an einen festen Zeitraum oder eine definierte Anzahl von Treffen zu vereinbaren, um nach dieser Zeit erneut zu entscheiden, ob man weiterhin zusammenbleibt oder nicht. Eine begrenzte Anzahl von Treffen kann den Vorteil intensiver Arbeit bieten.

Abschließend einige Bemerkungen zu dem Gruppenprozeß selbst und zu den Voraussetzungen, die die Moderatoren mitbringen oder sich während der Gruppenarbeit aneignen sollten:
Wie auch in unserem Beispiel wird jede Gruppe zunächst mit

der Krankheitsgeschichte der Patienten und den dadurch erfahrenen Sorgen und Belastungen beginnen. Über dieses Thema entdecken die Angehörigen ihre Solidarität und stellen oft zum ersten Mal fest, daß sie mit diesem Problem nicht allein auf der Welt sind. Während dieser Zeit, in der die Angehörigen erstmal alles loswerden möchten und jeder das Gefühl hat, sein „Fall“ sei der schlimmste, wird man als Moderator oft das Gefühl bekommen, daß es nun aber reicht, daß man es einfach nicht mehr hören kann, daß sie nun doch endlich zum Wesentlichen, „zu sich selbst“, kommen sollten. In einer solchen Situation ein anderes Thema zu forcieren, würde wahrscheinlich fehlschlagen und noch dazu die bis dahin noch nicht ausgesprochenen Schuldgefühle verstärken.

Nach dieser Zeit des Sich-Entlastens — dieses Bedürfnis sollte prinizpiell immer, auch in späteren Sitzungen, zugelassen sein — kommen oft eine Vielzahl von Sachfragen, zum Beispiel über Medikamente, Bedeutung von Diagnosen, Vererbung und anderes mehr, die man als Moderator nach bestem Wissen beantworten sollte. Daneben beginnt eine Suche nach Patentrezepten für die verschiedensten häuslichen Problemsituationen, wo es wichtig sein kann, auch die eigene Ohnmacht und Hilflosigkeit, etwa auf Station, zuzugeben, da die Angehörigen oft der irrigen Meinung sind, daß die Moderatoren selbst mit all diesen Problemen viel leichter fertig werden als sie selbst. Oft schließen die Angehörigen von selbst dieses Thema ab, wenn sie herausgefunden haben, daß es zwar einerseits keine Patentrezepte gibt und jeder für sich selbst eine eigene Lösung finden muß, daß es aber andererseits möglich wird, gute Ratschläge anzunehmen und konsequent anzuwenden. Während der langwierigen Diskussion über dieses Thema kann es vorkommen, daß sich Angehörige gegenseitig Rückmeldung über ihr Verhalten, Inkonsistenzen und Eigenarten geben — so zum Beispiel wenn die eine Mutter zu der anderen sagt: „Wissen Sie, ich bin ja ganz schön fürsorglich, aber so schlimm wie Sie in dieser Hinsicht sind, bin ich doch nicht“ — oder sie können sich gegenseitig ermuntern, auch dem Patienten gegenüber die in der Gruppe gezeigten Gefühle wie zum Beispiel Wut,

Ärger, Traurigkeit, Angst, zu zeigen und damit für diesen eindeutiger zu werden.

Irgendwann wird die Gruppe beginnen, von ihren negativen Erlebnissen mit den psychiatrisch Tätigen und der Institution zu erzählen. Man kann es oft kaum fassen, was die Angehörigen an haarsträubenden Erlebnissen zu berichten haben, bei manchem möchte man rot werden, weil man früher ebenso gehandelt hat wie der Kollege, von dem berichtet wird, aber wie auch immer, man gerät in eine unhaltbare Situation: Weder möchte man in die gleiche Kerbe hauen und über die anderen Kliniken und Dienste herziehen, aber genauso wenig verspürt man Lust, irgendetwas oder irgendjemanden zu rechtfertigen. Zumeist merkt die Gruppe mein Unbehagen, oder ich kann es selbst ansprechen und mein Dilemma erklären. Eigentlich habe ich für diese Situation noch keine Strategie gefunden, die mir und ihnen gerecht würde. Ich tröste mich vorläufig mit dem Gedanken, daß es für die Angehörigen wichtig ist, überhaupt diese Kritik zu äußern, und ich habe auch akzeptiert, ein Stück weit als Exponent „der Psychiatrie“ zu fungieren. Weniger zurückhaltend verhalte ich mich, wenn es darum geht, die Angehörigen darin zu bestärken, berechtigte Forderungen gegenüber Kollegen und Institutionen anzumelden und durchzusetzen.

Einen breiten Raum während der Gruppenarbeit nimmt nach einiger Zeit das Thema der Schuld ein. Viele Bewältigungsversuche und Grübeleien der Angehörigen kreisen seit Jahren um diesen Punkt. Oft wird diese Thematik zunächst nur indirekt angesprochen, zum Beispiel über die Erblichkeit psychiatrischer Erkrankungen, über Fragen nach der richtigen Kindererziehung, über die Bedeutung von vorangegangenen körperlichen Erkrankungen, Unfällen und ähnlichem mehr. Der naheliegende Hinweis, daß diese in die Vergangenheit gerichteten Grübeleien eine Sackgasse darstellen, wird nicht als Lösung akzeptiert werden. Wichtiger scheint es, über all die irrationalen Erklärungsversuche, die sie sich zurechtgelegt haben, zu reden und die Angehörigen darüber aufzuklären, daß unser Denken in dem Schema 'Ursache und Wirkung' nur den wenigsten Sachverhalten auf dieser Welt gerecht wird, und daß statt dessen gerade in dem Beziehungsgefüge einer Familie sich vieles wechselseitig bedingt, daß zum Beispiel nur so die oft sprichwörtliche Fürsorglichkeit von Müttern zu begreifen ist. Wichtig scheint weiterhin zu sein, zusammen mit den Angehörigen einen Weg zu finden, wie sie sich gegen die von außen zugewiesene Schuld (von Therapeuten, lieben Verwandten, Nachbarn usw.) wappnen können; zuvor sollten jedoch die Moderatoren der Gruppe der ehrlichen Überzeugung sein, daß zum Beispiel die Eltern nicht an der Erkrankung ihres Kindes schuld sind...

Gerade für die betagteren Eltern in der Gruppe wird die Sorge: Was wird aus meinem Sohn/meiner Tochter, wenn ich nicht mehr lebe, wer wird dann für ihn sorgen, ein wichtiges Thema sein. Der Hinweis von anderen, daß gerade der Verlust oder die Trennung vom Elternhaus Anlaß für eine zuvor nicht für möglich gehaltene Selbständigkeit sein kann, wird für sie eher kränkend sein; vielleicht lassen sie sich aber von der Gruppe überzeugen, daß es immer jemand oder immer eine Einrichtung geben wird, die für ihren kranken Angehörigen sorgen wird.

Je nach Vorgehen und Temperament der Moderatoren werden früher oder später die Angehörigen selbst und ihr eigenes Leben, ihre eigenen Bedürfnisse zum Thema der Gruppe werden. Es kann sein, daß die eigene Lebensgeschichte, das Elternhaus und frühere Generationen zur Rekonstruktion des eigenen Lebensschicksals thematisiert werden. In dieser Phase kann man die Angehörigen unterstützen, verschüttete Bedürfnisse und Lebensperspektiven wieder zu entdecken und zu leben, zu versuchen, bisher im Verborgenen gehaltene Gefühle wieder zu spüren und auch zu äußern. Für den Einzelnen bedeutet dies den schwierigen Prozeß des Sich-Abgrenzens, des Erkennens: hier ist mein Leben und dort ist das Leben meines Angehörigen.

Die früher von dem Patienten erwartete Selbständigkeit kann dann erstmals zu dem eigenen Verlust von Selbständigkeit in Beziehung gesetzt werden, und vielleicht kann auch der darin enthaltene Teufelskreis für alle sichtbar werden.

Die Aufgabe der Moderatoren in dieser Zeit ist es, immer wieder nachzufragen, was denn jeder für sich tut, die kleinen Schritte, die jeder unternimmt, um eigene Bedürfnisse zu leben, zu unterstützen; es kann auch legitim sein, ein Elternpaar geradezu in Urlaub zu schicken und für diese Zeit die Verantwortung für den Patienten zu übernehmen, dies kann auch heißen, ihn, wenn nötig, für diese Zeit stationär aufzunehmen. Von solch einem „Wagnis eines Elternpaares" kann die ganze Gruppe profitieren, gerade diese Eltern werden sehr glaubhaft andere dazu bewegen können, sich einmal Ähnliches zu gönnen.

Die Abfolge der oben beispielhaft erwähnten Themen und die damit verknüpfte jeweilige Gruppendynamik ist in einem gewissen Ausmaß willkürlich, jedoch werden bestimmte Themen wie zum Beispiel das eigene Leben, der Umgang mit den Schuldgefühlen erst zu einem Zeitpunkt angstfrei angegangen, nachdem die Teilnehmer ein bestimmtes Ausmaß an Vertrautheit untereinander erworben haben und eine Entlastung von den Alltagssorgen durch das immer wieder Darüberberichten erreicht wurde. Die zitierten Inhalte sind auch keineswegs vollständig. Sie werden sich in ihren Schwerpunkten auch je nach den oben erwähnten äußeren Bedingungen der Gruppe unterscheiden.

Abschließend möchte ich all diejenigen, die in ihrem Arbeitsbereich eine Angehörigengruppe beginnen möchten, ermuntern, dies auch zu tun und nicht auf die nächste Fortbildung mit diesem Thema zu warten. Eine Angehörigengruppe wird umso leichter durchführbar sein, je weniger man als Moderator ein festes Konzept im Kopf hat, welches man rigide und gegen die aktuellen Bedürfnisse der Angehörigen verfolgt. Ein Moderator sollte jedoch damit rechnen, daß er manch liebgewordene Überzeugung und Haltung wird aufgeben müssen; dies meist um den Gewinn, daß er sich zum Beispiel keine Sorgen mehr um fragwürdige Solidaritäten zu machen braucht, oder daß er mit einem bißchen Mehr an eingestandener Ohnmacht und Hilflosigkeit besser für die Dinge zuständig und verantwortlich sein kann, für die er es wirklich ist.

Vorerfahrungen in Familientherapie können durchaus nützlich sein, sofern man nicht versucht, in der Angehörigengruppe Familientherapie zu betreiben. Auf jeden Fall wird es dem Moderator durch entsprechende Kenntnisse leichter fallen, die Familie als System oder Beziehungsgefüge wahrzunehmen, so daß die Unterteilung in „Gesunde" und „Kranke" oder „Täter" und „Opfer" nicht mehr so wichtig ist. Ein weiterer Vorteil, den ich bei Vorkenntnissen in Familientherapie (aber nicht nur dann) vermuten würde, ist die Fähigkeit, sich selbst als Teil einer Familie zu begreifen. Manche der Teilnehmer einer Angehörigengruppe werden den Moderator zum Beispiel an seine Eltern, an seine Geschwister oder andere erinnern, und er wird auch versucht sein, auf diesen Anteil zu reagieren; damit ist nicht gesagt, daß er dies vermeiden sollte, es kann im Gegenteil sehr hilfreich sein; nur wäre es gut, wenn der Moderator sich dessen bewußt ist und es auch der Gruppe mitteilen kann.

Für mich bleiben zwei wesentliche Unterschiede zur Familientherapie bestehen: Der eine ist, daß die Angehörigengruppe in ihrer Zielsetzung zunächst nur von den eigenen Bedürfnissen, zum Beispiel nach Entlastung, ausgeht, nicht aber von der Prämisse, daß ein symptomproduzierendes Beziehungssystem neu geordnet werden muß. Der zweite Unterschied liegt meines Erachtens darin, daß diese Hilfsmöglichkeit der Angehörigengruppe in der psychiatrischen Alltagsarbeit und für diese entstanden ist; damit ist das Risiko des fragwürdigen Überstülpens einer Methode auf eine inadäquate Problemstellung nicht so groß, wie ich es für die Familientherapie einschätzen würde.

Es bleibt zum Schluß die Frage, ob die Moderatoren von Angehörigengruppen Supervision benötigen. Vernünftigerweise sollten Angehörigengruppen (nicht nur wegen Krankheits- und Urlaubszeiten) immer von zwei Mitarbeitern einer Institution begleitet werden, und sie sollten nach jedem Teffen Zeit haben für eine kurze Nachbesprechung, nicht etwa um Meinungsverschiedenheiten zu besprechen — dies sollten sie lieber in Anwesenheit der Gruppe tun —, sondern um mit etwas Distanz ihr eigenes Handeln in der Gruppe besprechen und verstehen zu können.

Genauso wichtig erscheint mir, daß die Moderatoren ihre Arbeit in das Team, zu dem sie gehören, zurücktragen. Eine Supervision im herkömmlichen Sinn durch eine dritte außenstehende Person halte ich nicht für notwendig; dies hat etwas damit zu tun, daß ich diese Funktion lieber an das Team gebunden sehe, und daß ich mir in der psychiatrischen Arbeit Arbeitsformen (Begegnungsformen) wünsche, die eine Supervision nicht mehr nötig haben.

„Neue Praxis braucht neue Theorie"

Ökologische Überlegungen zur Arbeit mit Angehörigengruppen

Konstanze Koenning

Ich will in diesem Beitrag den Versuch unternehmen, einen Rahmen für das theoretische Verständnis der Praxis der Arbeit mit Angehörigengruppen abzustecken. In der Begrifflichkeit werde ich mich in der Hauptsache auf folgende Autoren beziehen:

Bateson, G.: Ökologie des Geistes, Frankfurt 1981
Bronfenbrenner, U.: Die Ökologie der menschlichen Entwicklung, Stuttgart 1981
Ciompi, L.: Affektlogik, Stuttgart 1982
Wendt, R.W.: Ökologie und soziale Arbeit, Stuttgart 1982

Ökologie soll im Sinne von Bateson heißen: Der Zusammenschluß von heterogenen logischen Typen zu einem rückbezüglichen System. Ökologisch Denken sei „von Haus aus denken" (Wendt), ökologisch Handeln sei respektvolles, behutsames, den inneren und äußeren Haushalt pflegendes und dennoch Entwicklungen förderndes Handeln.

Das Milieu, das wir — die psychiatrisch Tätigen — durch das Angebot von Angehörigengruppen schaffen, sowie das, was in diesen Gruppen geschieht, will ich mit Hilfe der drei Verfahren sozialer Arbeit begreifen, die Wendt (S. 227) entwickelt: Die Verfahren des Arrangements, der Interpretation und der Animation. Beim Arrangement versuchen wir in der Lebenswelt wirksame Faktoren in eine günstige Konstellation zu bringen, oder anders ausgedrückt, wir versuchen den Menschen nutzbaren Raum und erfüllbare Zeit zur Verfügung zu stellen. Die Interpretation verändert das Feld der Wahrnehmung, darüber auch Befindlichkeiten und im besten Falle auch die Lebensführung. Mit Animation schließlich ist die Erzeugung einer Stimmung, eines Klimas gemeint, das Gruppen stimuliert, gemeinsam aktiv zu werden — sie werden im besten Sinne „beseelt."

Es soll nun zunächst etwas über den Kontext gesagt werden, in dem Angehörigengruppen entstanden sind und stattfinden; dann werde ich etwas zu den Charakteristika des Arrangements 'Angehörigengruppen' sagen, um drittens das, was in diesen Gruppen geschieht, etwas genauer zu betrachten.

Zum Kontext

Die Entstehung der Angehörigengruppen ist auf's engste verknüpft mit der Geschichte der Sozialpsychiatrie, mit der Psychiatriereform, mit Psychiatrie in der Gemeinde. Erfahrungen aus anderen Ländern, vor allem England, Frankreich, USA und jüngst auch Italien zeigen, daß die Psychiatriereform immer dort in Schwierigkeiten gerät, wo sie die sozialen Bezugssysteme der Menschen nicht genügend berücksichtigt. Ein bekannter Effekt der Bemühungen gemeindenaher Versorgung ist die damit verbundene steigende Belastung der Familien und Angehörigen, die sich häufig überfordert und alleine gelassen fühlen. Es ist nicht zufällig, daß seit einigen Jahren — in England schon vor 20 Jahren — aus dieser Not heraus die Angehörigen und Familien psychisch Kranker sich zu Aktionsgemeinschaften, Selbsthilfegruppen und Interessenverbänden zusammenschließen.

Nun ist weder die Entdeckung der Gemeinde, noch die Entdeckung der Familie in der Psychiatrie etwas neues. Dazu einige Stichworte: So haben etwa die Gemeindepsychiater der zwanziger Jahre die Familie als „Ort der Pflege" betrachtet. Sie haben die Familienangehörigen ihrer Patienten in der „rechten Art der Pflege" unterrichtet. Lange Zeit wurde die Familie in Forschung und Praxis als genetischer Krankheitsüberträger betrachtet. Hier wurden die Angehörigen insofern interessant, als man sie ohne Rücksicht auf ihre Ängste und Schuldgefühle über Krankheiten in der Familie ausfragen konnte. Danach allerdings galt das Interesse allein dem Erkrankten.

Als dann in den vierziger Jahren und später die Psychoanalyse auch in die Psychiatrie Eingang fand, änderte sich das Bild.

Nun wurden besonders die Eltern von schizophrenen Patienten interessant, allerdings nicht als Menschen mit eigenem Leid, sondern als Verursacher einer Fehlentwicklung. Wobei sich die Suche nach dem pathogenen Elternteil häufig kaum von der Methode der Gehirnpathologie unterschied. Die intellektuelle Relativierung des kausalen Verständnisses durch systemtheoretische und kommunikationstheoretische Theoriebildungen, konnte — und kann die offensichtlich emotional sehr viel wirksameren Kausalitätsvorstellungen nicht verdrängen (E. Piffl).

Gerade in der Anfangszeit dieser Theoriebildungen und ihrer Umsetzung in die Praxis rückten insbesondere Mütter noch weiter in den Mittelpunkt der Betrachtungen. Es entstanden etikettierende und entwertende Ausdrücke wie: Pseudofamilie, schizopräsente Familie, oder auch „Tatort Familie", u.a. mehr. In dem Versuch die Patienten als Opfer zu verstehen, wurden die Familien zu Tätern gemacht und das Krankwerden eines Mitgliedes einer Familie konnte fast zu einem Verbrechen werden. All dies schlägt sich natürlich mehr oder weniger bewußt in unserer Alltagspraxis nieder und formt unsere Haltung gegenüber den Familienangehörigen der Patienten. Die betroffenen Familien rezipieren diese Theorien in mehr oder weniger populärwissenschaftlichen Veröffentlichungen und verwenden sie möglicherweise zur Selbstetikettierung.

Über die Tatsache der Wahrnehmung der Familie hinaus also, kommt es also entscheidend darauf an, *wie* ich die Familie wahrnehme. Die Fachwelt ist sich einig, daß Psychiatrie in der Gemeinde ohne Einbeziehung der Familien nicht sein kann und nicht sein darf, oder wie Wendt sagt: Ökologie in sozialen Fragen bedarf der Mitwirkung der Betroffenen. Es macht aber große Unterschiede, ob sich die Familienangehörigen von psychiatrischen Patienten als Hilfstherapeuten und Pflegepersonen „einsetzen", ob ich die gesamte Familie als krank und deshalb therapiebedürftig betrachte (dies womöglich mit dem erkenntnistheoretischen Irrtum im Hinterkopf: wenn ich die pathogene Familienorganisation veränderte, könne ich die Krankheit heilen), oder ob wir die Familie als gewachsenes System, als Lebensgemeinschaft mit eigener unumkehrbarer Geschichte betrachten.

Bildhaft gesprochen: Ein Biotop, das Respekt verlangt und gewaltsames Eindringen verbietet, uns aber vor die Aufgabe stellt, der Familie — und zwar jedem einzelnen Mitglied — so viel Hilfestellung zu geben, daß sie gleichermaßen ihre Entwicklungs- und Lösungsmöglichkeiten selbst wieder- oder neu finden kann. Aus der Entwicklungs- und Sozialpsychologie — auch aus der Natur — ist bekannt, daß Boden und Klimaveränderungen langfristig oft wirksamer sind, als technisch saubere Eingriffe. Wenn wir nun parallel zu den therapeutischen Angeboten für Patienten, deren Familienangehörigen die Teilnahme an Angehörigengruppen ermöglichen, so schaffen wir Orte, wo die Not jedes einzelnen Familienmitgliedes in einer betroffenen Familie ernst genommen werden kann. Orte, wo sich Klima verändern kann: Einmal das Klima im Umgang der psychosozialen Versorgung mit Familie und Gemeinde, zum anderen das Klima innerhalb der betroffenen Familien selbst. Für mich heißt die Arbeit mit Angehörigengruppen, daß wir den viel beschworenen Paradigmenwechsel vom medizinischen Krankheitsmodell zu einer die Lebensgeschichte des Individuums, seine Beziehungen und die Sinnhaftigkeit von psychiatrischen Symptomen innerhalb dieser Beziehungen betrachtenden Sicht tatsächlich und tätig vollziehen.

Wir gehen sozusagen von der ungesunden Monokultur, nämlich der Zentrierung auf den Patienten und seine Symptome, und auch der einseitige Pflege der institutionellen Seite der Psychiatrie (welcher die gewachsenen Beziehungen aus denen wir die Patienten „rausrupfen" dann auch logischerweise als Unkraut erscheinen müssen), von dieser Monokultur gehen wir über zu einer Bodenverbesserung durch Mischkultur: Wir pflegen alle Beteiligten, wobei wir jedem Einzelnen genügend Platz, Raum und Zeit für sich selber lassen. So kann, um im Bild zu bleiben, sich Humus bilden, auf dem neue Beziehungen wachsen können. Ressourcen werden wieder- oder neu entdeckt und entwickelt.

Zum Arrangement

Die unterschiedlichen Arten und auch Entwicklungen von Angehörigengruppen sind an anderen Stellen schon genügend beschrieben. Ich will hier nicht darauf eingehen, sondern versuchen, Gemeinsames zu charakterisieren. die Arbeit mit Patienten und deren Familienangehörigen in getrennten Gruppen, ist ein Ansatz der in besonderer Weise die Intimität der Familie respektiert: Die Experten oder Therapeuten treten von außen an die Familie heran, sie agieren nicht in ihrer Mitte. Die Gefahr, den Betroffenen eigene Modelle und Ideologien von Familienleben aufzuzwingen ist gemindert.

Die Therapeuten haben bei diesem Arrangement auch weniger Macht, als etwa bei familientherapeutischen Verfahren. Gerade in Krisensituationen, dann wenn die Bewältigungsmöglichkeiten der Familie erschöpft sind, bietet das Arrangement Angehörigengruppe Raum, damit die Familie sich im wortwörtlichen Sinne aus-einandersetzt, damit jeder erst einmal wieder zu sich selbst finden kann. Dies wird übrigens auch durchaus den übereinstimmenden Beobachtungen und Erfahrungen der unterschiedlichsten therapeutischen und theoretischen Schulen gerecht, die sich auf die häufig verwischten und unklaren Generations- und/oder Geschlechtergrenzen innerhalb von Familien mit einem psychisch kranken Familienmitglied beziehen.

Schon der Fakt, daß (im besten Falle) jeder aus der Familie einen Ort *für sich* von uns angeboten bekommt, setzt Grenzen. Ausschlaggebend ist hierbei, daß wir Angehörigengruppen als Ort *für die Angehörigen* interpretieren und von vornherein mit diesem Schwerpunkt arrangieren (und sie nicht als heimliche therapeutische Instrumente begreifen). Unsere erste Einmischung in eine Familie hieße dann: Es ist erlaubt, daß jeder etwas für sich selbst tut, seinen „inneren Haushalt“ pflegt.

Die regelmäßige Konfrontation mit den Nöten, Schmerzen und Sorgen der „anderen Seite“ lehrt uns Respekt und fördert Behutsamkeit. Langsam gewinnen wir ein Verständnis davon, wie die Dinge nicht unabhängig voneinander existieren und auch nicht linear voneinander abhängig sind, sondern miteinander in Wechselwirkung stehen. Fragmentierungen und auch einseitige Festlegungen von Täter- und Opferrollen können so verhindert werden. Dies zumindest dann, wenn wir uns darauf einlassen, die Arbeit mit Angehörigengruppen regelmäßig zu machen und in den psychiatrischen Alltag zu integrieren.

Ein wesentlicher Aspekt des Arrangements — hier Patienten, da Anghörige — ist, daß die dyadische Beziehung: Therapeut/Patient, oder auch Institution/Patient eine Erweiterung und Korrektur zu einer triangulären, flächigen Beziehung erfährt. Das soll mit Hilfe von Bronfenbrenners 'Ökologie der Entwicklung' näher erläutert werden. Dazu übersetze ich Bronfenbrenners Gedanken und Befunde über die Entwicklung im Kindesalter für unseren Gegenstand, indem ich Therapie als „Hilfe bei Entwicklung" begreife. Verschiedene Befunde sprechen dafür, daß das Vermögen einer Dyade menschlicher Entwicklung als förderlicher Kontext zu dienen entscheidend von der Anwesenheit Dritter abhängig ist. Wenn dieser Dritte abwesend oder störend ist, bricht der Entwicklungsprozeß als System zusammen (S. 21 ff).

Im psychiatrischen Kontext sind wir in Bezug zur Familie zunächst die Dritten, deren Anwesenheit und auch Intervention in Krisenzeiten sicherlich vonnöten, im obigen Sinne aber häufig leider störend ist. Dadurch nämlich, daß wir unsererseits eine dyadische Beziehung zum Patienten aufnehmen, die der Entwicklung förderlich sein soll, aber seine übrigen gewachsenen dyadischen Beziehungen — vor allem die in der Familie — ausblenden, oder sie sogar als störend betrachten (letzteres liegt uns im Sinne der Gegenübertragung, wir seien die „besseren Eltern", besonders in institutionellen Settings, nahe. Eine Gegenübertragung, die lauten könnte: Dieser eine Mensch, der diese Symptome aufweist ist so arm dran, oder so gefährlich, daß wir auf unserer Station in unserem Krankenhaus oder Heim uns seiner annehmen müssen. Wir können das besser als draußen, wir können das vor allen Dingen besser als seine Familie). Auf diese Art nehmen wir letztlich der Beziehung Therapeut/Patient viel von ihrer förderlichen Potenz, und wir verletzen die Angehörigen.

Dazu kommt, das Entwicklung im Kontext einer Dyade umso günstiger verläuft, je mehr die unterschiedlichen Dyaden untereinander Kontakt und positive Gefühle füreinander haben. Übersetzt auf psychiatrische Tätigkeit wiederum heißt das, daß wir mit dem Arrangement Angehörigengruppen Bedingungen schaffen, die der Entwicklung aller Beteiligten im besten Sinne förderlich sind: Wir ermöglichen einerseits dyadische Beziehungen, wo etwa der Patient für seinen verstörten inneren Haushalt einen warmen, klaren, eigenen Entwicklungsraum erhält. Wir klammern aber seinen Beziehungshaushalt nicht aus. Wir nehmen zu den Angehörigen Beziehungen derart auf, daß diese gleichermaßen einen solchen Ort für sich haben. Gleichzeitig ermöglichen wir durch das Gruppensetting, daß sich ein Netzwerk bildet, welches das Erleben von Gemeinschaft ermöglicht und in vielen Fällen durchaus auch animiert zu gemeinsamen Tun, wie die Vielfalt von Selbsthilfeaktivitäten, die Angehörige entwickelt haben, zeigt.

Was geschieht in Angehörigengruppen?

1. Isolation wird durchbrochen

Man kann auch sagen: Grenzen nach außen werden geöffnet und Grenzen nach innen werden gezogen. Dazu einige Äußerungen von Teilnehmern von Angehörigengruppen: „Auch das hilft einem schon manchmal, daß man merkt, das ist nicht nur bei dir so, daß du so denkst und fühlst, oder diese oder jene Probleme hast, sondern das ist auch bei anderen so.“ „In der Angehörigengruppen konnte ich mich als Angehöriger ohne Scheu zu erkennen geben, und über meine Probleme offener reden als sonstwo.“

Isolation ist in den Familien so gut wie immer zu finden, in denen ein Familienmitglied längerfristig oder gar chronisch erkrankt ist. Innere Isolation: man kann nicht mehr miteinander sprechen über das „Unaussprechliche“, das Leid nicht teilen. Äußere Isolation: man fürchtet die Reaktionen von Verwandtschaft, Bekanntschaft und zieht sich zurück. Man schämt sich. Vereinsaktivitäten, Hobbys und andere Kontakte werden aufgegeben, oft kreist alles nur noch um den Kranken. Dieser wiederum ist in seinem Symptomgefängnis isoliert. Isolation aber führt dazu, daß man sich schwerlich andere Lösungsmöglichkeiten für die Probleme denken kann als die, die man mühselig erprobt hat und seien sie noch so unglücklich.

Häufig genug stellen Angehörige in Angehörigengruppen erstaunt das erste Mal fest, daß sie nicht alleine sind. Im Kontext der Angehörigengruppe werden Begegnungen ermöglicht, die animieren eine Gemeinschaft zu bilden. Teilnehmer von Angehörigengruppen entwickeln relativ schnell untereinander Telefon- und Besuchskontakte. Manchmal bilden sich Urlaubsgemeinschaften und Freundschaften werden entwikkelt, oder aber, es werden mit Unterstützung der Gruppe Kontakte außerhalb von Familie und außerhalb der Gruppe geknüpft und wiederaufgenommen.

Gemeinschaft ist nach Wendt aus ökologischer Sicht ein Schlüsselkonzept, das angibt, worauf sich Mühe und Hilfeleistungen im sozialen Bereich beziehen sollten. Sie ist ein substanzielles Geschehen, zu dem alle Beteiligten, auch die Helfer beitragen. Sie wird in Kommunikation hergestellt und sie zu erfahren, bereitet der Selbsterfahrung erst den Boden (Wendt, S. 177). Viele Angehörigengruppen nutzen dann auch die Chancen der Gemeinschaft sich bis hin zur tätigen Selbsthilfegruppe zu entwickeln, indem sie sich aktiv in gemeindepolitische Fragen einmischen. Diese Erweiterung des Netzwerkes oder auch die Öffnung der Familiengrenzen nach außen bedeutet, daß indirekt damit einher geht, eine schärfere Grenzziehung innerhalb der Familien: Etwa wenn ein Elternpaar mit Unterstützung der Gruppe wieder beginnt sich auf seine Ehepaar-Rolle zu besinnen und sich erlaubt, einmal wöchentlich abends alleine auszugehen. Was gleichzeitig heißt, daß die Tochter/der Sohn auch mehr Raum für sich erhält.

Die Aufhebung von Isolation ermöglicht zusätzlich vieles, was in der Isolation magische Bedeutung erhalten hat, zu normalisieren.

2. *Schuldentlastung*

Wie schon mehrfach in diesem Buch erwähnt, sind Schuldgefühle und Selbstvorwürfe der Familienangehörigen bezüglich der Erkrankung eines Familienmitgliedes ein bedeutender Belastungsfaktor in den Familien. Eltern scheinen davon besonders betroffen zu sein: „Das schwerste ist, wenn die Forschung derzeit als Krankheitsursache vor allem das gestörte Mutter-Kind-Verhältnis bezeichnet. Sie dürften das nicht so stark betonen, es stellt eine unheimliche Belastung dar".

Schuldgefühle und die damit einhergehende Scham sind u.a. Ausdruck und Ursache — im Sinne eines circulus vitiosus — der gestörten Kommunikation zwischen Psychiatrie und Angehörigen. Schuldgefühle verhindern aber auch effektiv Begegnungen auf gleicher Ebene innerhalb der Familie. Wenn ich jemandem gegenüber starke Schuldgefühle habe, dann kann ich mich nicht mit ihm auseinandersetzen. Zusätzlich können wir annehmen, daß — bewußt oder unbewußt — Verhaltensweisen entwickelt werden, die Schuld abtragen sollen im Sinne von Wiedergutmachung. Möglicherweise kommt manches von dem, was als überfürsorgliches Verhalten beobachtet wird so zustande (Fiedler weist darauf hin, daß die Befunde der Expressed Emotion Forschung mit diesem Phänomen zu tun haben könnten). In den Gruppen haben Angehörige die Möglichkeit — häufig genug erstmalig — mit anderen Betroffenen über diese Gefühle ins Gespräch zu kommen.

Schuldentlastung findet so zum einen über das Gemeinschaftserleben statt. Zum anderen verbietet uns — den psychiatrisch Tätigen — die Erfahrung mit Angehörigen schlichtes Ursache-Wirkung-Denken und die damit verbundenen Schuldzuschreibungen. Unsere Haltung gegenüber Familien wandelt sich und dies verändert wieder das Klima der Kommunikation zwischen Psychiatrie und Angehörigen. Schuldentlastung findet auch durch ausführliche und ehrliche Information von Seiten der Fachwelt statt. (Darauf, was Information bedeutet, gehe ich weiter unten ein). Mit der Entlastung von dem Gefühl „Verursacher" und/oder „alles-falsch-Macher" zu sein, ändern sich die Rollen aller Beteiligten: Wenn wir etwa nicht mehr Ankläger und Konkurrenten von Eltern schizophrener Patienten sein können, dann brauchen diese vielleicht auch nicht mehr „verstockt, festhaltend und verrücktmachend" zu sein, sondern können normale gestandene Erwachsene mit besonders schwerem Schicksal und auch besonderen Temperamenten und Eigenarten sein. Und der Patient wäre dann auch nicht mehr nur Opfer, sondern ein Mensch mit einem besonders schweren Lebensweg und einer „besonderen Entwicklung".

Wenn Rollenwechsel gelingen, dann können wir mit Bronfenbrenner darauf hoffen, daß wiederum Entwicklungen stattfinden. Schuldentlastung macht den Weg für vieles frei. Erst dann kann darüber nachgedacht werden: Was kann ich für mich selber tun, was kann ich für und mit dem anderen in der Familie tun, und wo kann ich mein Alltagsverhalten ändern. Die Begegnung zwischen psychiatrisch Tätigen und Angehörigen wird sehr viel unbefangener und ehrlicher wenn sie frei von Schuldzuschreibungen und Schuldgefühlen ist.

3. Information

Die Situation der Angehörigen ist allgemein durch ein Informationsdefizit und Verwirrung über widersprüchlichste Informationen gekennzeichnet. Mehr Wissen über die Krankheit, über den Umgang mit dem Patienten und über Hilfsmöglichkeiten ist den Angehörigen ein großes Bedürfnis. Dieses Bedürfnis sollten wir ernst nehmen, denn diese Wissensaspekte sind eng verbunden mit emotionalen Belastungen und Verhaltensunsicherheiten der Angehörigen. Ausführliche, ehrliche, strukturierte und bedürfnisorientierte Information von unserer Seite ist ein erstes Gebot in der Arbeit mit Angehörigengruppen. — Dies gilt übrigens auch für die Arbeit mit Patienten. Etwas, was uns durchaus nicht so selbstverständlich ist wie es sich anhören mag. Ausreichende Information ist aber gemeinsam mit genügend Sicherheit eine wichtige Voraussetzung dafür, den Raum nutzen und die Zeit erfüllen zu können.

Der Kontext Angehörigengruppe erleichtert uns unsere Aufgabe, weil er per se die Weitergabe von Information herausfordert: Zum einen ist die Angehörigengruppe von vornherein definiert als ein Ort, in dem wir den Angehörigen etwas anbieten, für sie da sind, d.h. wir bieten auch unser Expertentum an. Zum anderen trauen sich hier die Angehörigen — uns gegenüber endlich in der Mehrzahl — bohrende Fragen auch immer wieder zu stellen. Wir können uns in diesem Kontext

Fragen nicht einfach entziehen. Die Grenzen dessen, was wir wissen, sagen und tun können und unsere Hilflosigkeit sollten gemeinsam mit ausführlicher Information zur Sprache kommen und nicht statt ausführlicher Information. Letzteres dient wohl eher unserer Abwehr.

In den Angehörigengruppen spielt natürlich auch die Information der Angehörigen untereinander eine wesentliche Rolle. Das „Expertentum der Betroffenen" ist in vielen Fällen sehr viel hilfreicher, als unser „Expertenwissen". Es gibt — vor allem in den USA, aber auch in der Schweiz und hierzulande — Kollegen, die die Angehörigengruppen ausschließlich als Informationsgruppen durchführen und verstehen. Ich denke, daß Information ein wesentlicher Aspekt dessen ist, was Angehörigenarbeit leisten kann und muß, aber daß sie nicht das einzige bleiben darf. Aus solchen Informationsgruppen wird gelegentlich berichtet, man wisse nicht wie damit umgehen, daß Angehörige selbst nach ausführlichster, doppelter und dreifacher Information immer wieder die gleichen Fagen stellen. Das hat nach meiner Meinung etwas damit zu tun, daß das Informationsbedürfnis einen doppelten Aspekt hat: Einmal den Wunsch nach Wissen und es ist unsere Pflicht dies auch zu vermitteln, zum zweiten aber der Wunsch nach ganz persönlichem Verstehen nach Linderung der persönlichsten eigenen Not. Auf diesen emotionalen Aspekt müssen wir respektvoll eingehen, und es ist schon ein wenig die Kunst der Gruppenleitung beide Aspekte immer wieder ins Gleichgewicht zu bringen. Denn wenn wir nur den emotionalen Aspekt berücksichtigen, dann wiederum therapeutisieren wir einseitig die Angehörigen.

4. Wahrnehmungsänderungen

Information, Schuldentlastung und das Herausgehen aus der Isolation verändern die Wahrnehmung. Oder um es anders auszudrücken: wir interpretieren Situationen neu. Wie Situationen wahrgenommen werden, wirkt sich auf das Befinden aus, denn wenn wir bei menschlichen Systemen von Umwelt sprechen, so ist die phänomenologische, die erlebte Umwelt, ausschlaggebend. Wenn z.B. der Patient wahrnimmt, daß seine

Eltern, seine Geschwister, oder seine Ehefrau *auch* Hilfe benötigen, und diese auch dazu stehen können (weil sie etwa in der Gruppe gelernt haben, daß es erlaubt ist Hilfe zu benötigen), dann mag das Erleben einer eigenen Schwäche und Ohnmacht sich relativieren.

Es ist eine ökologische Aufgabe, Bestände zu erhalten und Sinnzusammenhänge herzustellen (Wendt, S. 133). Die Suche nach dem Sinn von psychotischen Symptomen innerhalb der Familienbeziehungen beschäftigt Angehörigengruppen häufig und lange. Oft ist es ein Rätselraten und vorsichtige Annäherung, oft ist es auch so, daß für andere etwas durchsichtig ist, was für die Beteiligten im Dunkel liegt. Angehörigengruppen sind Orte, die genügend Raum und Zeit lassen, so daß sich häufig auch Gespräche entwickeln über den Sinn von Krankheit und den Sinn des Lebens überhaupt.

Über die Wahrnehmungsänderungen von uns, den psychiatrisch Tätigen ist weiter oben schon etwas gesagt worden. Es sei hier noch einmal erwähnt, daß wir über dieses Arrangement Angehörigengruppe gezwungen sind, die phänomenologische Umwelt aller Beteiligten ernst zu nehmen, lineares Ursache-Wirkung-Denken aufzugeben und einseitige Parteinahmen zu vermeiden.

Darüber, daß die Angehörigen in den Gruppen unsere Grenzen und Hilflosigkeit erleben, relativiert sich vielleicht auch ihr eigenes Ohnmachtserleben. Nur so kann mit der Zeit auch der Mythos der Allmacht der Medizin gebrochen werden.

Wenn in der Angehörigengruppe genügend Vertrauen und Sicherheit vorhanden ist, und wenn sie wirklich als ein Ort wahrgenommen wird, der für die Angehörigen da ist, dann bietet sie Raum um tabuierte Themen anzusprechen. Etwa parallel zur therapeutischen Gemeinschaft oder einer vertrauensvollen Patient/Therapeut Beziehung ist es, über die Trennung innerhalb der Familie möglich über das zu sprechen, was am meisten ängstigt. Also auch über Wut, Ärger, vielleicht auch über Todeswünsche dem anderen gegenüber. Dies ist notwendig und „ökologisch gesund". Um es mit einem Bild auszudrücken: Dort wo ich Unkraut nicht zulassen kann, wo ich es womöglich gewaltsam vernichte, wächst eines Tages auch keine andere

Pflanze mehr und das Schöne und Lebendige — in unserem Bild die Schmetterlinge — habe ich auf jeden Fall mitvernichtet. Das Böse und Häßliche also braucht seinen Platz, damit auch das Angenehme und Schöne wachsen kann. Wir können das, was hier mit Hilfe des Arrangement Angehörigengruppe passiert, auch die „Differenzierung von vermischten Gefühlen" nennen.

Häufig animiert die Angehörigengruppe dazu auch öffentlich Tabus zu brechen. Viele Angehörige entwickeln zunehmend den Mut sich offen zu ihrem Schicksal zu bekennen und tragen dadurch erheblich zur Entmythologisierung von psychischer Krankheit bei. Der Kontext: bifokaler Umgang mit den Familien ist etwas, das gerade den offeneren Umgang mit Tabus sehr entgegen kommt. Für Patienten wie für Angehörige gilt: Man ist unter sich, die Angst, den jeweils anderen zu verletzen fällt weg und das wird zunächst als entlastend erlebt. Und dann etwa, aber erst wirklich danach kann in einer Gruppe gemeinsam überlegt werden, was will ich dem anderen sagen, wie sage ich es ihr/ihm?

Wahrnehmungsänderungen brauchen natürlich auch immer tätiges Ausprobieren und hier sind die Angehörigengruppen ein einmaliges Forum um am Modell zu lernen. So etwa nach dem Motto: „Ach, das haben Sie sich getraut ihrem Ehemann zu sagen, dann kann ich es vielleicht auch einmal versuchen". Mit gegenseitiger Unterstützung und immer wieder erneuter Ermutigung probieren die Angehörigen aus wie es ist, wenn man sich wieder auf sich selbst besinnt und in kleinen Schritten beginnt, etwas für sich selbst zu tun. Wir sollten nicht unterschätzen, wieviel in den Familien in Bewegung gerät, wenn z.B. eine bis dahin immer anwesende, für alle sorgende Mutter beginnt, für sich selber etwas zu tun, indem sie einmal 14-tägig in die Sauna geht oder sich aktiv an einem Angehörigenverein betätigt.

Zum Schluß sei zusammenfassend gesagt:
Das Arrangement Angehörigengruppe vermag das System Familie zu beleben, ohne daß die Entscheidungsfähigkeit der Familie ihrem inneren und äußeren Milieu gegenüber gewaltsam

beeinflußt würde. Das Verhältnis zwischen Psychiatrie und Familie wird im besten Sinne beseelt. Die Arbeit mit Angehörigengruppen ist interdisziplinär, netzwerkerweiternd, sinnstiftend, ist behutsam, indem sie etwa den Betroffenen einen zunächst entlastenden Kontext bietet. Die Arbeit mit Angehörigengruppen animiert darüber hinaus Institutionen auch in vielen anderen Bereichen des Alltagslebens offener zu sein. Schließlich wecken Angehörigengruppen in nicht unerheblichen Maße die Selbsthilfekräfte und damit auch das Selbstbewußtsein der Betroffenen. Es sind mittlerweile nicht nur wenige, die sich aktiv und selbstbewußt in psychiatriepolitische Belange einmischen und selber darauf hinwirken, daß Psychiatrie in der Gemeinde nicht an ihnen vorbei und nicht auf ihre Kosten geht.

Überarbeitete Fassung eines Vortrages zur Gütersloher Fortbildungswoche 1986

Familienmitglieder sprechen sich gegenseitig frei

Charlotte Köttgen

„Warum Arbeit mit Angehörigen?“ fragte jemand in einer Arbeitsgruppe einer Tagung zum Thema „Arbeit mit Angehörigen von Langzeitpatienten“. Zunächst begriff ich die Frage ebensowenig wie das Resultat, zu dem ein Teil der Arbeitsgruppe — die am Vortag ohne Moderator getagt hatte — gelangt war: „Die Arbeit mit der Familie und den Angehörigen lohnt sich nicht. Der Patient soll möglichst aus dem familiären Milieu getrennt werden“ ... Die für mich schwerdurchschaubare Zurückhaltung vieler Gruppenmitglieder, die den Enthusiasmus der wenigen Erfahrenen in der Angehörigenarbeit nicht recht teilen mochten, begriff ich nicht. Aber die offen gebliebenen Fragen wirkten nach.

Warum arbeite ich eigentlich mit Angehörigen? Seit Jahren, mit wachsendem Interesse, mit dem Gefühl, an einem außerordentlich wichtigen Hebel anzusetzen, mir sicher, daß dies eine therapeutische- und Lebenshilfe ist, die Menschen mit akuten und langfristigen Schwierigkeiten besonders gerecht wird. Es gibt genügend gute Argumente, viele davon sind bekannt, ich will sie nicht wiederholen. Ich möchte mich auch nicht auf wissenschaftliche Theorien stützen, jede in sich ist schlüssig genug, um den Leser jeweils voller Zweifel zurückzulassen, wie er jemals anders denken konnte.

Vergrabene Lebensmöglichkeiten entdecken

Ich möchte mit einem *Beispiel* aus einer Angehörigengruppe anfangen. Therapeuten waren Michael Mohr und Ines Sönnichsen.

Eine berufstätige Mutter, geschieden, alleinerziehend, lebt fast ausschließlich für ihre beiden Kinder, von denen der älteste Sohn, direkt nach seinem Abitur und gerade 20 Jahre alt, eine erste psychotische Krise erlebte. Die Mutter besucht seit einem halben Jahr regelmäßig eine unserer wöchentlich stattfindenden Angehörigengruppen. In einer Sitzung bricht sie weinend zusammen: jetzt wünscht sie sich, daß die Kinder (die ihr ganzer Lebensinhalt sind) ausziehen, möchte sie am liebsten rausschmeißen, hätte sie Geld, würde sie ihnen eine eigene Wohnung kaufen und bezahlen. Stattdessen sei sie aber noch nicht einmal in der Lage, diesen Wunsch auch nur zu äußern.

In dieser und in weiteren Gruppensitzungen setzt sich folgendes Mosaik zusammen: sie selbst habe sich als Kind jeweils wie „tot" gefühlt, wenn ihre Mutter verreiste. Sie fühlte sich erst wieder lebendig, wenn die Mutter zurückgekehrt war. Als ihre Mutter starb, hat sie an ihrem Bett gesessen und bis zu ihrem Tod gewartet; sie habe sie aufopfernd versorgt, nicht etwa, weil sie sie so sehr liebte, sondern weil sie bis zuletzt auf diesen bestimmten Satz gewartet hat: „Du bist in Ordnung, wie du bist". Ihre Mutter verstarb, ohne diesen Satz gesagt zu haben.

In der Beziehung zu ihren eigenen Kindern strampelt sie sich selbstlos und ebenfalls „aufopfernd" ab, aus Angst, sie könnte auch ihre Kinder mißbrauchen, wie sie mißbraucht worden ist. Zu jenem Zeitpunkt entsteht in ihr allmählich der Wunsch, endlich einmal für sich leben zu dürfen. Sie wird aber mit der egoistischen, verwöhnten Haltung ihrer Kinder auf schmerzlose Weise konfrontiert. Da sie für ihre eigene Mutter stets „gut sein" mußte, um gemocht, beziehungsweise überhaupt wahrgenommen zu werden, hat sie diese Haltung gegenüber den Kindern unbemerkt fortgesetzt. Entzog sie sich diesem Anspruch, fühlte sie sich durch Liebesentzug gestraft, und das bedeutete in ihrem Erleben Getrenntsein oder wie Totsein. Nachdem ihr dieser Zusammenhang deutlicher geworden ist, beginnt sie nicht nur mit dem Verstand, sondern besonders auch emotional zu begreifen, daß Grenzen zu ziehen nicht gleichbedeutend ist mit „Schlechtsein" und dieses nicht mit „Imstichgelassenwerden". Sie gerät darüber in eine erschöpfte Depression und beginnt nun, mutiger werdend, ihre eigenen Wünsche bei den Kindern anzumelden. Nach anfänglicher Verwirrung der Kinder, scheinen diese geradezu entlastet zu sein. Alle entdecken mehr Lebensraum für sich, kleine Distanzierungen bedeuten nicht mehr die Tötung der Beziehungen. Der unerledigte Wunsch, den diese Mutter an ihre Mutter behalten hatte, war auf die Kinder übertragen worden. In der Hoffnung, von den Kindern den „Freispruch" zu bekommen, den ihre Mutter ihr versagt hatte, merkte sie nicht, wie sie mittlerweile von den Kindern mißbraucht wurde, und dies zu aller gegenseitigem Nachteil.

Durch die verständnisvolle Unterstützung in der Gruppe kann sie allmählich ihren Wunsch auf andere, Gleichaltrige verlagern. Als sie endlich akzeptiert wird — auch in ihrer ständigen Überforderung durch sich selbst — beginnt sie, ein eigenes Leben aufzubauen. Praktisch sieht das so aus: sie fordert erstmals für sich innerhalb der Wohnung ein eigenes Zimmer (bisher war die Wohnung durch die Unordnung der Kinder vollständig blockiert); sie lädt sich eigene Freunde und Bekannte ein (trotz des eifersüchtigen Protestes des Sohnes, der die Gäste vergraulen will); sie sucht sich eigene Wochenendveranstaltungen, ungeachtet der Pläne, die die Kinder jeweils haben.

Zögernd, schüchtern wie ein Kind, entdeckt sie mit beinahe 50 Jahren, daß auch sie einen Anspruch auf ihr eigenes Leben hat, und niemand um sie herum in das erwartete Unglück stürzt, wenn sie sich etwas nimmt. Sie lernt zu begreifen, daß das nicht gleichbedeutend ist mit sich „gegen jemanden" zu richten. Den Kindern bekommt die eindeutige und klare Abgrenzung der Mutter sichtlich gut. Sie sind nebenbei der Verpflichtung enthoben, das unbewußte Familienerbe aus der Großmutter-Mutter-Beziehung entschädigen zu sollen. Der Sohn findet eine Arbeit, und die Tochter schafft es, sich auseinanderzusetzen und erste Trennungsschritte aus der verketteten Beziehung zu der Mutter vorzubereiten.

Lähmende Tabus und belastende Geheimnisse werden zaghaft gelüftet, es zeigt sich, daß unausgesprochene Enttäuschungen, Hoffnungen und Überforderungen auf allen lasten. Die Psychose ist offensichtlich einer von vielen Befreiungsversuchen aus dieser engen Verzahnung. Wenigen gelingt es, die psychotische Grenzüberschreitung konstruktiv zu nutzen und die angedeutete, oft mehrere Generationen lang weitergegebene unerfüllte Erwartung aus der quälenden Starre zu befreien. Manche dieser Familienmitglieder kämpfen ständig weiter um die „Freigabe“ ihres eigenen — anstelle eines Stellvertreter-Lebens. Wir beobachten Familien, in denen sich ein Kind nach dem anderen mit Krankheitssymptomen um die Aufdeckung solcher unaussprechlicher Tabus bemüht und wo dies ohne fremde Hilfe mißlingt.

In diesem Bereich könnte die Psychiatrie eine ihrer wichtigsten Aufgaben wahrnehmen, statt Patienten nach kurzem oder länger werdendem Psychiatrie-Aufenthalt, zugedeckt mit Medikamenten, hilflos wieder in die alte Situation zu entlassen.

Die selbe Mutter litt unter der Tatsache, daß ihr Vater ein aktiver Nationalsozialist war. Als ihr Sohn in einer Theatergruppe die Rolle eines Nazileutnants spielte, besuchte sie die Vorführungen Abend für Abend und konnte seinen Anblick kaum ertragen. Nachdem die Theaterreihe abgeschlossen war, wurde er psychotisch, und zwar unmittelbar nachdem er bei der Bundeswehr anfangen sollte zu dienen.

Identifiziert mit dem Großvater, wollte gerade er ein vorbildlicher Soldat werden. Es schien, als wollte er die Mutter auffordern, einen abgelehnten Anteil des Großvaters in ihm zu sehen und anzunehmen, um sich akzeptiert fühlen zu können. Dies umso mehr, als er erlebt hatte, wie die Mutter seinen Vater verachtete und sich von ihm trennte. Diese Anerkennung war für eine — seine — männliche Identifizierung wichtig, war Voraussetzung, damit er sich mit der Mutter und dem Großvater als jemand eigenes auseinandersetzen konnte.

An diesem Beispiel wird deutlich, daß einzelne Familienmitglieder auf jeweils ihre besondere Weise Beziehungen aus der Vergangenheit verinnerlicht haben, oft lange nachdem die betreffenden Ahnen aus ihrem realen Lebenszusammenhang ausgeschieden sind. Je weniger real faßbar aber ein Familienmythos ist, desto schwieriger ist es, sich frei zu entwickeln. Diese Familie hat in einem halben Jahr wöchentlicher Therapiesitzungen, an denen die Mutter teilnahm, jeder für sich allmählich ein Stück unabhängigeren Lebens gewonnen. Hiermit kehre ich zu der anfänglichen Frage zurück: „Warum mache *ich* Angehörigenarbeit?“: ich arbeite mit Familienangehörigen, um vergrabene Lebensmöglichkeiten entdecken zu helfen, darin sehe ich eine Chance.

Familie: was war und was ist das eigentlich für mich?

Um dies besser zu verstehen, mußte ich in meinen Erinnerungen weit ausholen. Ich will versuchen, anhand von zwei Geschichten meine persönlichen Motive deutlicher zu machen.

Vor einem Jahr, in einem kleinen griechischen Dorf mit Resten mittelalterlicher Lebensgewohnheiten, war ich Zeuge eines Familien-, aber vor allem Frauenlebens, wie es einmal für weite Teile der Bevölkerung gültig gewesen sein mag. Wir hatten das Glück, direkt neben dem Innenhof einer alteingesessenen Familie zu wohnen. Dorf- und Familiengemeinschaft waren noch nicht vom Tourismus zerfressen; das Hotel befand sich aber schon halbfertig im Bau. Elektrizität gab es erst seit wenigen Jahren. Die Frauen verrichteten die oft harte körperliche Arbeit: sie wirkten im Hause, versorgten die Gäste, machten die Gartenarbeit, kochten, nähten und strickten, und die älteren Frauen, die weniger kräftigen, verbrachten den Tag mit dem Spinnen feiner Wolle. Tagsüber bot sich uns ein Bild unermüdlichen Schaffens und Tätigseins, an dem Junge und Alte beteiligt waren. Kinder, Tanten, Onkel, aber auch andere Verwandte kamen fast täglich vorbei; sie tauschten Früchte aus dem Garten, brachten einen eben geangelten Fisch, halfen beim Putzen der Hotelzimmer, wenn die wenigen Gäste wechselten, reparierten hier und dort im Haus und Garten. Am Wochendende kamen die blassen Verwandten aus der Stadt.

Dann gab es abends eine große Tafel im Innenhof, an der alle gemeinsam saßen, lachten, laut stritten und — das war besonders schön — miteinander sangen. Es war kein betrunkenes, grölendes Singen, sondern klang fast andächtig, feierlich, manchmal auch fröhlich, scherzend. An manchen Abenden kamen wir nach Hause und trafen überall im Dunkeln Gruppen von Frauen; kleine Mädchen, Mütter und alte Frauen hockten familienweise beieinander und sprachen leise flüsternd und murmelnd bis zur Schlafenszeit miteinander. Einige waren mit Handarbeit beschäftigt, die kleinen Mädchen schienen ebenso so ihre Sorgen und Freuden des Tages mitzuteilen und Anteilnahme zu finden, wie sie neugierig den Mitteilungen der Alten lauschten, die ihre Frauenweisheiten und Geheimnisse auf diese Weise weitergeben. Diese allabendliche Zusammenkunft, die meistens in der Dämmerung begann, schien alle Altersstufen gleichermaßen aufzunehmen. Zu etwas späterer Stunde — fast verschämt — gesellten sich auch die heimkehrenden Männer dazu und genossen sichtlich diese selbstverständliche Geborgenheit der Frauenrunde.

Tagsüber waren wir oft Zeuge, wie der Ehemann unserer Familie, wenn er allzuviel im Hause war, unduldsam behandelt wurde. Von den Frauen lautstark attackiert und gebeutelt, trollte er sich dann mißmutig aus dem Haus, — in den nahe gelegenen Cafes fanden wir ihn später wieder. Hier gesellte er sich zu den anderen Männern des Ortes, meist zu den etwas älteren — waren auch sie Vertriebene?

Sobald der Mann verschwunden war, fingen die Frauen wieder mit ihrem Geplauder an, als sei nichts gewesen. Früher, wenn ich in südlichen Ländern war, hatte ich die Männergesellschaften in Bars anders interpretiert: ich sah die geknebelten, ans Haus gefesselten, „armen" Frauen und die „beneidenswerten" chauvinistischen Männer, denen die Touristenfrauen ebenso wie die lokale Öffentlichkeit zur Verfügung standen. Durch meinen Einblick in das griechische Familienleben erhielt das Ganze eine neue Dimension. Die Frauen waren an allem beteiligt, was in diesem Dorf das Leben interessant macht und was das Leben bestimmt: sie besprachen die Probleme um Geburten, Heiraten, Sterben; sie kümmerten sich um Nahrungsbeschaffung und Essenszubereitung; sie erzogen die Kinder und pflegten die Kranken; Pflanzen, Nähen und Spinnen waren ihre Angelegenheiten. Die Männer hatten es sichtlich schwer, in dieser häuslichen Festung einen ernstzunehmenden Platz zu finden. Aber selbst in den Olivenhainen, auf den Bergen, waren die Frauen unabkömmlich. Ihre ständige Unentbehrlichkeit scheint allerdings draußen, also außerhalb des Hauses, bestraft, ihre Freiheit dort drastisch und unnachgiebig beschnitten und unterdrückt zu werden. Auch die Männer in den Bars, die dort oft tatenlos ihren Tag zubringen, sah ich nun in einem anderen Licht. Waren sie nicht in der Mehrzahl aus dem Haus Vertriebene, wie unser Hausherr? Verbesserten sie draußen in den Bars in kämpferischen Posen und lauten Diskussionen tagaus, tagein die politischen Verhältnisse, da sie in ihrer häuslichen Sphäre ihrer unübersehbaren Abhängigkeit nur schwer Herr werden konnten? Trafen sie sich, um sich gegenseitig Mut zu machen?

Zum anderen fallen mir Situationen aus meiner Kindheit ein. Nach dem Krieg — ich war drei Jahre alt — lebten wir in einem einzigen Zimmer einer Flüchtlingsbaracke, wir waren acht Personen, davon die vier Kinder meiner Mutter und die zwei meiner Tante. Alle Nachbarzimmer in dieser Baracke, dicht an dicht, waren ähnlich „gut" ausgelastet. Unser Raum war unterteilt durch Schränke; in der einen Hälfte schliefen wir sechs Kinder, in der anderen unsere beiden „Mütter". Mehrere Onkel und Tanten waren nach dem Krieg in diesen Ort geflüchtet: so lebten dort siebzehn Kinder aller Altersstufen — meine Vettern, Kusinen oder Geschwister. Wenn wir unsere Baracke verließen, stießen wir draußen auf zahllose Nachbarkinder. Das Leben spielte sich in einer hörbaren und zwangsweise intimen Nähe ab, so daß man unfreiwillig oder neugierig Zeuge der familiären Angelegenheiten der anderen Familien wurde. Wir lebten so eng aufeinander, daß uns die anderen Kinder fast wie Geschwister vorkamen.

Oft, wenn die Kinder ins Bett gingen, kamen Freunde und Verwandte zu Besuch; sie kamen gern in die trostlose Baracke, weil dort der unvorstellbare Luxus einer Zentralheizung lockte. Sie teilten miteinander das an Eßbarem, zum Beispiel kleine Süßigkeiten, was irgendjemand ergattert hatte. Sie lasen, diskutierten oft heftig und kontrovers oder erzählten und lachten, allen Bedingungen zum Trotz. So erinnere ich diese Zeit. Ich entsinne mich an Stimmen und Geborgenheit, an Nähe und Verläßlichkeit mit vielen Menschen verschiedener Generationen, aber auch an notwendige Rücksichtnahme, Verantwortung und kindliche Verpflichtungen: an ein Gefühl von Zusammengehörigkeit, das trotz der widrigen und nach heutigen Vorstellungen unerträglichen Bedingungen sicher machte. Kürzlich saß ich mit der heute 85jährigen Tante und meiner

Mutter zusammen und fragte, ob meine frühe Erinnerung sehr idealisierend sei; ich ging davon aus, daß die Erwachsenen damals überwiegend die Härte des Flüchtlingsschicksals wahrgenommen haben müßten. Jeder begann, die Erinnerung aus seiner Sicht lebendig werden zu lassen. Mir scheint, daß mich meine Erinnerung nicht nur täuscht. Jeder auf seine Weise malte eine Zeit in Geschichten, die entbehrungsreich und schwierig, aber voller intensiver menschlicher Nähe, gegenseitiger Hilfsbereitschaft und auch reger, geistiger Auseinandersetzung war.

In dieser Nachkriegszeit waren es auch bei uns die Frauen, die für den Zusammenhalt ihrer Familien sorgen mußten, zahlreiche Männer kamen erst spät aus der Gefangenschaft zurück oder waren gefallen. Ich kannte nur Onkel, ältere Vettern und Brüder, die stellvertretend eine Vaterrolle übernahmen. Aber für das tägliche Überleben zu sorgen, die Arbeit zu verrichten, Geselligkeit und Geborgenheit trotz allem herzustellen, das machten die Frauen. Oft hatten sie es leichter als Männer, mit den neuen sozialen Situationen zurechtzukommen. Meine Tante und meine Mutter hatten beide die Gabe, nach zwei durchlebten Kriegen, ihre Wertorientierung auf menschliche Bindungen zu gründen; so hatten sie die Erfahrung von materiellen Verlusten für sich verarbeitet. Wie sie mit schweren Aufgaben umgingen und unser Leben lebenswert machten, das hat sich nachhaltig in mir eingegraben.

Als wir nach einigen Jahren fortzogen, meine Mutter war Lehrerin geworden und erhielt ihre erste Anstellung in einem kleinen Dorf in Niedersachsen, begann für mich gewissermaßen der Ernst des Lebens. Ich fühlte mich wie aus dem Nest gestoßen, zu meinem Leben gehörte die ganze Großfamilie dazu. Dabei war rein äußerlich alles besser geworden: es gab eine Wohnung, ein Einkommen und zu essen. Nach ein paar Jahren wohnten wieder zusätzliche Wahlgeschwister mit uns in einem eigentlich viel zu engen Haus. Langsam wuchs wieder eine größere Familie zusammen.

Viel später begriff ich erst, wie in meiner Art zu leben die Sehnsucht nach einem solchen großfamiliären Verband als Restaurations-Bemühung erhalten geblieben war und in den verschiedensten Lebensbereichen, auch in der Arbeit, wieder auftauchte.

Beide Geschichten sollten nicht den Trugschluß nahelegen: wenn wir nur vorindustrielle oder Nachkriegssituationen herstellten, hätten wir „ideale" Lebensverhältnisse. Weder waren beide Situationen objektiv ideal, noch sind sie reproduzierbar. Mit hat diese frühe Sozialisation durch die Vielzahl an Forderungen, Beziehungen und Lernmöglichkeiten geholfen, mich später in unterschiedlichen neuen Lebenssituationen zurechtzufinden; sah ich doch komplexe, altbekannte Muster immer wiederkehren. Heute finde ich Teile dieses Großfamilienverbandes in meinem Privatleben (Wohngemeinschaft), bei der sozialpolitischen Arbeit; vor allen Dingen aber bei der Teamarbeit in der Psychiatrie. Das Wirrwarr der Beziehungen und die entstehenden Konflikte enthalten jeweils viele dieser typischen Verflechtungen. Für mich war diese Kindheit eine Lebensschule.

Die Überforderung der Kleinfamilie

Die meisten heutzutage, und nicht nur unsere Patienten, leben in Kleinfamilien. Wir alle haben im Zuge einer geforderten, größeren Mobilität klaglos und fortschrittsgläubig unsere Dörfer und Familien ebenso verlassen, wie dies seit Generationen in der Industriegesellschaft geschieht. Individualität und Leistungsstärke waren gefragte Qualitäten, Gefühle gerieten schnell zu Sentimentalität und hatten wenig Platz. Familien schrumpften immer mehr auf die „Drei-Zimmer-Wohnung-gerechte-Personenzahl" zusammen. Hier hatten weder Großeltern noch Kranke oder Behinderte Platz. Alles mußte funktional sein. Leider wurde darüber vergessen, daß es neuer Verhältnisse bedurft hätte, um den kindlichen und auch Erwachsenen-Bedürfnissen Rechnung zu tragen. Rechtskonservative scheuen sich niemals, mit Versprechungen und Schuldzuweisungen diesen Ort der empfindlichsten und enttäuschbarsten Emotionen zu mißbrauchen. (Neuerdings sogar soweit gehend, daß Mütter dafür bezahlt werden sollen, möglichst alleine ein Kind wie in einer Zweipersonen-Isolierung großzuziehen). Auf diese Weise — Mutter- und Familienglück vorgaukelnd — wird gleichzeitig verleugnet, wieviel an neurotischer Entwicklung gerade in diesen engen familiären Konstellationen angelegt ist. Illusionen verhindern, daß vereinsamte und alleingelassene Familien ihre materielle und psychische Not entdecken; statt dessen trägt sie jeder individuell und voller Scham, aus Furcht vor seinem Versagen, mit sich herum.

Dabei ist die Familie der zentrale Ort, an dem lebensnotwendige, soziale, emotionale und kognitive Fähigkeiten erworben werden müssen:

- die Bereitschaft, sich auf verschiedene Menschen flexibel einlassen, sich ihnen zuwenden, Gemeinsamkeiten und — vor allem — Verschiedenheiten entdecken zu können.
- die Entwicklung von Verantwortungsbereitschaft und die dafür nötige Sicherheit, sie auch tragen zu lernen.
- die Herausbildung einer Lebenshaltung, die Demokratie verinnerlicht auf dem Boden der Erfahrung: „nicht ich bin das Maß aller Dinge, ich entdecke vielmehr meine Grenzen spielerisch als Kind und finde meinen angemessenen Platz unter den anderen".

Das verlangt von Familien ein hohes Maß an Spannkraft, die es ihnen ermöglichen würde, auf die vielfältigen, vor allen Dingen widersprüchlichen Gefühle von Kindern reagieren zu können, sie dabei zu unterstützen, Forderungen gegenüber nicht zu resignieren. Das setzt ferner voraus, daß Familien über ausreichend Souveränität verfügen, ihren eigenen Rahmen zu erweitern und Hilfe einzuholen. Ich habe erfahren, daß die Kleinfamilie unserer Zeit diesem Anspruch nur schwer gerecht werden kann, obwohl sehr viele Eltern mehr Anstrengungen als jemals zuvor unternehmen, ihrem schier uneinlösbaren Erziehungsauftrag gerecht zu werden. Sie möchten vollkommen sein und überfordern sich bis zur Erschöpfung; sie versuchen, ihre Hilflosigkeit um Gotteswillen nicht nach draußen dringen zu lassen. So wird es ihnen unmöglich, sich Hilfe zu holen, es sei denn, der Knall wird so heftig, daß die Hilfe oft unausweichlich notwendig wird. Da weder sie selbst noch der allgemeine Konsens es gestatten, etwas von dieser auch objektiven Überforderung zuzugeben, ziehen sich viele enttäuscht zurück;

auch innerhalb der Familie leidet jeder einzelne an den Erwartungen und Enttäuschungen der anderen. Niemand wagt, das anzusprechen. Die Familienmitglieder werden sprachloser und einsamer.

Berufserfahrung und Lehrgeld

Während ich diesen Beitrag schrieb, merkte ich, wie ich mich gezwungen fühlte, meine eigene Familien- und Berufsgeschichte besser zu verstehen. Gleichzeitig fiel mir auf, daß es unmöglicher wurde, persönliche von sachlicher Motivation zu trennen, und daß ich mich dahinter verstecken konnte. Aus dem bisher Gesagten geht hervor, daß meine Arbeitsmotivation ebenso wie die jedes anderen sich in ihrem persönlichen Anteil voneinander unterscheiden muß. Vielleicht liegt hier häufig eine Quelle von Mißverständnissen unter Fachleuten, die gerne in Methodenauseinandersetzungen flüchten, wenn es um persönliche Konflikte oder aber Grenzen (einmal abgesehen von Rivalitäten und Konkurrenz) geht. Wir müssen erst lernen, in sachliche Arbeit eigene Motivation einzubeziehen, da sie weite Bereiche unseres täglichen Handelns — gewollt und ungewollt — mitbestimmen.

Gerade in akademischen Diskussionen verstecken wir uns hinter Ideologien oder den Erfordernissen einer „Therapiemethode", unsicher hoffend, wir würden als aktiv Handelnde unschuldiger: „Nicht ich war unfähig, mich einzulassen, Grenzen zu ziehen, sondern die Methode schreibt es mir vor".

Eigene Anteile herauszufinden, meine Widerstände und Ängste ernst zu nehmen und auf ihren Signalcharakter hin zu überprüfen, habe ich erst sehr langsam zu akzeptieren gelernt. So lange die Ablösung von eigenen Eltern anhält, — bei manchen hört das nie auf — die Enttäuschungen und Erwartungen an eigenen Eltern ungeklärt sind, ist es schwierig, wenn nicht unmöglich, für die Nöte anderer Eltern Offenheit oder gar Großzügigkeit zu entwickeln. Die Gefahr, daß wir dann mit der Opfer- oder Kindrolle parteiisch, ungerecht, überidentifiziert sind, ist groß.

Ich kehre zurück zu meiner eigenen Erfahrungsgeschichte in der Hoffnung, daß sie anderen Mut macht, *ihre* Erfahrungen zu sammeln. Anfang der 70er Jahre arbeitete ich auf einer Psychiatriestation mit Jugendlichen im Alter von 14 bis 18 Jahren. Ein Teil meiner Kollegen und ich waren damals Anfang 30, und es war gewiß kein Zufall, daß wir erst jetzt und erst allmählich auch die „andere Seite" unserer Patienten wahrnehmen konnten. Zunächst einmal zahlten wir Lehrgeld. Unsere antiautoritären Ideale erlaubten uns nicht, Gebote und Verbote auszusprechen, zu reglementieren oder zu strafen. Wir hielten uns für aufgeklärt, liberal, verständnisvoll, sicher in dem Gefühl, die bessere Alternative gegenüber einer schlechteren Erwachsenenwelt sein zu müssen. Dieser Anspruch überforderte uns ständig. Das Ergebnis: Wir hetzten ein halbes Jahr hinter dem Chaos her, das wir verursachten. Die Halbwüchsigen, ihrerseits verzweifelt ob der Positionslosigkeit dieser Erwachsenen-Teams, fühlten sich von uns herausgefordert, sahen sich gezwungen, uns nachzuweisen, wie es um unsere Glaubwürdigkeit *wirklich* stand.

Erst langsam verstanden wir, daß wir von den Jugendlichen Hilfe bekamen, und wir lernten aus unseren Fehlern unsere Grenzen zu finden. Ganz plötzlich fanden wir uns in der Rolle der ungewollten Autoritäten wieder und waren doch mitten in einer eigenen Protestphase gefangen. Durch das Chaos und „Bambule"-Aktionen auf der Station gezwungen, verstanden wir vielleicht schneller als ohne diese Erfahrungen mit Jugendlichen, daß wir deutlich definierbare Grenzen in unserem Verständnis hatten, und als wir anfingen, diese zu akzeptieren, fanden wir Verständigungsebenen mit ihnen. Probleme, derentwegen sie in die Psychiatrie gekommen waren, basierten auf standpunktloser Strukturlosigkeit, oder einer zu engen, rigiden Struktur in ihrer unmittelbaren Umwelt. Wir begriffen langsam, daß Liberalität in diesem falsch verstandenen Sinne etwas mit Feigheit zu tun hat, besonders dann, wenn wir anderen überlassen wollen, böse und unpopulär zu handeln, um selbst moralisch unangreifbar zu bleiben, in der Illusion, dafür geliebt zu werden.

Auch in anderem Zusammenhang mußten wir begreifen, daß falsche Wunschvorstellungen unser Helfertum beflügelten. Die ersten Kommunikationstheorien über Familienaktionen hatten uns „überzeugt“, daß es immer „Schuldige“ am Entstehen von psychischer Krankheit gab; die Rolleneinteilung war klar: gab es hier das Opfer, den geschädigten Patienten, so gab es dort die böse Familie/Mutter/Vater/Gesellschaft. Identifiziert mit dem Schwächeren — was unberechtigterweise auch implizierte, daß er der Bessere ist — erschien es immer eindeutig, wer zu beschuldigen war. Als Anfänger im Beruf, als eben noch Ausgebildete, als Partizipierende an einer unphysiologisch langen Mittelstandskindheit, kannten wir alle nur zu gut die Rolle des sich wehrlos fühlenden Schwachen und waren zunächst einmal verhältnismäßig blind für die Hilflosigkeit von Eltern.

Die jugendlichen Patienten, zu denen sich während eines längeren stationären Aufenthaltes jeweils ein therapeutisches, das heißt auch emotionales Verhältnis entwickelte, belehrten uns eines anderen. Sie wollten nicht einen erwachsenen Helfer, der sich *gegen* ihre Eltern mit ihnen verbündete, sie wollten jemanden, der verstand, wie sehr sie um die Eltern rangen, und wollten Hilfe bei der Bewältigung ihrer Ängste, ungeliebte Kinder zu sein. Sie wollten die Fehler ihrer Eltern nicht innerlich und äußerlich bekämpfen müssen, sondern deren Fehler als einen Teil der Eltern annehmen lernen, — eine Voraussetzung, die sie selbst lebensfähiger machen sollte. Dies verstand ich zunehmend mehr als Wunsch und Auftrag an uns als therapeutisches Team. Solange wir diesen Auftrag mißverstanden, geriet unser Verhalten leicht in eine eher hilflose, überidentifikatorische Form von Anbiederung oder feindseliger Abgrenzung. Die Jugendlichen gerieten dann jeweils durch uns in einen unlösbaren Zwiespalt, da ihnen nur die Alternative blieb, entweder die Eltern oder uns Teammitglieder verraten, beziehungsweise verlieren zu müssen. Beides war in ihrer Pubertätskrise problematisch genug, da sie Hilfe gebraucht hätten. Wir begriffen, daß es nicht darum ging, die Ursprungseltern durch uns Bessere-Eltern zu ersetzen.

Seit längerer Zeit hatten wir bemerkt, daß die distanzierende Psycho-Pathologisierung der alten Psychiatrie wenig Hilfreiches für dieses Dilemma anbot. Es ging darum, eine stützende, tragfähige Beziehung herzustellen, die soviel an Nähe und Distanz zuläßt, daß sich ein Heranwachsender frei darin fühlen kann und doch genug an Struktur erhält, um seinen eigenen Weg zu finden. So gesehen sollten wir den Jugendlichen helfen, die unterbrochene Verständigung zwischen den Eltern und sich wiederherstellen zu können. Waren die Lebensbedingungen auch häufig durch Lieblosigkeit, Mangel an Verständnis, voll von Entwertung gewesen, oder wirkten durch eine verwöhnende Überfürsorglichkeit entmündigend, so benötigten sie doch für ihre angestrebte Autonomie Hilfestellung bei dem Versuch eines Dialoges.

Erst im Zuge dieser Einsichten begannen wir, den Jugendlichen, aber auch ihren Familien, gerechter zu werden. Kategorien wie Schuld, Bösartigkeit, Versagen, oder aber das psychiatrische, distanzierte, ferne Beobachten ohne eigene Beteiligung halfen hier wenig. Hinter Krankheitssymptomen entdeckten wir die gegenseitige Hilflosigkeit, hinter Feindseligkeit und Rückzug: Einsamkeit, Verlassen-worden-sein, den Wunsch nach Nähe, die Enttäuschung über die Unfähigkeit, Nähe herzustellen, den Wunsch geliebt zu werden von eben jenen „bösen" Eltern. Je größer unsere Bereitschaft und Fähigkeit wurde, uns zwar verstehend, aber eindeutig getrennt von Patient und Familie bereit zu halten, entstand eine Basis, wie sie für Veränderungen hilfreich war, und zwar umso besser, je eindeutiger es uns auch innerlich gelang, jedes Familienmitglied mitsamt seinen Problemen, Schwächen und Widrigkeiten zu akzeptieren.

Diese Zusammenhänge begriff ich nicht aus Büchern, sie wurden mir auch von Kollegen nicht beigebracht: im Team und in der Beziehung zu den Jugendlichen erfuhren wir sie durch unsere Fehler, indem wir zuhören lernten und auf Ver(Vor)urteilen verzichten konnten.

Der Beziehungskonflikt zwischen Patient und wichtigstem Angehörigen im psychotischen Symptom

Abschließend möchte ich noch ein Beispiel von einem Geschwisterpaar, das in enger emotionaler Verflechtung miteinander lebte und bei dem sich allmählich eine kleine Veränderung erkennen läßt, berichten. Dieses Beispiel verdeutlich, wie auch in der Therapie mit dem Patienten die Interaktionsmuster innerhalb seiner Familie in der Symptomsprache verständlich werden können.

Ein etwa 28 Jahre alter Patient kehrt nach einigen Monaten in die fortlaufende, ambulante Gruppe zurück, in der er schon mit Unterbrechungen seit zweieinhalb Jahren teilnimmt. Er hat in der Vorgeschichte drei längere Psychiatrie-Aufenthalte mit psychotischen Episoden. Diesmal wirkt er aufgebracht und erregt. Er höre wieder Stimmen und komme nicht mehr dagegen an. Er kann am Anfang der Gruppensitzung nicht zuhören, sondern platzt mit seinen Problemen heraus. Er beschreibt die Stimmen als quälend, sie kritisieren ihn und setzen ihn unter Leistungsdruck, indem sie seine verschiedenen Versagens-Situationen wieder und wieder betonen: er habe Drogen genommen und sei deshalb selbstverschuldet in die Psychiatrie gekommen; er habe keinen Beruf und sei sowieso allen studierten Leuten weit unterlegen; außerdem sei er verwahrlost...

Genauer befragt, berichtet er, daß die Stimmen denen seiner Eltern ähnlich sind, sie versuchen, ihn zu erziehen. Die Gruppe findet, daß die Inhalte der Stimmen den Selbstvorwürfen, unter denen er gelegentlich leidet, sehr ähnlich sind. Wir rekonstruieren das Wiederauftreten der Stimmen inbezug auf die vorausgegangenen Erlebnisse. Allmählich bildet sich der folgende Zusammenhang heraus: wieder einmal hatte er die in der Nähe lebende Schwester besucht, von der er seit etwa einem halben Jahr getrennt in einer eigenen Wohnung lebt. Nach einem kurzen Gespräch war es — wie regelmäßig zwischen ihnen — zu heftigen emotionalen Auseinandersetzungen gekommen. In diesem Falle hatte er aber versucht, ihr klarzumachen, daß „er nicht mehr von ihr belehrt und nicht mehr ins Unrecht gesetzt werden möchte; er fühle sich dadurch jeweils klein und schwach gemacht..." Die Schwester sei wütend geworden und habe ihn aus ihrer Wohnung gewiesen.

Seither fühle er sich verlassen, und wenn er allein in seiner Wohnung sei, höre er die Stimmen, die nicht mehr abzustellen sind. Er fragt die Gruppe, ob er sich entschuldigen solle, damit der Kontakt zur Schwester wieder hergestellt ist. Damit müsse er aber die Schuld am Streit auf sich nehmen, und im Grunde widerstrebe es ihm, da er seine Forderungen an sie für berechtigt halte. Trotz dieser Einsicht schwankt er aber mit sich, da er sich lieber wieder schuldig und schwach fühle, als daß ihr gegenseitiges Gleichgewicht, — sie die Überlegene —, nicht wiederhergestellt würde. Immer wieder habe er beobachtet, daß sobald es ihm gut gehe, die Schwester sich schlecht fühle.

Dazu phantasiert er: „womöglich wird sie dann genauso krank wie ich"... Er kann in seinem eigenen Erleben ihr gegenüber nur dann hilfreich sein, wenn er schwach ist. Im Interesse ihres labilen gegenseitigen Gleichgewichts verzichtet er freiwillig auf seine Selbständigkeit. Er bringt dieses Opfer schon jahrelang gewohnheitsmäßig. Neu ist ihm innerhalb dieses Gruppenzusammenhanges die Überlegung, daß er es ist, der ihr etwas zu opfern hat (seine Selbständigkeit).

In den vorausgegangen Gruppensitzungen hatten wir seine Interaktionsmodi oft genug erfahren. Er übertrug dieses Beziehungsmuster auf alle anderen Menschen, sobald er näheren Kontakt aufgebaut hatte. Mit der Empfindlichkeit eines Seismographen entnahm er allen Äußerungen des anderen die tatsächlichen oder vermeintlichen Kränkungen und Entwertungen und hielt sie für die jeweils einzige Aussage. Positive Einstellungen zu sich schienen ihm völlig zu entgehen. Er geriet mit allen seinen Freunden, und das waren nicht viele, nach kürzerer Bekanntschaft alsbald in ein ähnliches gekränktes Streitverhältnis wie mit seiner Schwester und kämpfte dann mit verzweifelter Wut gegen die wiederkehrenden Verletzungen, fühlte er sich doch immer als der Unterlegene. Im Anschluß an solche Streitereien war er dann jeweils noch verlassener als zuvor.

Die inneren Spannungen verselbständigten sich, seine negativen Selbsteinschätzungen nahmen überhand. Er wurde unruhig, glaubte sich von aller Welt abgelehnt, fühlte sich schlecht und böse. In solchen Situationen traten die Stimmen verstärkt auf. Angegriffen durch die vertrauten, familiären Stimmen, versuchte er sich zu wehren, entkräftete die Vorwürfe und begab sich in die gewohnte Kampfstimmung, diesmal mit den Stimmen. Diese Auseinandersetzungen quälten ihn bis zur völligen Erschöpfung. Seine Wunden wurden jeweils neu aufgerissen, und manchmal neigte er unter diesem Druck zu unkontrollierten Wutausbrüchen, von denen wir in der Gruppe nicht genau wußten, wie real sie wirklich waren.

Hatte er sich aber zu aggressiven Handlungen hinreißen lassen, und verstärkte sich wieder der Teufelskreis von schuldig und im Unrecht sein und Unterlegenheitsgefühlen. Subjektiv erlebte er das so: entweder ich bleibe der Schwächling, als den ich mich so sehr verachte, damit stabilisiere ich wenigstens meine Schwester; oder ich werde „ich selbst", dann muß ich mich gegen Ungerechtigkeiten auch wehren, aber dann bin ich von dem Verlust der geliebten Schwester (oder anderer Personen) bedroht...

In den Gruppensitzungen bemühen wir uns, diese für ihn jeweils neuen und immer aktuell verletzenden Erfahrungen auf den jeweiligen Anlaß hin zu klären. In dem Wust seiner Schilderungen und unter dem Druck seiner heftig erregten Emotionen dauert es manchmal lange, bis er verständlich für uns wird. Dabei ist es für ihn besonders wichtig, daß wir das Ausmaß seiner Anstrengungen verstehen und anerkennen und seine Angst akzeptieren, daß er in keiner Weise die Schwester und deren Stabilität gefährden möchte. Die Schwester muß also immer wieder als Partnerin seines außerordentlich unbeständigen Gleichgewichts einbezogen werden, und nur wenn wir die Bemühungen und Mißverständnisse beider Seiten ausreichend verstehen, wird er offen und frei, um nach Lösungswegen suchen zu können.

Immerhin hat dieser Patient im Laufe der Zeit eine eigene Wohnung bezogen, hat die Voraussetzung geschaffen, um auch andere Kontakte zu finden und hat die nötige Entfernung, um sich die mögliche Nähe und Distanz zu der Schwester herzustellen.

Lange Zeit vor Ausbruch einer Krankheit hat die ganze Familie an den Mißverständnissen mitgetragen, jeder hat auf seine Weise die Ohnmacht gespürt und unter der Unfähigkeit gelitten, darüber reden zu können.

Zum Schluß

Im Vordergrund standen oft bei der ersten Begegnung mit uns die massiven Schuldgefühle, die folgende typische Verhaltensweisen begünstigt hatten:

- sich untereinander (über-)fordernd und entwertend zu verhalten;
- sich überfürsorglich und betulich zu geben und damit zu entmündigen;
- seine eigenen Bedürfnisse zu vergessen, um sich aufopfernd zu verleugnen, gleichzeitig Schuldgefühle zu produzieren;
- die ungeliebten Anteile von sich selbst im anderen heftig zu bekämpfen;
- ständig zwischen sehr extremen, unvereinbaren Gefühlen hin- und hergerissen zu sein, damit aber unberechenbar und beängstigend für andere zu werden;
- den Wunsch nach Nähe hinter einer Fassade von Undurchdringlichkeit zu verstecken oder, und das ist die andere Seite der gleichen Medaille, dem anderen keinen eigenen Freiraum mehr zu lassen aus Angst, verlassen zu werden.

Es ist *eine* Möglichkeit, aus dieser familiären Isolierzelle herauszufinden, zu entdecken, daß andere unter ähnlichen Ängsten, Unsicherheiten und Schuldgefühlen leiden, wenn man die Betroffenen zu einer gemeinsamen Gruppenarbeit zusammenschließt. Der Zugang zueinander wird durch die Gemeinsamkeiten der Vor-Erfahrungen und Verletzungen erleichtert, dies gilt für Patienten ebenso wie für Angehörigengruppen.

Angehörigengruppen am Sozialpsychiatrischen Dienst
— *Beispiel Bochum*

Kay Baumann-Meinhardt/Marita Kind

Der Sozialpsychiatrische Dienst (SpD) der Stadt Bochum bietet seit 1983 Gruppen für Angehörige psychisch Kranker/Behinderter an mit dem Ziel, Angehörigen-Selbsthilfegruppen aufzubauen.

Dieser Bericht will die Konzeption der Angehörigengruppenarbeit darstellen, wie sie von uns für diesen ambulanten Dienst entwickelt worden ist. Da der institutionelle Rahmen und andere Rahmenbedingungen in unser Konzept einfließen, stellen wir eingangs den SpD und seine Aufgaben vor und erläutern, welche Gründe Anstoß zur Gruppenarbeit mit Angehörigen gegegen haben.

Der Sozialpsychiatrische Dienst und seine Aufgaben

Der SpD, in dem wir als Sozialarbeiterinnen seit 1980 bzw. '82 arbeiten, ist noch recht jung. Er entwickelte sich aus der psychiatrischen Fürsorge am Gesundheitsamt, die in der Hauptsache von einem Nervenarzt und zwei Sozialarbeiterinnen geleitet worden war.

In den Jahren 1981 bis '82 entstanden die beiden städtischen Beratungsstellen Bochum-Mitte und Bochum-Wattenscheid, getragen vom Gesundheitsamt. Die Beratungsstelle Langendreer unter der Trägerschaft des Familien- und Krankenpflege e.V. erhielt 1982 bzw. '84 aufgrund einer Vereinbarung mit der Stadt den Auftrag, in den Stadtbezirken Ost und Nord die Aufgaben nach dem Psych KG wahrzunehmen.

Der Sozialpsychiatrische Dienst der Stadt Bochum besteht aus drei Psychosozialen Kontakt- und Beratungsstellen: Bochum-Mitte am Gesundheitsamt zuständig für ca. 160.000 Bürger, Bochum-Wattenscheid am Gesundheitsamt zuständig für ca. 140.000 Bürger und Bochum-Langendreer des Familien- und Krankenpflege e.V. zuständig für ca. 100.000 Bürger.

Es werden in einem Jahr durchschnittlich 1.200 psychisch kranke/behinderte Bochumer Bürger betreut.

In jeder Beratungsstelle arbeitet ein multiprofessionelles Team, damit die speziellen Fähigkeiten, Kenntnisse und Erfahrungen der Vertreter verschiedener Berufsgruppen in die Arbeit einfließen können. Insgesamt hat der Sozialpsychiatrische Dienst 24 Mitarbeiter: Ärzte, Sozialarbeiter bzw. Sozialpädagogen, Psychologen, Krankenschwestern, Verwaltungskräfte und Arzthelferinnen. Die Idealvorstellungen von einem multiprofessionellen Team sind in den drei Beratungsstellen allerdings noch unterschiedlich realisiert.

Der SpD arbeitet eng mit dem Zentrum für Psychiatrie (örtliches psychiatrisches Landeskrankenhaus) und dem Martin-Luther-Krankenhaus (Psychiatrische Abteilung im Allgemeinkrankenhaus) zusammen. Es gibt Kooperationsverträge zwischen der Stadt und den genannten Kliniken, nach denen jeweils Klinikärzte (in der Ausbildung zum Facharzt) für mindestens ein halbes Jahr in den SpD entsandt werden. In dieser Zeit sind sie vom Dienst in ihrem Krankenhaus teilweise freigestellt.

Das Psych KG NW weist den Städten und Kreisen die Aufgabe zu, psychisch kranken/behinderten Bürgern ambulante vorsorgende und nachgehende Hilfe anzubieten. Die Stadt Bochum hat diese Aufgabe dem SpD übertragen, der Teil der städtischen Gesundheitsversorgung ist. Besondere Merkmale der Arbeitsweise des Sozialpsychiatrischen Dienstes sind neben multiprofessioneller Teamarbeit, mobilnachgehende bzw. langfristig, aufsuchende Betreuung, familienbezogene Arbeitsweisen, klientengerechte Gruppenarbeit und eine enge Kooperation mit anderen helfenden Stellen.

Zielgruppen sind insbesondere Menschen mit psychotischen Erkrankungen, psychischen Alterskrankheiten, Suchtkrankheiten und besonders schwer verlaufenden Persönlichkeitsstörungen — und deren Angehörige. Dem genannten Personenkreis ist der SpD vordringlich dann verpflichtet, wenn die Angebote anderer Stellen der psychosozialen Versorgung nicht ausreichen oder vom Klientel nicht oder noch nicht genutzt werden können (z.B. bei sozialer Entwurzelung, starker Verwahrlosung, mangelndem Hilfesuchverhalten). Als Aufgaben sind vor allem zu nennen:

- Vor- und Nachsorge nach stationärer Behandlung unter Herstellung einer Betreuungskontinuität mit den Möglichkeiten eines mobilen Teams
- Langfristige Begleitung der Klienten und ihrer Familien als rehabilitative Hilfe (z.B. betreutes Wohnen)
- Gruppenarbeit mit Klienten, soweit dies über die vorhandenen Angebote hinaus erforderlich ist; Unterstützung von Patientenclubs und Selbsthilfegruppen
- Angehörigenarbeit in Form von geschlossenen Gruppen und Unterstützung von Angehörigen-Selbsthilfegruppen
- Krisenintervention in Notzeiten
- Psychiatrische Pflege bei akut kranken Patienten um den Krankenhausaufenthalt auf diese Weise zu verkürzen bzw. zu vermeiden
- Sozialpsychiatrische Beratung medizinischer, psychologischer, sozialer und administrativer Dienste und
- Begutachtung in Fragen des Sozial-, Zivil- und Strafrechts.

Hilfe für Angehörige

In unserer praktischen Arbeit treten Angehörige psychisch Kranker/Behinderter hauptsächlich als „Veranlasser" einer Betreuung in Erscheinung, d.h. sie machen uns auf die Notlage ihres Familienmitgliedes aufmerksam. Einige Zahlen aus dem Jahr 1986 mögen die Situation verdeutlichen. Während der Klient selbst in 17% der Fälle die Betreuung veranlaßte, waren Angehörige oder Freunde bei 26% Veranlasser. Nachbarn, Vermieter, Arbeitsstelle waren es bei 9%, Vormund oder Pfleger bei 2%, soziale und psychologische Dienste bei 3%. Niedergelassene Ärzte veranlaßten 5% der Betreuungen, Krankenhäuser 13%, Sozial- und Gesundheitsverwaltung der Stadt

10%, andere städtische Ämter 4%, das Vormundschaftsgericht 4% und andere Behörden 7%.

In Erstgesprächen stellen Angehörige die Hilfsbedürftigkeit des Kranken/Behinderten in den Vordergrund. Sie erwarten in dieser Situation Hilfe für ihr Familienmitglied, nicht für sich selbst. In der Rolle des hilfsbedürftigen Klienten sehen sich Angehörige auch dann nicht, wenn sie physisch und psychisch völlig erschöpft sind.

Der SpD betreut den einzelnen psychisch Kranken/Behinderten zum Teil jahrelang. Dabei bringt ihn die mobil-aufsuchende Arbeitsweise fast zwangsläufig immer wieder in Kontakt mit der Familie und mit dem Erleben der Angehörigen, kurz mit der familiären Situation. Die familiäre Situation wird unter anderen Perspektiven erlebt als dies vom Schreibtisch des Sprechzimmers oder von einer Krankenhausstation her möglich ist. Denn in seiner vertrauten Umgebung zeigt sich der Kranke/Behinderte häufig in einem anderen Licht. Es wird deutlich, daß die Familie weitere Mitglieder hat, unter Umständen mit eigenen Problemen und Schwierigkeiten. Vieles, was isoliert betrachtet unverständlich, unklar oder auch ärgerlich erschien, kann unter Berücksichtigung familiärer Zusammenhänge andere Bewertungen erfahren. Schließlich tritt die besondere Situation von Angehörigen zutage, wird verstehbar und nachvollziehbar: Angehörige haben oft weder in ihrer Familie noch außerhalb Möglichkeiten, sich auszusprechen. Sie sind mit ihrer Angst vor der vermeintlichen oder tatsächlichen Unberechenbarkeit des psychisch Kranken/Behinderten allein und ihrer Sorge, wie es weitergehen könnte. Gefühle der Ohnmacht und Ausweglosigkeit, von Schuld, Alleingelassensein, Ärger und Zorn werden alleine getragen. Häufig sind es auch eigene Schamgefühle und Befürchtungen, das kranke Familienmitglied könne sich auffällig oder negativ verhalten, die dazu führen, Probleme nach außen hin zu verheimlichen oder zu bagatellisieren. Folge ist oft, daß vormals stützende, hilfreiche mitmenschliche Beziehungen veröden bis hin zur völligen Isolation.

Viele Angehörige verharren in dieser leidvollen Situation, weil es ihnen an Hoffnung, Kraft und Unterstützung fehlt, etwas zu verändern. Allgegenwärtige Verantwortungsgefühle verhindern häufig die notwendige Abgrenzung gegenüber dem psychisch Kranken/Behinderten, die zu einer Entspannung der familiären Situation beitragen könnte. Resignative Haltungen bei Angehörigen werden nicht selten durch Unverständnis oder Vorurteile der Umwelt psychischer Erkrankung gegenüber verstärkt und durch Erfahrungen, auch von Fachleuten allein gelassen worden zu sein mit Fragen und Problemen.

Alleingelassen fühlen sich viele Angehörige auch noch in anderer Hinsicht: Die sozialrechtliche Stellung des psychisch Kranken ist unklar und ungesichert, im Gegensatz zu der des körperlich und geistig Behinderten. Die entsprechenden gesetzlichen Bestimmungen über Leistungsansprüche, Kostenträger u.ä. sind unübersichtlich und deshalb dazu angetan, bei Angehörigen Existenzängste zu begründen und zu aktualisieren.

In der ambulanten Arbeit „vor Ort" wird das Leid der Angehörigen unübersehbar. Manche bewegen sich selbst am Rand psychischer Dekompensation. Andererseits wirkt sich das angespannte Klima der Familie ungünstig auf den Verlauf psychischer Erkrankungen aus.

Mit dem Verständnis gesamtfamiliärer Zusammenhänge wird deutlich, daß Angehörige ihre eigene Hilfsbedürftigkeit haben, daß diese anders, jedoch nicht weniger ernst zu nehmen ist als die des psychisch Kranken/Behinderten. Deshalb müssen Angehörige ebenso wie ihre psychisch kranken Familienmitglieder die ihrer besonderen Situation angemessene Hilfe durch den SpD erhalten. In Bochum bietet der SpD Angehörigen psychisch Kranker/Behinderter Hilfen in Form von Einzelberatung und Familienbetreuung an; seit 1983 auch in Form von Angehörigengruppen.

Unser Weg zum eigenen Kontakt

Als wir 1982 über Hilfsmöglichkeiten für die Angehörigen psychisch Kranker/Behinderter nachdachten, war lediglich zweierlei klar: Angehörige bedürfen aufgrund ihrer besonderen Situation der Unterstützung und Hilfe durch psychiatrisch Tätige und das Psych KG sieht sowohl Hilfen für psychisch Kranke/Behinderte als auch deren Angehörige vor.

Praktisch erlebbare Vorbilder für eine systematische Angehörigenarbeit fanden wir keine. Wir kannten Berichte in der Fachliteratur und von Mitarbeitern, die in einer psychiatrischen Klinik mit Angehörigengruppen arbeiteten. Auch in Gesprächen mit Klinikmitarbeitern fanden wir die Ansicht bestätigt, daß Angehörige hilfsbedürftig sind. Die vorliegenden Beispiele für Angehörigengruppenarbeit waren jedoch überwiegend auf stationäre Verhältnisse zugeschnitten. Sie ließen sich nur bedingt auf die Situtation eines ambulanten Dienstes übertragen, weil ihnen zumeist das Verständnis vorübergehenden Krankseins von Patienten und vorübergehender Betreuungsbedürftigkeit von Angehörigen zugrunde liegt. Unser Bild von Angehörigen und ihren kranken Familienmitgliedern wird in einem weitaus größeren Ausmaß davon geprägt, daß wir sie über lange Zeiträume hinweg in ihrer Umgebung zu Hause erleben und daß wir wahrnehmen können, wie sehr das Befinden der Angehörigen im Zusammenhang steht mit dem des psychisch Kranken/Behinderten.

Wir sahen uns daher vor die Aufgabe gestellt, für unsere ambulante Arbeit mit Angehörigen eine eigene Konzeption zu entwickeln. Wir planten, die bereits bestehenden Hilfen für Angehörige — Einzelberatung und Familienbetreuung — durch das Angebot von Aussprachemöglichkeiten in Gruppen zu vervollständigen. Mit dem Gruppenangebot wollten wir einen ersten sinnfälligen Beitrag dazu leisten, Angehörigen aus ihrer Isolation herauszuhelfen. Ferner gingen wir davon aus, daß Angehörigen Aussprache und Entlastung nur in einer Gruppe ähnlich Betroffener möglich sein würde.

Es war uns bewußt, daß Aussprachegelegenheiten für Angehörige in Gruppen nicht nur regelmäßig, sondern auch kontinuierlich angeboten werden müssen: Angehörige benötigen nicht nur zum Zeitpunkt einer akuten psychischen Krise ihres Familienmitgliedes Unterstützung, sondern so lange, wie sie diesem Familienmitglied ein Zuhause geben bzw. so lange, wie sie sich für den psychisch Kranken/Behinderten verantwortlich fühlen.

Unsere Überlegungen, wie sich kontinuierliche Aussprachemöglichkeiten (mit unseren begrenzten personellen Möglichkeiten) realisieren lassen, führten zu dem Schluß, in jeder Gruppe für Angehörige von Anfang an zwei Absichten/Grobziele gleichwertig zu verfolgen: Dem einzelnen Teilnehmer zu helfen und Hilfestellung beim Aufbau einer Selbsthilfegruppe zu leisten.

Hilfe für den einzelnen Teilnehmer ist immer Hilfe zur Selbsthilfe; denn Aussprache, Entlastung, Ermutigung, Stütze, Information u.ä. dienen der Weckung und Förderung des Selbsthilfepotentials von Angehörigen. Den Teilnehmern zu helfen, eine Selbsthilfegruppe aufzubauen, ist der vom SpD leistbare Beitrag dazu, Angehörigen dauerhafte Aussprachemöglichkeit zu verschaffen. Denn nur Selbsthilfegruppen ist es möglich, die erforderliche Kontinuität zu gewährleisten.

Die Bündelung der bisherigen Ergebnisse ergab die Notwendigkeit, Angehörigengruppenarbeit dreiphasig zu sehen und jeder der drei Phasen eigene Zielsetzungen zuzuordnen:
Motivationsphase: Vorphase, in der Angehörige zur Teilnahme an der Gruppe gewonnen werden.
Geleitete Phase: Phase, in der wir Angehörigen ein befristetes Gruppenangebot über mindestens 12 Abende machen.
Phase der Begleitung von Angehörigen-Selbsthilfegruppen: Phase der anfangs stärkeren, später abnehmenden Begleitung von Selbsthilfegruppen.
Die einzelnen Phasen werden wir in den nachfolgenden Kapiteln ausführlich beschreiben.

Um der Vielzahl auf uns zukommender Aufgaben gerecht werden zu können, planten wir, in die Angehörigengruppenarbeit Elemente der sozialen Gruppenarbeit und Erwachsenenbildung ebenso einzubauen, wie solche der Familienbetreuung, Krisenintervention und professionellen Begleitung von Selbsthilfegruppen. Angehörigengruppenarbeit in dieser Form stellt unseres Erachtens ein notwendiges Angebot speziell für die Angehörigen psychisch Kranker/Behinderter dar, das keine andere Betreuungsform ersetzt. Das Angebot stellt deshalb eine adäquate Hilfe dar, weil es geeignet ist, der besonderen Situation von Angehörigen Rechnung zu tragen.

Vorbereitungen

Institutionelle und personelle Voraussetzungen

Wir haben 1982 geplant, reihum in jeder Beratungsstelle des SpD eine Angehörigengruppe anzubieten. Nach einem derartigen Durchlauf, dessen Dauer wir auf circa drei Jahre einschätzten, sollte Angehörigengruppenarbeit selbstverständlicher Bestandteil der Arbeit des SpD sein. Der Wechsel von Beratungsstelle zu Beratungsstelle verfolgte das Ziel, unser Konzept innerhalb des Sozialpsychiatrischen Dienstes bekannt zu machen.

Weiterhin haben wir den Teilnehmern Ortsnähe anbieten wollen, um ihnen Gelegenheit zu geben, die für sie zuständige Beratungsstelle und den Sozialpsychiatrischen Dienst kennenzulernen, um so mögliche Vorurteile psychiatrischen Institutionen gegenüber abbauen zu können.

Im ambulanten Bereich halten wir es für erforderlich, daß zwei Mitarbeiter gemeinsam eine Gruppe betreuen. Außerdem hat sich bewährt, wenn Gruppenleiter außer Erfahrung in der Psychiatrie auch solche mit familien- und gruppenbezogenen Arbeitsweisen mitbringen.

Gemeinsame Leitung bietet in der ambulanten Arbeit nur Vorteile:

- Es besteht die Möglichkeit zu gegenseitiger Supervision und Entlastung.
- Gemeinsame Vor- und Nachbereitung sowie gemeinsame Betreuung der Gruppen in allen Phasen ermöglichen den beträchtlichen Arbeitsaufwand zu teilen.
- Ausfallzeiten durch Urlaub oder Krankheit können verhindert, Kontinuität und Verläßlichkeit gewährleistet werden.

Zur Auswahl der Teilnehmer

(Der Sozialpsychiatrische Dienst arbeitet mit Erwachsenen. Wenn im folgenden von „Kindern" die Rede ist, meinen wir das

Verwandtschaftsverhältnis, z.B. den 30 Jahre alten Sohn in seinem Verhältnis zu seinem 58-jährigen Vater.

Zu den Gruppen laden wir folgende Angehörige ein:

- Angehörige, die Familienmitglieder mit psychotischen Erkrankungen haben. Wir berücksichtigen sowohl Ersterkrankungen als auch chronifizierte Verläufe.
- Angehörige in besonders belastenden Situationen (z.B. Angehörige mit zwei psychisch kranken Kindern, alleinstehende Angehörige).
- Angehörige mit behandlungsunwilligen psychisch kranken Kindern oder Partner.
- Angehörige, die wir bisher nicht kennen, weil ausschließlich Kontakte zum psychisch Kranken/Behinderten bestehen.
- Hilfesuchende Angehörige, deren psychisch kranke oder behinderte Familienmitglieder uns oder dem Sozialpsychiatrischen Dienst noch nicht bekannt sind.

Angehörige, bei deren Familienmitgliedern die Suchterkrankung im Vordergrund steht, verweisen wir an die bestehenden Angehörigengruppen der Abstinenzverbände. Das Gruppenangebot gilt für Angehörige, die ihren Wohnsitz in Bochum haben und für Angehörige, deren Familienmitglieder in Bochum wohnen oder in einer Bochumer Einrichtung behandelt werden.

Öffentlichkeitsarbeit

Als wir 1983 die erste Gruppe für Angehörige angeboten haben, war dies nicht nur für uns neu. In Bochum gab es bis dahin für diesen Personenkreis kein Angebot. Wir haben daher von Anfang an das Gruppenangebot für alle Angehörigen offengehalten, auch wenn sich deren kranke/behinderte Familienmitglieder gerade in stationärer oder ambulanter Behandlung (außerhalb des SpD befinden).

Psychiatrische Institutionen und andere Stellen der psychosozialen Versorgung (psychiatrische Kliniken, niedergelassene Ärzte, psychologische Beratungsstellen, Jugendamt, Sozialdienste der Krankenkassen u.a.) werden über den Beginn jeder neuen Angehörigengruppe telefonisch und schriftlich informiert. In Gesprächen mit den dortigen Mitarbeitern und durch Referate haben wir auf die besondere Situation von Angehörigen hingewiesen. Notizen in der Tagespresse dienen dem Ziel, in der Öffentlichkeit Verständnis für die Angehörigen psychisch Kranker/Behinderter zu wecken.

Die Motivationsphase

Ziele dieser Phase sind, in die isolierte Situation von Angehörigen vorzudringen und sie zur Teilnahme an der Gruppe zu motivieren. Die Angehörigen werden dazu von uns persönlich angeschrieben. Das Anschreiben enthält mit der Einladung eine Kurzinformation über den Zweck der geplanten Gruppe und eine Übersicht über die Termine der vorgesehenen Abende. Letzteres soll potentiellen Teilnehmern die zeitlich Begrenztheit bereits optisch vorführen und mit dazu beitragen, sie zur Gruppenteilnahme zu ermutigen. Zusätzlich werden den künftigen Teilnehmern ein bis zwei Hausbesuche oder Einzelgespräche in der Beratungsstelle angeboten, bei denen die bevorstehende Gruppe Thema ist. Hausbesuche oder Einzelgespräche verteilen sich auf alle Mitarbeiter der jeweiligen Beratungsstelle.

Weiterhin wird in Form von Anschreiben an psychiatrische Institutionen und andere Stellen der psychosozialen Versorgung auf die bald stattfindende Angehörigengruppe aufmerksam gemacht. Wir gestalten die äußere Form der Anschreiben so, daß sie in der jeweiligen Einrichtung als Aushang dienen kann. Es hat sich als sinnvoll erwiesen, derartige Aushänge nicht einfach an die Einrichtung zu schicken, sondern jeweils persönlich an einen oder mehrere dortige Ansprechpartner. Eine Notiz in der Tagespresse kurz vor Beginn der Gruppe motiviert nur einzelne Angehörige (isolierte Situation!), stellt aber eine Form von Öffentlichkeitsarbeit dar, indem auf die besondere Situation von Angehörigen psychisch Kranker/Behinderter hingewiesen wird.

Dieser relativ hohe zeitliche und persönliche Aufwand hat sich als unbedingt notwendig erwiesen, weil es sonst nicht gelingt, die in den meisten Fällen völlig zurückgezogen lebenden Angehörigen zu erreichen. Angehörige sind oftmals so mutlos und belastet, daß sie das Angebot einer Gruppe als neuerlich Belastung abtun und sich von einer schriftlichen Einladung allein nicht zur Teilnahme an der Gruppe gewinnen lassen.

In der Motivationsphase erwarten Angehörige, über die bevorstehende Gruppe Kontakte zu psychiatrischen Fachleuten zu bekommen, hauptsächlich zu Ärzten. Sie erhoffen sich Hinweise für den Umgang mit ihren psychisch kranken/behinderten Kindern oder Partnern, über Diagnosen, Medikamente und Therapiemöglichkeiten. Um zum Gruppenbesuch zu motivieren, ist es wichtig, derartige Wünsche zu verstehen und in geeigneter Weise darauf einzugehen.

Letzten Ausschlag gibt, Angehörigen Annahme und Verständnis entgegenzubringen und ihnen deutlich zu machen, daß psychiatrisch Tätige während der Gruppe Zeit für sie haben und sie in den Mittelpunkt ihres Interesses stellen werden.

Die geleitete Phase

Ziele und Methoden

Unter einer geleiteten Methode verstehen wir ein befristetes Gruppenangebot des SpD für die Angehörigen psychisch Kranker/Behinderter mit zwei gleichwertigen Zielsetzungen:

- Angehörige psychisch Kranker/Behinderter können sich in einer Gruppe über ihre Erfahrungen mit und über ihr Erleben der psychischen Erkrankungen/Behinderung eines oder mehrerer Familienmitglieder austauschen und sich von Schuld, Angst, Alleingelassensein und Perspektivelosigkeit allmählich freisprechen. Nur dadurch wird es Angehörigen möglich, trotz der Belastungen durch die psychische Erkrankung/Behinderung, eigene Interessen und Bedürfnisse wieder wahrzunehmen, d.h. etwas für sich zu tun.
- Angehörige werden angeregt, sich auf ihre Selbsthilfefähigkeiten zu besinnen. Sie werden bei dem Aufbau einer Selbsthilfegruppe im Anschluß an die geleitete Phase unterstützt.

keiten zu besinnen. Sie werden bei dem Aufbau einer Selbsthilfegruppe im Anschluß an die geleitete Phase unterstützt.

Die Verfolgung beider Zielsetzungen geschieht durch Beratung, Vermittlung von Informationen und mit Hilfe eines leiter- und themenzentrierten, stark strukturierten Gruppenangebots.

Fachliche Beratung von Angehörigen in Gruppen besteht zu einem großen Teil darin, familiäre Gegebenheiten, wie z.B. das „Klima" einer Familie, in die Beratung einzubeziehen. Dies geschieht mit der Absicht, wenn möglich, Einfluß auf ungünstige Beziehungs- oder Kommunikationsmuster zu nehmen, um Familienmitgliedern zu ermöglichen, sich gegenseitig anzunehmen, zu akzeptieren oder auch in geeigneter Weise voneinander abzugrenzen oder zu lösen. Weiterhin umfaßt Beratung in Gruppen die Entwicklung geeigneter Hilfen und Perspektiven für Angehörige ebenso wie für ihre psychisch kranken/behinderten Familienmitglieder. Ein wesentlicher Gesichtspunkt für Beratung in Gruppen ist nicht zuletzt, Angehörigen eine befriedigende Form der Zusammenarbeit mit dem SpD und anderen Institutionen der psychosozialen Versorgung zu ermöglichen.

In der geleiteten Phase arbeiten wir leiter- und themenkonzentriert, mit klaren Vorgaben zum Verlauf eines Gruppenabends. Diese drei Aspekte unserer Gruppenführung haben sich als notwendig erwiesen, um einerseits dem einzelnen Teilnehmer und seinen Problemen gerecht zu werden und andererseits die Selbsthilfefähigkeiten der Gruppe zu fördern.

Themenzentriertes Arbeiten ermöglicht, auf den jeweiligen Stand und die Befindlichkeit der Teilnehmer einzugehen und solche Themen anzubieten, die die verschiedenen Aspekte der Situation des Angehörigen berücksichtigen.

In der Hilfe für den Einzelnen bevorzugen wir stützende, wenige aufdeckende Verfahren, indem wir beispielsweise Stärken und Fähigkeiten der Teilnehmer herausarbeiten und bekräftigen. Gemeinsam mit jedem Teilnehmer suchen wir nach für ihn geeigneten Entlastungsmöglichkeiten. Erst wenn bei Teilnehmern ein höherer Belastungsgrad erreicht ist, konfrontieren wir auch oder spiegeln Angehörigen ihre eigene Situation wider. Die Bevorzugung stützender und entlastender Verfahren trägt der Erfahrung Rechnung, daß die meisten Angehörigen zu Beginn einer Gruppe zu erschöpft, mutlos, belastet und schuldbeladen sind, um weitere Belastungen in der Gruppe auf sich nehmen zu können.

Unsere Entscheidung, leiterzentriert und stark strukturierend zu arbeiten, wird hauptsächlich von dem Gedanken an die Verselbständigung der Gruppe nach der geleiteten Phase bestimmt. Immer wiederkehrende Strukturelemente verhelfen Angehörigen dazu, mit der ihnen ungewohnten Gruppensituation vertraut zu werden. Durchschaubarkeit und Verläßlichkeit geben den Teilnehmern Sicherheit und ermutigen sie, die zeitlich begrenzte Aussprachemöglichkeit in der Gruppe für sich zu nutzen und somit aus ihrer Isolation herauszutreten. Die Erfahrung, in der Gruppe verstanden, unterstützt und entlastet zu werden, läßt die Bereitschaft wachsen, sich auf Dauer dieser Gruppe anzuschließen. Als Beispiel für die stark strukturierende Arbeitsweise mag die zeitliche Befristung des Gruppenangebots ebenso stehen, wie die in der Regel immer gleiche Aufteilung des Gruppenabends in gleiche Abschnitte.

Wir arbeiten leiterzentriert, um den Gruppenteilnehmern die Art und Bedeutung der Aufgaben eines Leiters erfahrbar zu machen und um sie zu motivieren, sich für die Selbsthilfephase einen Sprecher oder ein Sprecherehepaar zu wählen. Wir ermöglichen somit Lernen am Modell.

Besondere Aufgaben der Leiter in der geleiteten Phase

Neben der Vor- und Nachbereitung der Gruppenabende, der Gruppenleitung selbst und den Vorbereitungen für die Selbsthilfegruppe umfaßt die Betreuung von Angehörigengruppen aus unserer Sicht die folgenden zusätzlichen Aufgaben:

- Um in Angehörigengruppen eine geeignete Beratung anbieten zu können, muß uns die Situation der Familie und die Problemsicht der Familienangehörigen bekannt sein.
- Geeignete Informationen erhalten wir aus Krankengeschichten des Sozialpsychiatrischen Dienstes, ggf. anderer Einrichtungen, vor allem jedoch durch die Schilderung der An-

gehörigen. In Einzelfällen reichen die vorliegenden Informationen nicht aus, um uns ein Bild von der Situation der Familie oder Lage des psychisch Kranken/Behinderten machen zu können. In diesen Fällen führen wir Hausbesuche mit Familiengesprächen durch oder sprechen mit dem psychisch Kranken/Behinderten alleine.

- Durch die Angehörigengruppe können wir Kenntnis von der Betreuungsbedürftigkeit von psychisch Kranken/Behinderten erhalten. Wir sehen es als unsere Aufgabe an, ambulante, stationäre oder rehabilitative Behandlung bzw. Hilfen zu vermitteln.
- Wenn die Betreuungsbedürftigkeit von Angehörigen über die Möglichkeiten der Angehörigengruppe hinausgeht, bieten wir Einzel- oder Familiengespräche an oder ermutigen die Teilnehmer, die Therapieangebote geeigneter Einrichtungen in Anspruch zu nehmen.

Der Verlauf eines Gruppenabends

Die Gruppen werden alle 14 Tage über einen Zeitraum von 12 Abenden angeboten. Jeder Abend dauert maximal zwei Stunden. Damit auch berufstätige Angehörige teilnehmen können, beginnen wir in der Regel frühestens um 18.00 Uhr. Die Gruppe sollte nicht mehr als 15 und nicht weniger als 10 Teilnehmer haben.

Jeder Gruppenabend wird von uns ausführlich besprochen. Ferner halten wir sowohl die vorbereitenden Überlegungen als auch den Gruppenverlauf schriftlich fest. Diese ausführliche Vor- und Nachbereitung dient der Planung, der gegenseitigen Supervision und einer genauen Aufgabenverteilung mit wechselnder Verantwortung für die einzelnen Abschnitte.

Ein Gruppenabend gliedert sich in die Abschnitte Begrüßung; Ansprechen ggf. Diskussion organisatorischer Punkte; themenzentriertes Arbeiten; Fortführung nach der Pause; Pause; Abschlußrunde.

Bei der Begrüßung weisen wir daraufhin, beim wievielten Abend wir angelangt sind, um die Teilnehmer in das zeitlich begrenzte Angebot mit einzubeziehen. Neue Teilnehmer und

Gäste werden gesondert begrüßt. Es wird ihnen gesagt, wann sie an diesem Abend Gelegenheit haben werden, ihre Situation vorzustellen.

Nach der Begrüßung werden regelmäßig organisatorische Punkte angesprochen und diskutiert, damit sie Berücksichtigung erfahren und nicht in den inhaltlichen Teil des Abends einfließen. Gleichzeitig kann das Herbeiführen gemeinsamer Entscheidungen eingeübt werden:

- Anwesenheitslisten (diese dienen allen zum gegenseitigen Kennenlernen und uns zur Rekonstruktion des Gruppenverlaufs für die Vor- und Nachbereitung. Weiterhin bereiten Anwesenheitslisten die Erstellung einer Teilnehmerliste (Name, Wohnort, Telefon) vor. Mit Zustimmung der Teilnehmer wird diese Liste vervielfältigt und nach dem vierten Abend an alle verteilt, um Kontakte anzuregen.)
- Verschiebung der Gruppentermine (z.B. bei Schichtdienst der Angehörigen)
- Festlegung der Pause
- Rauchen in der Gruppe
- Welche Gäste geladen werden
- Wann und wo Stammtische stattfinden
- Hinweise/Informationen (z.B. über Veranstaltungen, über unseren Informationsstand (Fachliteratur), den wir etwa zum achten Abend einrichten)

Themenzentriertes Arbeiten ermöglicht den Gruppenleitern, in einem relativ kurzen Zeitraum viele für Angehörige relevante Inhalte anzubieten. Den Teilnehmern sollen die Themen dazu verhelfen, sich auszusprechen und verschiedene Aspekte ihrer Situation mit dem kranken/behinderten Familienmitglied wahrzunehmen und darzustellen.

Der Ablauf eines Gruppenabends ist natürlich nicht nur von dem einmal gewählten Thema abhängig, sondern richtet sich nach der aktuellen Befindlichkeit der Teilnehmer. Teilnehmer, deren Familienangehörige sich in einer akuten psychischen Krise befinden, werden von uns in den Mittelpunkt gestellt. Sie erhalten die Möglichkeit, sich unabhängig vom Thema auszusprechen. Die angesprochenen Themen wurden in Zusammenarbeit mit den Angehörigen entwickelt und finden, modifiziert, in jeder Gruppen Anwendung.

Eine Pause von zehn bis fünfzehn Minuten wäre in Anbetracht der maximal zweistündigen Dauer eines Gruppenabends nicht unbedingt erforderlich. Wir haben uns für die Einhaltung einer Pause entschieden, um den Teilnehmern Gelegenheit zu geben, einander auf anderer Ebene (ohne Leiter) kennenzulernen. Daher ziehen wir uns während der Pause zurück.

In der Abschlußrunde werden die Teilnehmer aufgefordert, etwas zu sich und ihrer eigenen Befindlichkeit zu sagen. Angehörige tun sich schwer, eigene Bedürfnisse wahrzunehmen, sie zum Ausdruck zu bringen und durchzusetzen. Mit der Abschlußrunde wollen wir dazu beitragen, daß Angehörige beginnen, ihre Befindlichkeit wieder wahrzunehmen. Deshalb achten wir darauf, daß die Teilnehmer in der Abschlußrunde wirklich „bei sich bleiben“ und „blocken“ alle anderen Beiträge ab. Wir reihen uns (als Modell) in die Abschlußrunde ein.

Abweichungen

Die Gruppenabende laufen im wesentlichen so ab, wie zuvor beschrieben. Eine Ausnahme stellen die Informations- und Stammtisch-Abende dar.

An Informationsabenden wird das themenzentrierte Arbeiten durch die Ausführungen eines Gastes und die daran anschließende Diskussion bzw. Fragerunde ersetzt. Zu Informationsabenden haben wir bisher eingeladen: Ärzte des Dienstes, Mitarbeiter des Sozial- und Arbeitsamtes, Mitglieder von Laienhilfeorganisationen und bereits zweimal den Sprecher einer Angehörigen-Selbsthilfegruppe.

Außer der Informationsvermittlung dienen diese Abende dazu, den Teilnehmern deutlich zu machen, daß Fachleute aus den verschiedenen Bereichen an Angehörigen und ihrer besonderen Situation interessiert sind. Gleichzeitig soll den Teilnehmern ein Modell aufgezeigt werden, wie ein Informationsabend gestaltet werden kann.

Die Anzahl der Informationsabende und die Entscheidung, zu welchem Thema ein Gast referieren soll, richtet sich nach dem Informationsstand und den Bedürfnissen der Teilnehmer. Das 12-Abende-Konzept enthält wenigstens zwei Informationsabende, zu denen jeweils der ärztliche Leiter des SpD und der Sprecher einer bestehenden Angehörigen-Selbsthilfegruppe eingeladen wird.

Stammtischabende sind Gruppenabende, an die ein Restaurantbesuch anschließt. Am achten Abend informieren wir die Teilnehmer, daß die anschließenden Restaurantbesuche Bestandteil der letzten vier Gruppenabende sein werden. Wir begründen unser Vorhaben und laden zu diesen „Stammtischen" ein.

Ziele für einzelne Teilnehmer und Ziele, die auf Selbsthilfe (in Angehörigen-Selbsthilfegruppen) ausgerichtet sind, gehen hier eine besonders enge Verbindung ein: Indem die Teilnehmer etwas Angenehmes, Entspannendes tun, können sie die Erfahrung machen, wie notwendig es ist, sich Zeit und Raum für eigene Bedürfnisse zu nehmen. Angehörige gewinnen zeitweilig Abstand von ihren Sorgen um das psychisch kranke/behinderte Familienmitglied und werden frei dafür, sich anderen Menschen und Themen zuzuwenden. Interessen, Fähigkeiten und Stärken kommen stärker zum Tragen und führen zu einer zeitweilig veränderten Wahrnehmung von sich selbst und anderen Teilnehmern. Kontakte werden intensiviert; die Gruppe wächst stärker zusammen; es ergeben sich erste Gelegenheiten zu gegenseitiger Hilfe (z.B. Fahrdienst).

Im Hinblick auf die künftige Selbsthilfegruppe stellt der Stammtisch eine Strukturvorgabe dar, mit der Angehörige Erfahrungen machen können, bevor die geleitete Phase zu Ende ist. Beim Stammtisch fungieren wir nicht als Leiter der Gruppe, sondern sind wie die Teilnehmer Gäste des Restaurants. Dies trägt zu einer allmählichen Lösung von uns bei und leitet über in die Phase der Begleitung von Selbsthilfegruppen.

Das Restaurant wird von uns sorgfältig ausgesucht. Falls kein anderer Raum zur Verfügung steht, kann sich hier die Angehörigen-Selbsthilfegruppe treffen, bis ein Raum ihrer Wahl gefunden ist.

Themen/Themenkreise

Der besseren Übersicht halber haben wir Themenkreise und Themen, mit denen wir bereits gearbeitet haben, aufgelistet. Dabei geben die Überschriften (Themenkreise) eine ungefähre Reihenfolge an. Die Stichworte in Klammern stellen Beispiele für Fragen, Interventionen bzw. Themen für Informationsgespräche in der Gruppe dar, die nicht notwendig nur an einer Stelle behandelt werden, sondern immer wieder auftauchen.

Wie beeinflußt die psychische Erkrankung/Behinderung die gesamte Familie?

Beispiele: Wer trägt Verantwortung? Wie äußert sich die psychische Krankheit/Behinderung? Wer beeinflußt wen? Welche Bedürfnisse, Wünsche haben psychisch Kranke? Welche Bedürfnisse, Wünsche haben alle anderen Familienmitglieder und die Teilnehmer? Wer leidet in der Familie und worunter? Welche Entlastungsmöglichkeiten haben Angehörige?

Krisen und Alltag

Beispiele: Was sind Krisen? Was löst Krisen aus? Wie bewältigen psychisch Kranke/Behinderte Krisen, was können Angehörige tun? Erfahrungen mit psychosozialen/psychiatrischen Institutionen; in welcher Weise belasten akute Krisen den Angehörigen? Wie belastet der Alltag mit psychisch Kranken/Behinderten den Angehörigen? Was sind Psychopharmaka? Soll oder muß man psychisch Kranken/Behinderten alle Wünsche erfüllen? Darf man konsequent handeln? Dürfen Angehörige Grenzen setzen? Was trauen Angehörige den Kranken/Behinderten zu, was trauen sie ihnen nicht zu? Erwartungen, Befürchtungen, Ängste, Hoffnungen und andere Gefühle, die meist unausgesprochen bleiben.

Was können Angehörige für sich tun?
Beispiele: Sich aussprechen, sich „ausklagen", über Schuldgefühle sprechen. Kann die Verantwortung und Fürsorge für den psychisch Kranken/Behinderten abgegeben oder in der Familie verteilt werden? Gibt es außerhalb der Familie Hilfsmöglichkeiten? Wie können sich Angehörige Freiräume für sich verschaffen. Was macht Angehörigen Freude? Urlaub und Freizeit für Angehörige, welche Realisationsmöglichkeiten kann es geben?

Arbeits- und Beschäftigungsmöglichkeiten für psychisch Kranke/Behinderte
Beispiele: Was sind gesunde und kranke Anteile? Welche Stärken, Fähigkeiten und Hobbies haben psychisch Kranke/Behinderte? Was macht der psychisch Kranke/Behinderte in seiner Freizeit? Beschäftigungsmöglichkeiten für psychisch Kranke/Behinderte in der Familie; Ausbildung, Umschulung, Arbeits- und Beschäftigungsmöglichkeiten.

Informationen durch uns und eingeladene Fachleute
Beispiele: Psychosoziale Versorgung in Bochum; Ursachen, Vererbbarkeit und Heilbarkeit von psychischer Krankheit; Umgang mit Psychopharmaka; Hilfen durch ambulante, teilstationäre und stationäre psychiatrische Einrichtungen; Informationen über Vormundschaft, Pflegschaft und Einweisung nach Psych KG; Finanzierung des Lebensunterhalts des Kranken/Behinderten; Unterhaltspflicht; Rehabilitationsmöglichkeiten für psychisch Kranke/Behinderte; Selbsthilfegruppen für Angehörige psychisch Kranker/Behinderter und psychosoziale Hilfsvereinigungen.

Gruppenstadien

1. - 4. Abend
Die ersten vier Abende einer Angehörigengruppe müssen die Bedürfnisse der Teilnehmer, sich auszusprechen und zu entlasten, in den Vordergrund stellen. Wir handhaben den Schlußpunkt der beiden ersten Gruppenabende flexibel, weil jeder

Teilnehmer viel Zeit benötigt, die Geschichte seines psychisch kranken/behinderten Angehörigen darzustellen. Wenn Ehepaare teilnehmen, achten wir darauf, daß jeder zu Wort kommt.

5. - 7. Abend
An den nächsten drei Abenden überwiegen Themen und Interventionen, die dem Bewußtwerden der eigenen Situation dienen, das Aussprechen und Umgehen mit Gefühlen ermöglichen und das gegenseitige Kennenlernen fördern.

8. - 12. Abend
Ab dem achten Abend, wenn sich die Teilnehmer in der Gruppe zu Hause fühlen und vertrauter miteinander sind, sehen wir Themen vor, die darauf abzielen, daß Angehörige etwas für sich selbst tun. Gleichzeitig bereiten wir auf die Lösung von uns und auf Selbsthilfe in Angehörigenselbsthilfegruppen vor. In diese Zeit fallen reine Informationsabende, zu denen Gäste von außen geladen werden. Im Anschluß an jeden der letzten vier Gruppenabende besuchen wir mit den Teilnehmern ein Restaurant, d.h. „wir üben Stammtisch ein". Mit der Wahl des Sprechers oder Sprecherehepaares am letzten Abend schließt die geleitete Phase ab.

Abweichungen von dem auf 12 Abende befristeten Gruppenangebot kann es geben, wenn die jeweilige Gruppe von mehr als 15 Teilnehmern besucht wird, wenn eine hohe Fluktuation an den einzelnen Gruppenabenden geherrscht hat oder der Grad der Selbsthilfefähigkeit noch wenig ausgeprägt erscheint. Letzteres läßt sich manchmal daran ablesen, daß Teilnehmer im fortgeschrittenen Gruppenstadium signalisieren, daß sie noch mehr Zeit benötigen, um sich in der geleiteten Phase über ihre Situation auszusprechen, z.B. auf Themenvorgaben nicht eingehen können. Auch wenn ein Großteil der Teilnehmer Informationsabende nicht für sich nutzen konnten, weil „immerfort anderes im Kopf herumging", kann das Anzeichen dafür sein, daß es für eine Selbsthilfegruppe noch zu früh ist. In diesem Fall entscheiden wir uns für eine Verlängerung des Gruppenangebots, je nach Lage, bis zu sechs Abenden.

Die Phase der Begleitung von Angehörigen-Selbsthilfegruppen

Die Zeit im Anschluß an die geleitete Phase haben wir die Phase der Begleitung von Angehörigen-Selbsthilfegruppen genannt. Angehörigen-Selbsthilfegruppen sind Aussprachegruppen für die Angehörigen psychisch Kranker/Behinderter, die nicht von psychiatrisch Tätigen geleitet werden.

In Bochum haben sich seit 1983 drei Angehörigen-Selbsthilfegruppen gebildet. Die Gründung aller drei Gruppen ist in der von uns vorgegebenen Form erfolgt.

Am letzten Abend der geleiteten Phase wählen die Angehörigen aus ihrem Kreis einen Sprecher oder ein Sprecherehepaar. Der Sprecher ist verantwortlich, einen geeigneten Raum zu finden und lädt die Mitglieder zur ersten Zusammenkunft der Selbsthilfegruppe ein. Es kann hilfreich sein, wenn sich die Gruppe zunächst einmal in einem Restaurant treffen kann, das sie durch den „Stammtisch" bereits kennt. In Anlehnung an die Erfahrungen aus dem Gruppenangebot gestaltet der Sprecher den Abend so, daß in einer freundlich angenehmen Atmosphäre die Aussprache über aktuelle Probleme und die Befindlichkeit der Mitglieder im Vordergrund steht. Ein Austausch über allgemein interessierende Informationen geht der Aussprucherunde voran.

Diese Form des Gesprächsabends haben alle Gruppen über den ersten Abend hinaus beibehalten. Wie in der geleiteten Phase treffen sich alle drei Gruppen 14-tägig.

Einmal in drei Monaten wird eine Informationsveranstaltung organisiert, zu der alle Bochumer Angehörigen-Selbsthilfegruppen und alle interessierten Angehörigen eingeladen werden. Zu den Informationsabenden werden Referenten geladen, die beispielsweise über die psychosoziale Versorgung in

Bochum, Arbeitsplätze für psychisch Kranke/Behinderte oder Betreutes Wohnen sprechen.

Jede Gruppe hat im Laufe der Zeit ihre eigene Tradition entwickelt. Zwei Gruppen sind sowohl der „Aktions Friedrich-Hölderlin" (psychosoziale Hilfsvereinigung in Bochum) als auch dem Bundesverband der Angehörigen psychisch Kranker/Behinderter beigetreten. Sie bilden eine Kreisgruppe des Bundesverbandes. Der Kreisgruppensprecher organisiert im Auftrage beider Gruppen die vierteljährlichen Informationsveranstaltungen, hält Verbindung zum Bundesverband und informiert über die Fortbildungsmöglichkeiten und Seminare des Bundesverbandes.

Beide Gruppen gleichen sich darin, daß ihre Mitglieder kontinuierlich an den Ausspracheabenden teilnehmen. Seit dem Ende der geleiteten Phase ist die Zusammensetzung der Gruppen fast gleich geblieben. Eine Gruppe konnte durch eigene Bemühungen vier neue Mitglieder hinzugewinnen. Unterschiede gibt es bezüglich der Ort ihrer Treffen: Eine Gruppe zieht einen Raum in einem Restaurant vor, der es ihr ermöglicht, im Anschluß an die Ausspracherunden bei Essen und Trinken gemütlich zusammenzusitzen. Als älteste Selbsthilfegruppe in Bochum hat sie im Sommer 1986 ihr 50. Treffen gefeiert. Der zweiten Gruppe war es wichtiger, sich einer Kirchengemeinde anzuschließen und sich in einem Gemeindehaus zu treffen.

Gruppe III (siehe Bericht S. 191 ff. in diesem Buch) war zu Beginn der Selbsthilfephase von einer hohen Fluktuation gekennzeichnet. Der Gruppensprecherin ist es durch Anschreiben an (dem Sozialpsychiatrischen Dienst bekannte) Angehörige gelungen, Mitgliederverluste nach und nach auszugleichen. Am Beispiel dieser Gruppe kann die Bedeutung eines geeigneten Raumes noch einmal aufgezeigt werden: Die Gruppe hat nun schon wiederholt die Erfahrung gemacht, in Restaurants unerwünscht zu sein.

Zu den Sprechern der Gruppe

Es hat sich als günstig erwiesen, wenn Gruppen ein Sprecherehepaar wählen. Wie in der geleiteten Phase zwei Mitarbeiter des Sozialpsychiatrischen Dienstes können sich hier beide Eheleute die Verantwortung und Aufgaben für die Gruppe teilen. Dies beugt Überlastung vor und trägt mit dazu bei, den vielfältigen Aufgaben (organisatorische, inhaltliche, solche in Bezug auf Kontakte zu Gruppenmitgliedern und nach draußen usw.) gerecht zu werden.

Zur Begleitung von Angehörigen-Selbsthilfegruppen

Mit dem Beginn der Selbsthilfegruppe geben wir die Leitung der Gruppe an den gewählten Sprecher ab. Unsere Aufgabe beschränkt sich auf eine anfangs stärkere, dann immer mehr abnehmende Begleitung der Gruppen.

Praktisch sieht das so aus, daß wir etwa ein halbes Jahr lang als Gäste abwechselnd die Treffen besuchen. Bei diesen Treffen reihen wir uns in die Aussprachерunde der Mitglieder ein, sprechen über unsere eigene gegenwärtige Befindlichkeit, geben Eindrücke wieder und Informationen weiter. Etwa nach Ablauf eines halben Jahres beschränken wir unsere Begleitung auf gelegentliche Einladungen zu besonderen Anlässen (z.B. Weihnachtsfeier, gemeinsame Veranstaltungen mit den Kranken/Behinderten, die Teilnahme an Informationsveranstaltungen und auf Gespräche mit den Sprechern/Sprecherehepaaren.

Den Sprechern möchten wir gesondert Aussprachemöglichkeiten über den Umgang mit Problemen der Gruppenmitglieder und den Umgang mit Konflikten innerhalb der Gruppe zur Verfügung stellen.

Weiterhin stellen wir Ansprechpartner für alle Mitglieder der Selbsthilfegruppe dar. Als Mitarbeiter des Sozialpsychiatrischen Dienstes bieten wir selbst oder durch Kollegen Krisenintervention sowie die Beratung und Betreuung der psychisch Kranken/Behinderten und ihrer Familien an.

Ausblick

Der Sozialpsychiatrische Dienst in Bochum hat seit 1983 fünf Angehörigengruppen initiiert, wovon sich drei zu Selbsthilfegruppen entwickelt haben. Angehörigengruppenarbeit in der beschriebenen Form wird mittlerweile nicht nur von uns geleistet, sondern auch von anderen Mitarbeitern des Sozialpsychiatrischen Dienstes, so daß in einer der drei Beratungsstellen ständig eine Gruppe für Angehörige psychisch Kranker/Behinderter angeboten wird.

Gelegentlich wird die Ansicht vertreten, Arbeit mit Angehörigen in Gruppen stelle eine zeitersparende Betreuungsform dar, weil es auf diese Weise möglich sei, viele Angehörige auf einmal zu erreichen. Wir möchten an dieser Stelle noch einmal darauf hinweisen, daß Angehörigengruppenarbeit ein zusätzliches, wegen der besonderen Situation von Angehörigen jedoch notwendiges Angebot ist. Einzelberatung von Angehörigen und Betreuung von Angehörigen in der Familie werden durch Angehörigengruppenarbeit nicht ersetzt; neben diesen beiden Betreuungsformen ist Angehörigengruppenarbeit die dritte Säule der Hilfe für diesen Personenkreis. Angehörige weisen zum Ende der geleiteten Phase häufig auf eine besondere Erfahrung in der Angehörigengruppe hin: sie selbst standen im Mittelpunkt und eben nicht das kranke/behinderte Familienmitglied. Angehörigengruppen sind kein weiteres Mittel zur Therapie von psychisch Kranken/Behinderten.

Die Angehörigengruppenarbeit des Sozialpsychiatrischen Dienstes wird, nach unseren bisherigen Erfahrungen, von den Angehörigen als geeignete Hilfe angenommen. Die Gruppenteilnehmer rektrutieren sich hauptsächlich aus den vom Sozialpsychiatrischen Dienst betreuten Familien (die meisten psychisch kranken/behinderten Familienmitglieder leben entweder zusammen mit den Teilnehmern oder in einer eigenen Wohnung in der Nachbarschaft). Teilnehmer sind vor allem Eltern, deren Kinder an Erkrankungen aus dem schizophrenen Formenkreis leiden; es überwiegen Teilnehmer, die Angehörige mit chronifizierten Krankheitsverläufen haben.

Ehepartner psychisch Kranker/Behinderter nutzen das Gruppenangebot nur dann, wenn es in der Gruppe weitere Teilnehmer gibt, die Ehepartner sind und sich hinsichtlich des sozialen Status' in einer annähernd vergleichbaren Situation befinden.

Kinder von psychisch Kranken/Behinderten haben bisher nicht teilgenommen. Nicht alle Teilnehmer nutzen das gesamte Angebot: Es gibt in der geleiteten Phase einzelne Abbrüche; die Gründe hierfür können wir lediglich vermuten. In einigen Fällen haben Teilnehmer die Gruppe verlassen, nachdem sie Teilangebote wie Informations- oder Aussprachemöglichkeiten wahrgenommen hatten. Ferner gibt es Teilnehmer, die sich keiner Selbsthilfegruppe anschließen möchten und deshalb nach der geleiteten Phase die Gruppe verlassen.

Die Angehörigengruppenarbeit des SpD hat dazu beigetragen, die Betreuungsbedürftigkeit von Angehörigen ins Blickfeld zu rücken: Es kommen zunehmend mehr Anfragen von psychiatrischen Institutionen und anderen helfenden Stellen, die Angehörige in eine Gruppe vermitteln wollen. Zur Gruppe Wattenscheid sind erstmalig auch Teilnehmer gestoßen, die nicht durch den SpD, sondern durch andere Stellen angesprochen worden waren. Wir sind darüber hinaus gebeten worden, in psychiatrischen Einrichtungen über unsere Erfahrungen aus der Angehörigengruppenarbeit zu berichten. An der Gruppe Wattenscheid nehmen die Mitarbeiterin einer psychiatrischen Klinik und eine Laienhelferin aus der Kontaktclubarbeit kontinuierlich als Gäste teil.

Angehörigengruppenarbeit leistet einen Beitrag zu der dringend erforderlichen Solidarisierung von Angehörigen psychisch Kranker/Behinderter. Insbesondere die Mitglieder der Selbsthilfegruppen wenden sich an die Öffentlichkeit und erbitten Verständnis und Anerkennung ihrer besonderen Situation. Sie weisen daraufhin, daß letztlich sie die Vertreter derjenigen darstellen, die ihren Bedürfnissen und Rechten zeitweilig oder zeitlebens nicht (oder nur teilweise) Gehör verschaffen können. Um ihre berechtigten Anliegen nachdrücklicher vertreten zu können, sind zwei Bochumer Selbsthilfegruppen Mitglied der örtlichen psychosozialen Hilfsvereinigung „Aktion Friedrich Hölderlin" und im Bundesverband der Angehörigen psychisch Kranker/Behinderter geworden.

Nicht zuletzt hat Angehörigengruppenarbeit uns persönlich etwas gebracht. Eine eindrucksvolle Erfahrung ist die, über einen längeren Zeitraum hinweg bis zum heutigen Tage kontinuierlich und intensiv zusammenarbeiten zu können. Es macht Freude, eigene Vorstellungen entwickeln und erproben zu können, und es ist befriedigend zu erfahren, daß sich ein Projekt in konstruktiver Weise auf die jeweilige Zielgruppe auswirkt. Ganz besonders vor dem Hintergrund, daß das früher häufig anders war, sind wir froh darüber, für Angehörige Zeit zu haben. Indem wir Angehörige und ihre Situation kennenlernen, wird es nicht nur möglich, diesem Personenkreis angemessene Formen der Hilfe zu ermöglichen.

Angehörige helfen uns dabei, vollständiger wahrzunehmen und familiäre Hintergründe zu verstehen, wodurch für unsere Arbeit mit psychisch Kranken und Behinderten grundlegende Voraussetzungen geschaffen werden.

Ein Seminar gegen die Isolation

Eva Herold

Wer täglich mit Kranken umgeht und sie pflegt, braucht Aussprache, Erfahrungsaustausch und Ermutigung. Das wissen professionell Pflegende und nehmen entsprechende Fortbildungsseminare wahr. Was für sie gilt, hat erst recht für pflegende Angehörige Gültigkeit: Ihr Einsatz ist ungleich länger und langfristiger, intensiver, abhängiger und oft problematischer.

Das Evangelische Fachseminar für Gemeindekrankenpflege in Karlsruhe hat den Versuch unternommen, eine Seminarreihe für Angehörige von Patienten in der häuslichen Pflege zu veranstalten.

Motivation

Durch Berichte von Teilnehmer/innen unserer Fort- und Weiterbildungslehrgänge über ihre Kontakte zu Angehörigen von Patienten wurde zweierlei deutlich: Gemeindekrankenschwestern empfinden die Begleitung und die Stützung der Pflegenden von Langzeitkranken als eine Herausforderung an sie selbst. Und sie wissen damit oft nicht recht umzugehen.

Bei unseren ersten Versuchen, vom Fachseminar aus Hilfestellungen zu leisten, stellten wir fest, daß Angehörige, die sehr stark in die Pflege involviert sind, mehr als nur ein offenes Ohr und Anleitung am Krankenbett benötigen. Ihre Isolation und ihre psychische und physische Belastung ist so groß, daß eine Distanz — auch räumlich — erforderlich ist.

Vor nunmehr zwei Jahren bot sich die Gelegenheit, ein Seminar mit einer Angehörigengruppe zu starten. Eine ungewöhnliche Aufgabe für ein Fachseminar? Nun, wir wollten nicht nur die Teilnehmer/innen unserer Kurse, sondern auch die unmittelbar Betroffenen — Patienten und Angehörige — in diese Thematik miteinbeziehen.

Vorbereitung

Wir entschlossen uns, ein Seminar mit den beiden nahegelegenen evangelischen Kirchengemeinden durchzuführen. Die Leitung sollte bei uns im Fachseminar liegen. Wir sind drei Dozenten/innen: eine Diplompädagogin, eine Fachkrankenschwester und ein Theologe. Es war geplant, das Seminar in den Räumen des Fachseminars stattfinden zu lassen.

Die Werbung erfolgte über die Gemeindebriefe der Kirchengemeinden, die Stadtteil-Zeitung und über die evangelische Sozialstation. Zu unserer Überraschung meldeten sich nur drei Personen. Wir mußten absagen. Die Analyse des scheinbar geringen Interesses ergab drei Anhaltspunkte:

- Unser Faltblatt war zu wenig ansprechend aufgemacht.
- Die Gemeindeschwestern waren unzureichend informiert, so daß sie auf Anfragen keine zufriedenstellende Auskunft geben konnten.
- Etliche Betroffene trauten sich nicht so recht, an einem solchen Seminar teilzunehmen.

Ein Jahr später machten wir einen neuen Anlauf; dieses Mal in intensiver Zusammenarbeit mit der Sozialstation. Das neue Faltblatt sprach die Angehörigen persönlicher an und die Einladung wurde von den Pfarrern der evangelischen Kirchengemeinden unterschrieben. Es meldeten sich zehn Teilnehmer/innen.

Wir hatten vier Abende vorgesehen und die Möglichkeit in Aussicht gestellt, die Treffen weiterzuführen.

Der erste Abend

Nach der Begrüßung der Teilnehmer/innen folgt eine kurze Vorstellungsrunde. Außer den betroffenen Angehörigen sind wir drei als Seminarbegleitung und etliche Gemeindeschwestern der Sozialstation anwesend. Eine von ihnen ist derzeit selbst pflegende Angehörige. Die Gruppenteilnehmer/innen sagen gleich zu Beginn etwas zu Art und Zeitraum ihrer Pflegetätigkeit.

Nach dieser ersten Gesprächsrunde bitten wir die Teilnehmer/innen, sich einzelne im Raum ausgelegte Fotos einer Bildkartei auszusuchen. Wir fordern sie auf, anhand ihres Fotos über ihre Gefühle und ihr Erleben während der Pflege zu sprechen. Wir weisen daraufhin, daß es oft schwerfällt, Gefühle in Worte zu fassen, es aber trotzdem entlastend und heilsam sein kann. Jede/r sucht sich ein Bild aus und berichtet dazu.

Einige Aussagen:

„Wir sind früher viel gereist. Das fällt nun alles flach. Ich habe ein Bild ausgesucht, auf dem Abfahrt steht und ich frage mich: Abfahrt, wohin?“

„Wenn man einen Pflegefall übernimmt, ist man einsam und verlassen. Wenn man nicht selbst initiativ wird, kümmert sich niemand darum. Die Sozialstation hat mir oft nicht weiterhelfen können... Es hat lange Zeit Überwindung gekostet, die Mutter bzw. Schwiegermutter auszuziehen, zu baden und auf die Toilette zu setzten...“

„Ich habe mir das Bild von einer Uhr ausgesucht. Die Uhr hat in meinem Leben schon eine große Rolle gespielt. Als mein Vater damals im Sterben lag, habe ich mir gewünscht, hoffentlich ist die Leidenszeit nicht zu lange...“

„Ich habe mir ein Bild ausgesucht mit einer Kirche. Es gibt in der Welt viel Einsamkeit und wenig Geborgenheit...“

Uns fällt auf, daß die Gruppenmitglieder ihre Gefühle direkt und indirekt ausdrücken.Sie sind sichtlich von den Bildern angesprochen.

In der nächsten Runde sprechen wir über Hilfen für und bei der Pflege und beziehen uns dabei auf die eigenen Erfahrungen. „Kraft in mir„ — „Nerven und Geduld„ — „ ...der Wille, die Mutter vor dem Pflegeheim, wo sie nur eine Nummer wäre ...“ ...zu bewahren, werden genannt, aber auch die Feststellung getroffen, „...daß man sich eigentlich gar keine wirksame Hilfe vorstellen kann...“.

Nun werden Wünsche und Erwartungen an die nächsten Abende formuliert:

- besser mit den eigenen emotionalen Schwankungen umgehen lernen,
- besser abschätzen lernen, wo, um der eigenen Person willen, Egoismus angebracht ist,

- praktische, pflegerische Tips,
- rechtliche und finanzielle Hinweise.

Wir erstellten daraufhin gemeinsam das Programm für die nächsten drei Abende:

2. Abend: Wie können wir mit den Belastungen umgehen? Was können wir für uns selbst tun?

3. Abend: Praktische Tips und Hilfsmittel

4. Abend: Seelsorgerliche Aspekte wie Alleinsein, Trauer und die Beziehung zur Kirchengemeinde

Wir verpflichten uns, über das Fachseminar eine Liste von nahegelegenen Altenheimen aufzustellen, die Patienten während der Urlaubszeit ihrer Angehörigen vorübergehend aufnehmen, und außerdem mögliche finanziellen Hilfen der Krankenkassen und des Sozialamtes aufzulisten.

Wir lassen den Abend mit einer Besinnung auf die Bedrängnisse des Paulus und seine Hoffnung (2.Kor. 1,8 ff) ausklingen.

Der zweite Abend

Wir beginnen mit einer Bildbetrachtung über Barlachs skulptur „Wiedererkennen", die hier als Hilfesuchender und Helfer gesehen wird. Daran schließt sich ein Gespräch an über die positiven Seiten des Helfens und die gefahren, die sich für Helfer und Hilfsbedürftigen ergeben. Hilfsbereitschaft und Helfen werden als *menschliche* Möglichkeit betrachtet, ohne die keine menschliche Gesellschaft bestehen kann.

Die Teilnehmer/innen arbeiten Grenzen und Gefahren heraus: Das „Ausbrennen" des Helfers, die Machtausübung durch den Helfer, das Befriedigen eigener Defizite des Helfers wie Nähe, Gebrauchtwerden usw.

Wir versuchen gemeinsam herauszufinden, wie für Patient und Pflegenden der Pflegealltag mit allen Möglichkeiten und Gefahren positiv gestaltet werden kann. Wir überlegen, wie die Banance zwischen dem ICH und dem DU einigermaßen ausgeglichen werden kann, und wie beide im Rahmen ihrer Pflegebeziehung trotz aller Belastungen auch Freude und inneres Wachstum erleben können.

Im Zusammenhang mit der „Hilflosigkeit des Helfers“ ergibt sich eine Gesprächsphase, in der das Allein-gelassenwerden, auch durch die Sozialstation, diskutiert wird. An einigen konkreten Beispielen schildern die Gruppenteilnehmer/innen das unterschiedliche Erleben von Angehörigen und professionellen Helfern. Am Ende der Gesprächsphase können beide Seite äußern, daß sie durch vermehrte Kommunikation eine zukünftige hilfreichere Partnerschaft praktizieren können.

Der dritte Abend
Es ist den praktischen Tips gewidmet. Wir üben Griffe, die dazu notwendig sind, einen Patienten ins Bett zu bringen und aus dem Bett zu heben. Wir üben das Führen und Höherlegen. Den Teilnehmer/innen werden Hilfsmittel wie Hebekissen und Drehscheibe vorstellt. Und: Wir üben rückenschonendes Arbeiten.

Der vierte Abend
Wir erörten unter seelsorgerlichen Gesichtspunkten verschiedene Beispiele: Wie erlebt der Kranke uns? Wie erleben wir den Kranken? Wie gehen wir mit Trauer um, die nicht nur beim Sterben eines Menschen, sondern in vielerlei Gestalt zu bewältigen ist?

Zum Abschluß mache wir eine Entspannungsübung.

Als didaktisches Hilfsmittel haben wir wieder die Bildkarteien verwendet. Als Einführung dienen die Rabbinischen Geschichten sowie der biblische Text vom Abschiednehmen (Joh. 16).

Wir vereinbaren, daß noch einige Abende in einem monatlichen Rhythmus folgen sollen. Sie sollen jeweils ein praktisches Thema und die Möglichkeit zum Austausch enthalten.

Die Teilnehmer/innen wünschen als weitere Themen: Einreibungen und Wickel, Muskelentspannungsübungen, Hilfen bei Durchfall, Verstopfung und Inkontinenz und noch einmal Übungen am Bett.

Unsere Eindrücke aus der Arbeit mit der Angehörigengruppe lassen sich wie folgt zusammenfassen:

1. Die Belastung durch die Pflege von kranken Angehörigen ist so groß und die Isolation so stark, daß Angehörigengruppen ein wichtiges Mittel der Entlastung und der sozialen Integration der Pflegenden sein können.

2. Es ist sinnvoll, daß während des Seminars Mitarbeiter/innen der Sozialstation als Gesprächspartner/innen zur Verfügung stehen, weil sowohl praktische Fragen direkt geklärt werden können als auch das Interesse der Sozialstation an den Angehörigen sichtbar wird.

3. Es ist notwendig, daß neutrale Gesprächspartner zur Verfügung stehen, da seelsorgerliche und emotionale Probleme möglicherweise intensiver angegangen werden und Konflikte mit der Sozialstation leichter bearbeitet werden können.

4. Aus den Punkten 2 und 3 ergibt sich, daß es sinnvoll ist, Angehörigengruppen von vornherein in Zusammenarbeit mit Sozialsttionen und einer zweiten Gruppe (z.B. örtliches Diakonisches Werk) durchzuführen.

5. Der Kreis der Teilnehmer/innen setzt sich aus unterschiedlichen Menschen zusammen. Einige haben Kontakt mit einer Sozaialstation, andere kennen diese Einrichtung gar nicht. Die einen fühlen sich einer Kirchengemeinde zugehörig, die anderen sind in keiner Kirche Mitglied. Sie haben möglicherweise eine unterschiedliche Einstellung zur Pflege. Diese Tatsache spricht für ein offenes Angebot, das die *Pflege* als verbindliches Element hat.

6. Bei allen Treffen werden in der Anfangsphase Erfahrungen ausgetauscht und Probleme besprochen. Erst dann wird das vorgestellte Thema behandelt.

Den Abschluß bildet eine Entspannungsübung oder ein besinnlicher Vers oder Lied. Jeder Abend hat eine Pause. Obst und Süßigkeiten werden — so unsere Erfahrung — gerne angenommen.

7. Die Räume der Sozialstation als Veranstaltungsort sind im Regelfall geeignet. Die Größe der Gruppe sollte nicht unter acht und nicht über zwolf Personen liegen.

Wir sind der Meinung, daß die Arbeit mit Angehörigengruppen zugleich eine legitime und notwendige Aufgabe von Sozialstationen ist.

Nachdruck mit freundlicher Genehmigung des Verlages aus: Forum Sozialstation Nr. 36/Herbst 1986

Brief an eine Mutter

Klaus Dörner

Dieser Brief ist ein ganz persönlicher- und auf die besondere Situation einer ratsuchender Mutter zugeschnittener. Wir haben ihn in dieses Buch aufgenommen, weil er (in der Informationsbroschüre des Kölner Angehörigenvereins Rat und Tat) einmal veröffentlicht, unerwartet großes Echo hervorrief, wir also annehmen können, daß hier auch Allgemeines sich wiederfindet.

... Wenn ich richtig verstehe, machen Sie den typischen Fehler, den Eltern immer wieder machen und der mir selbst deshalb auch mehrfach unterlaufen ist: Sie machen sich irgendwelche albernen Schuldgefühle über irgendwelche Ereignisse in der Vergangenheit bezüglich des Lebensweges Ihres Sohnes und geraten auf diese Weise in die Abhängigkeit von Ihrem Sohn, was niemandem nützt. Um das wieder gutzumachen, ermöglichen Sie ihm auf dem Weg der Unterhaltszahlung ein handlungsloses Leben, womit Sie die Sache noch schlimmer machen.

Es geht aber um genau das umgekehrte Vorgehen:

1. Vergessen Sie die Vergangenheit und hämmern Sie sich ein, daß sie zu jedem Zeitpunkt Ihres Lebens dasjenige getan haben, was Sie im Interesse auch Ihres Sohnes für das Beste gehalten haben — total unabhängig davon, ob sich irgendwann später einmal das als richtig oder falsch erwiesen hatte. Sie können also das beste Gewissen von der Welt haben.

2. Weil dies so ist, können Sie geradezu blindes Vertrauen zu Ihrem Sohn und dessen Lebensweg haben. Dies können Sie Ihrem Sohn auch mitteilen — etwa in dem Sinne: „Was immer Du auch tust und was immer für verrückte Sachen Du die nächsten 10 Jahre machen wirst — ich habe Vertrauen zu Dir und dazu,

daß Du schon Deinen Weg gehen wirst, egal um wieviel Umwege es sich dabei handeln mag."
3. Dies ist aber auch das einzige, was Sie für Ihren Sohn tun können und sollen. In materieller Hinsicht hingegen können Sie gar nichts für ihn tun. Da sind Sie überhaupt nicht für ihn da, sondern nur noch für sich selber. Insofern haben Sie ihm selbstverständlich jeglichen Unterhalt zu entziehen, solange er sich nicht in einem Ausbildungsverhältnis befindet, was Sie rechtlich verpflichtet zu einer Unterhaltszahlung.

Fazit: All das läuft auf Ihre Aussage an Ihren Sohn hinaus: „Wir sind inzwischen zwei erwachsene Menschen geworden, jeder hat seinen Weg zu gehen. Materiell habe ich Dir überhaupt nichts mehr zu bieten (mit Ausnahme des Pflichtanteils, was ein Ausbildungsverhältnis Deinerseits mir abverlangt). Vielmehr habe ich in diesem Deinem Entwicklungsalter Dir nur noch zu bieten: das Gefühl, daß ich an Dich glaube, daß ich Dir und mir vertraue." Mehr nicht — das ist aber auch schon sehr viel.

Ich hoffe, Ihnen mit diesen Zeilen ein wenig geholfen zu haben, sehr wohl sehend, daß es auf diese Weise zu einer Krise kommen könnte für Ihren Sohn, aber auch für Sie, wobei ich denke, daß heilsame Krisen wichtiger sind als ein schleichendes Geschehenlassen von dem, was nicht gut ausgehen kann.

Mit besten Grüßen
Ihr Klaus Dörner

Sich um nichts mehr kümmern? — Kann man das als Mutter, darf man das?!

Susanne Heim

Es ist schon einige Jahre her, seit der Brief von Klaus Dörner mein mütterliches Selbstverständnis erschütterte. Damals war ich verzweifelt auf der Suche nach Hilfe für meinen Sohn. All meine Liebe, Kreativität hatte ich investiert, um ihn angemessen ausgerüstet auf den Weg in sein Leben zu bringen. Nun stand ich vor einem Scherbenhaufen, mit Schreckgespenstern wie der „schizophrenen Mutter" im Kopf und schmerzlichen Erinnerungen an notwendige Versagungen und mancherlei Versagen der alleinerziehenden berufstätigen Mutter. Ich glaubte, zur Entwicklung der Krankheit zumindest beigetragen zu haben. Nun wollte ich auch zur Korrektur, zur Umkehr, zur Genesung meinen Beitrag leisten, wollte meinem Sohn unter allen Umständen helfen, ihm wenigstens Hilfe beschaffen. Ich wußte, daß ich nicht seine Therapeutin sein konnte. Und ich spürte, es galt, uns „auseinanderzudividieren", nicht wieder enger zusammenzurücken, um womöglich für immer beieinander zu bleiben, wie mein Sohn es phantasierte. Er drängte mit aller Macht zurück in die Symbiose, wollte mit seinen 22 Jahren wieder Säugling sein, getragen und versorgt werden, gleichzeitig selber bestimmen, wann ich ihn wie wohin zu tragen habe — und sich im übrigen in nichts dreinreden lassen. Selbsthilfe nannte er das.

Ich konnte und wollte ihm Hilfe zur Selbsthilfe vermitteln. Mein Angebot gilt noch heute: Bist Du krank und arbeitsunfähig, dann geh zum Arzt und laß Dir helfen, deine Schaffenskraft so weit wie möglich zurückzugewinnen. Bist Du hingegen im Vollbesitz Deiner Kräfte, dann kannst Du dein Studium fortsetzen, eine Lehre machen, irgendeinen Beruf erlernen oder aber für deinen Lebensunterhalt sorgen. Du kannst tun und lassen, was immer Du für richtig hältst — aber auf eigene Rechnung. Ich bin bereit, für deine Therapie und/oder Ausbildung aufzukommen, Müßiggang finanziere ich nicht.

Es brauchte erst den Mut der totalen Verzweiflung, um dem Kampf um Sein oder Nichtsein standzuhalten, die Auseinandersetzung in ihrer ganzen Heftigkeit durchzustehen, auf Trennung zu bestehen, mich an der Erkenntnis festzuhalten, daß ich meinem Sohn allenfalls noch helfen konnte, indem ich ihm jede Hilfe versagte — in der Hoffnung, ihn auf diese Weise zu bewegen, endlich die Hilfsangebote anderer anzunehmen.

Die Krise war grauenvoll — war sie auch heilsam?

Wir leben noch. Es kriselt noch. Wir haben uns nicht gegenseitig stranguliert. Es ist Kraft freigeworden, die nun jeder auf die Gestaltung seines Lebens, die Bewältigung der eigenen Probleme verwenden kann. Jeder auf seine Weise.

Mein Sohn hat sich mit der Verleugnung seiner Krankheit eingerichtet, sich für das schleichende Geschehenlassen entschieden. Ihn schreckt das Obdachlosenasyl immer noch weniger als das Landeskrankenhaus. Er beharrt auf seinem Weg, läßt sich nicht be-irren, will sich „nicht für verrückt erklären lassen". Und weiß mittlerweile Konflikte mit dem Psych KG tunlichst zu vermeiden. So groß ist seine Angst — aber auch sein Realitätsbezug!

Ich habe einen Großteil meiner Angst hinter mir gelassen. Habe mich durchgerungen zur konsequenten Trennung der Verantwortlichkeiten und zum Vertrauen. Dem Vertrauen in meinen Sohn und das, was ich ihm mitgegeben habe. Dem Vertrauen darauf, daß er seinen Weg findet, das ihm mögliche Leben meistert — umso besser, je weniger Aufmerksamkeit er auf mich richten muß, um etwas für oder gegen mich und mein Wohlbefinden zu tun. Ich sorge für mich selber und bedränge ihn nicht mehr mit meinen Vorstellungen von seinem Glück. Denn das hieße doch auch: So, wie Du bist, in Deinem desolaten Zustand, kann ich Dich nicht ertragen. Ich liebe nicht Dich, mitsamt deinen Beeinträchtigungen, sondern das (Wunsch-) Bild, das ich mir von Dir gemacht habe, unversehrt, pflegeleicht, DIN-Format. Schrammen und Schmerzen sind darin nicht vorgesehen.

Wohlwollende Distanz heißt für mich auch bedingungslose Liebe. Ich akzeptiere und respektiere Dich unabhängig davon, was Du tust, wie Du lebst und leidest. Ich akzeptiere, daß Du so bist, wie Du bist: ganz anders als ich und doch in vielem auch wie ich; ganz anders als ich es mir für dich (und mich) vorgestellt, gewünscht, erhofft, erwartet habe. Du bist Du und ich bin ich. Und das ist in Ordnung, auch wenn jeder für sich noch nicht „in Ordnung“ ist.

Ich möchte nicht so leben wie mein Sohn. Deshalb lebe ich anders — gleichfalls so recht und schlecht, wie ich eben kann. Beide haben wir gelernt, die rigorose Konsequenz des anderen zu respektieren. Ja, mein Sohn geht gelegentlich so weit zu sagen, an meiner Stelle würde er genauso handeln. Wenn er nämlich bei mir wohnen könnte, bliebe er den ganzen Tag im Bett liegen und bewegte sich nicht mehr. Leben aber ist Bewegung — und sei sie noch so ungeschickt und eingeschränkt. Soll ich mich noch darum kümmern?

O ja, es gilt, sich dem Kummer zu stellen! Ihm nicht durch unaufhörliche Betriebsamkeit entkommen zu wollen. Freilich, wieder und wieder, wenn auch vergeblich gegen die Wand anzurennen, kostet weniger Mut und Kraft als entschlossen stehen zu bleiben und hinzuschauen: die undurchdringliche Wand, das Leid, den Schmerz, die Trauer und meine Ohnmacht in ihrem ganzen Ausmaß zu erkennen, anzuerkennen. Darum geht es. Innezuhalten und zu akzeptieren, was ist, wie es ist, jetzt und womöglich für immer. Unterscheiden zu lernen zwischen Mein und Dein, meinem Schmerz und deinem Schmerz, meinen Wünschen und deinen Wünschen, meinen Vorstellungen vom Leben und den deinen, meinen Möglichkeiten zu leben und den deinen. Dir die Verantwortung für dein Leben zu lassen und die Verantwortung für das meine selber zu tragen — nicht umgekehrt, indem ich mein Wohlergehen von deinem Wohlbefinden (und -verhalten) abhängig mache und dir damit auch noch die Sorge um mich auflade!

Ja, aber... Können psychisch Kranke überhaupt Verantwortung übernehmen, Entscheidungen treffen? Immer wieder verweisen Angehörige auf die Intelligenz ihres erkrankten Familienmitglieds. Immer wieder staunen sie über unerwartete Fähigkeiten, die sich entfalten, wenn man sie läßt. Über das feine Gespür für Schwächen und Schwachpunkte ihres Gegenübers, mit dem Patienten agieren und reagieren, um sich und ihre Wünsche durchzusetzen. Ob sie im Notfall souverän den Gesunden mimen oder das Kranksein ausspielen, wo es (für den Augenblick) Vorteil bringt. Das nenne ich Realitätsbezug! Auch wer in den Wahn ausweicht, trifft eine Entscheidung — aus meiner Sicht sogar eine bemerkenswert intelligente.

Im Zweifel wählen wir stets das kleinere Übel oder was wir dafür halten, egal, wie krank oder gesund wir gerade sein mögen. Den Erfolg unserer Entscheidung messen wir an den Folgen, die wir zu spüren bekommen. Lernen heißt Erfahrungen sammeln und daraus Schlüsse ziehen für weitere Entscheidungen. Leben heißt, täglich aufs neue entscheiden, ob und wie ich mich (selber) bewegen oder (von anderen) bewegen lassen will.

III. *Erfahrungen aus der Selbsthilfebewegung*

Von einer geleiteten Gruppe zur Selbsthilfegruppe

Erfahrungen einer Bochumer Angehörigengruppe

Edeltraud Emilius

Angefangen hat alles Mitte Augut 1985. Nach einer schriftlichen Einladung eines Psychologen und einer Sozialarbeiterin von Sozialpsychiatrischen Dienst Bochum, haben wir uns im Gesundheitsamt das erste Mal getroffen. Auf der Teilnehmerliste standen sechzehn Namen mit Adresse und Telefonnummer. Einige hatten einen sehr weiten Anfahrtsweg. Der erste Abend war sehr anstrengend. Nach der kurzen Begrüßung der beiden „Profis" sollte sich jeder der Reihe nach vorstellen und etwas über sich erzählen. Das erste Mal gingen meine Gedanken weg von meinem Leid, mit meinem Angehörigen (meinem Mann) und ich entdeckte bei den anderen viele Parallelen. Gleichzeitig war ich aber auch erschreckt über einige Erzählungen und hatte viel Mühe die Dinge alle so schnell zu verarbeiten. Eine schlaflose Nacht folgte und bei unserem zweiten Treffen (vorgesehen waren 12 Abende in Abständen von 14 Tagen) hörte ich, daß es vielen so gegangen ist.

Auch die nächsten Gruppenabende ging ich mit gemischten Gefühlen dorthin, weil ich immer sehr aufgewühlt wurde, weil ich jedesmal, wenn ich an der Reihe war weinen mußte, und weil ich es auch ertragen mußte, das andere weinten. Hatte ich doch gelernt, mich „zusammenzunehmen". So schämte ich mich am Anfang meiner Tränen sehr, bis ich merkte, daß die Tränen nicht mehr so oft kamen und wenn sie dann doch kamen sie mich irgendwie erleichterten. Im Laufe der Zeit wurde die Personenzahl kleiner. Eingependelt hatten sich etwa 8 Personen. Je öfter ich in die Gruppe ging, um so mehr freute ich mich auf den nächsten Abend und den Anderen ging es auch so.

Einmal haben wir den Arzt des Gesundheitsamtes zu Besuch gehabt. Es war ein sehr interessanter Abend, weil wir ihn fragen konnten was wir wollten und er uns auch auf alles antwortete. An diesem Abend ging es hauptsächlich um unsere Kranken. Es kamen Fragen wie: Woher kommt die Krankheit? Was ist der Auslöser? Welche Nebenwirkungen haben Tabletten, usw.? Alle 16 Teilnehmer des ersten Abends waren hierzu gekommen. Nach diesem interessanten Abend ging die Teilnehmerzahl zurück. Das Ende der 12 Abende rückte immer näher. Am vorletzten Abend der „geleiteten Zeit" hatten wir einen Herrn aus einer anderen Bochumer Angehörigengruppe zu Besuch. Er wollte uns Mut machen, die Gruppe weiterhin selbst zu leiten.

Ich selbst hätte es sehr bedauert, wenn die Gruppe sich aufgelöst hätte. Ich merkte immer mehr, daß man selbst etwas tun mußte, damit es weitergeht. In der Beratungsstelle im Gesundheitsamt konnten wir nicht bleiben. Die andere Bochumer Angehörigengruppe traf sich immer im Hinterzimmer einer Bochumer Gaststätte. Ich wohne nicht weit weg von dieser Gaststätte und so bekam ich dort auch dieses Zimmer für die Gruppe zu unserer gewohnten Zeit zur Verfügung gestellt. Nach einer für alle sicherlich unvergessenen Abschiedsfeier im Gesundheitsamt wechselten wir in die Gaststätte. Unsere beiden „Profis" kamen jetzt nur noch als Gäste zu uns, erst noch beide, dann noch einzeln und dann gar nicht mehr.

Der Wechsel in die Selbständigkeit fiel uns leichter, als ich es mir vorgestellt hatte. Allerdings mußten wir uns zuerst an die Störungen der Kellner während unserer Gespräche gewöhnen. Die Gespräche blieben genauso vertraut, sie wurden dort sogar noch intensiver, weil ein kleiner Kreis oft noch sitzengeblieben ist und sich manchmal bis Mitternacht unterhielt. Das Bedürfnis sich auszusprechen war bei allen Angehörigen sehr groß.

Auch fingen wir an zusammen zu essen, was nach manchen schweren Gesprächen sehr auflockernd war.

Viele kommende Gruppenabende waren einfach so, wie man sich solche Abende auch vorstellt. Zwischen unseren Gesprächen haben wir auch immer ganz lebhaft diskutiert. Wir sind eine gemischte Gruppe, verschiedenen Alters von 26 bis ca. 70 Jahren. Manche Elternteile von psychisch kranken Kindern, Ehepartner mit einem kranken Angehörigen, sind immer noch in der Mehrheit. Allein aus dieser Zusammensetzung ergeben sich interessante Diskussionen. Wir lernten alle besser zu diskutieren, besser mit Konflikten umgehen, sich besser in einen anderen hineinversetzen. Wir lernten die Probleme einer anderen Generation besser kennen, alle bekamen mehr Sensibilität für den Nächsten. Dieses wirkte sich nicht nur im Umgang mit unseren kranken Angehörigen positiv aus, sondern auch auf andere Lebensbereiche und auch auf uns selbst. Schuldgefühle konnten verarbeitet werden, von Ängsten konnten wir uns freisprechen, unser manchmal verlorenes Selbstbewußtsein kam langsam zurück. Wir stellten fest, daß wir nicht nur dazu da sind uns aufzuopfern oder selbst zu bemitleiden, sondern daß wir auch einmal an uns denken dürfen und auch einmal Urlaub machen dürfen.

Es waren schöne Gruppenabende und es sind noch immer schöne Gruppenabende, die ich nicht missen möchte. Gewürzt wurde alles durch Besuche von Experten, die wir zwischendurch immer wieder mal einladen. So hatten wir an einem Abend eine sehr engagierte Rechtspflegerin vom Bochumer Amtsgericht zu Besuch und den darauffolgenden Gruppenabenden eine Rehabilitationsberaterin aus Dortmund von der DAK. Es ist ratsam, Experten nicht so schnell hintereinander einzuladen. Wir haben festgestellt, daß wir Angehörige auch immer sehr viel Zeit brauchen für uns selbst, für unsere Gespräche über uns selbst. So haben wir das nächste Mal einige Wochen verstreichen lassen, bis wir einen jungen Arzt aus dem Bochumer Zentrum für Psychiatrie einluden.

Gerade hier in Bochum wird die gemeindenahe Psychiatrie sehr gefördert, besonders durch die Aktion Friedrich Hölderlin, Psychosoziale Hilfsgemeinschaft e.V. Bochum. Wir freuen uns, daß wir ein gutes Krankenhaus in unserer Gemeinde haben. Der Abend mit diesem jungen Arzt war ein ganz besonderes Bonbon in der Geschichte unserer Gruppenzeit. Er hat uns viele ärztliche Fragen beantwortet und uns fachkundig Denkanstöße geben können und auch für uns Angehörige ein besonderes Feingefühl gezeigt. Es gibt auch negative Erlebnisse von Angehörigen mit Ärzten, Psychologen und dem Fachpersonal im Krankenhaus. Darüber sich einmal auszutauschen ist auch in einer Angehörigengruppe sehr gut möglich und gehört auch einfach dazu. Ich finde Angehörige und Profis, also Menschen, die beruflich mit psychisch Kranken zu tun haben, können immer voneinander lernen und sollten sich auch oft miteinander unterhalten.

Einige Monate hat sich unsere Gruppe in der Gaststätte recht wohlgefühlt. Eines Tages rief mich die Wirtin an und sagte, daß sie uns den Raum wegen zu geringem Verzehr nicht mehr zur Verfügung stellen kann. Seit diesem Tag hat für die Gruppe eine Odyssee angefangen, die bis heute nicht beendet ist. Für viele war dieser Ortswechsel wohl ein Schock und die Gruppe schrumpfte von ca. 5 - 8 Personen auf 3 Personen zusammen. Ich wollte nicht, daß die Gruppe sich ganz auflöst. Die Gesprächsmöglichkeit in der Gruppe hat mir bisher immer so gut getan, und ich habe mich immer schon auf den nächsten Gruppenabend gefreut. Ich wollte einfach nicht, daß dies alles nicht mehr sein soll. So habe ich mich hingesetzt und einen Brief geschrieben und neue Mitglieder zur Gruppe eingeladen. Der Ort des Treffens sollte zentraler als bisher liegen, so habe ich in der Innenstadt eine Gaststätte mit Hinterraum gesucht und gefunden. Die Kontakt- und Beratungsstelle hat diesen Brief an Angehörige verteilt. Der neue Termin mit neuen und alten Mitgliedern war im September 86. Vorher hatten wir uns schon einige Male mit unserem kleinen, alten Stamm dort getroffen um uns an die neue Umgebung zu gewöhnen. Ich muß zugeben, daß ich sehr aufgeregt war vor diesem Abend.

Wie froh war ich, hinterher sagen zu können, es war ein gelungener Abend. Zuerst haben wir vom alten Stamm erzählt, so konnten die neu hinzugekommenen Angehörigen erkennen, wie wir miteinander umgehen, wie wir über unsere Probleme reden und versuchen mit diesen fertig zu werden. Am darauffolgenden Gruppenabend kamen noch einmal zwei Neue hinzu. Sie müssen sich vorstellen „alte Hasen“, „neue Angehörige“ vom letzten Mal und „ganz neue Angehörige“, alles an einem Abend. Alles lief auch recht gut an. Wir waren mittlerweile bei der gegenseitigen Vorstellung. Hilfreich waren uns dabei Namensschilder, die wir vor uns aufgestellt hatten. Mitten in diese Vorstellung hinein, platzte die Wirtin und sagte, sie hätte den Raum aus Versehen zweimal an diesem Abend vermietet und wir müßten uns in die Gaststätte setzen. Ich war ganz entsetzt und alle anderen auch. Ich bin dann einfach schnell zum nahegelegenen Gesundheitsamt hinübergelaufen und hatte noch Glück, eine Sozialarbeiterin war noch dort, und wir durften unseren alten Gruppenraum benutzen. Zuerst wollten alle gar nicht mitkommen, aber dann hat es doch geklappt. Der Unterschied von der lauten Gaststätte zum ruhigen Gruppenraum war unwahrscheinlich wohltuend für alle und wir hatten selten einen so intensiven Gruppenabend wie an diesem Abend. Seitdem steht die neue Gruppe und wir sind seit einigen Monaten wieder regelmäßig 8 Personen bei unseren Gesprächen.

In diesem Raum haben wir auch unsere Weihnachtsfeier gefeiert, jeder hat etwas mitgebracht. Der eine Kaffee, einer Milch und Zucker, dann Kuchen, Plätzchen, Nüsse, Kerzen, usw. Zu Gast waren Psychologe und die Sozialarbeiterin vom Beginn der Gruppe, wir haben uns einen ganzen langen Abend einmal nicht über unsere Probleme unterhalten. Ich finde, auch das muß einmal sein. Zwischen allen „normalen“ Gruppenabenden muß immer einmal ein besonderer Abend sein. An diesem Abend haben wir alle beschlossen, uns um die Benutzung des Gruppenraumes zu bemühen, d.h. um die Erlaubnis, diesen benutzen zu dürfen. Wir recht wir damit getan haben, stellte sich am nächsten Gruppenabend heraus. So standen wir doch vor der Gaststätte vor verschlossener Tür. Keiner hatte Bescheid gegeben, daß dort renoviert wird. So sind wir wieder hinüber in die Beratungsstelle, und dann kam es zu dem großen „Schlüsselproblem“. Es handelt sich nämlich um einen Raum der Stadt Bochum, und so dürfen sich dort nur Leute aufhalten, wenn ein

Bediensteter der Stadt dabei ist. Wir aber sind eine Selbsthilfegruppe. Was nun?!

Wir haben einen Antrag gestellt mit Begründung ans Gesundheitsamt. Beim Leiter des Gesundheitsamtes haben wir uns auch persönlich vorgestellt, und unsere Gruppenarbeit wird dort sehr geschätzt. Der Antrag ist weitergeleitet worden an das Hauptamt im Rathaus, befürwortet ist er von dem Psychiater am Gesundheitsamt und auch noch von dem Amtsarzt und Leiter des Gesundheitsamtes. 14 Tage später bekam ich ein Schreiben vom Hauptamt mit zwei Sätzen: Aus „grundsätzlichen Erwägungen“ könne man uns den Gruppenraum nicht überlassen.

Nach Rücksprache mit dem Psychiater am Gesundheitsamt habe ich drei Bürgervertreter von verschiedenen Parteien angerufen und unser Antrag wurde beim nächsten Gesundheitsausschuß im Rathaus vorgelesen. Auch hat sich unsere Gruppe selbst im Rathaus beim Leiter des Hauptamtes vorgestellt. Es war ein sehr interessantes Gespräch. Uns saß ein Beamter gegenüber, der nach dem Motto handelt: „Das hat es noch nie gegeben, das gibt es auch in Zukunft nicht“. Trotzdem haben wir ihn noch einmal zum Nachdenken anregen können und er will unseren Antrag noch einmal aufgreifen.

Obwohl wir uns auch noch nach anderen Möglichkeiten in der Innenstadt umsehen wollen, möchten wir uns weiterhin ganz intensiv um diesen Gruppenraum für uns bemühen. Dort fühlen wir uns wohl, irgendwie zuhause, denn die Umgebung ist für unsere Gespräche sehr wichtig. Die letzten Gruppenabende waren sehr abwechslungsreich und interessant. Übergangsweise haben wir uns privat getroffen. Auf die Dauer halte ich dies aber nicht für so gut, weil nicht alle Mitglieder Gäste nach Hause einladen können. Ich bin fest überzeugt, daß wir einen Raum für uns finden werden, außerdem halte ich unseren Antrag im Rathaus für eine wichtige Öffentlichkeitsarbeit.

Ich bin auch froh darüber, daß wir nicht bei den ersten Schwierigkeiten aufgegeben haben, die Gruppe weiterzumachen. Was hätte ich alles verpaßt, gäbe es die Gruppe nicht. Gemeinsam Schwierigkeiten überwinden schmiedet enger zusammen und gibt gleichzeitig mehr Halt in allem. Zurückblikken kann ich auf sehr viele schöne Gruppenabende, die ich nicht missen möchte.

Allen Angehörigen möchte ich einfach sagen: Sie nehmen kein Rezept mit nach Hause für den Alltag. Es gibt niemanden, der Ihnen Ihre Sorgen abnehmen kann oder Ihre Entscheidungen, aber Morgen, wenn Sie wieder allein sind mit Ihrem kranken Angehörigen und Ihren manchmal kaum zu bewältigenden Sorgen, dann werden Sie sich erinnern an die Gespräche in der Gruppe, an die Menschen, die das gleiche Schicksal haben wie Sie. Bringen Sie in die Gruppe ruhige Ihre eigenen seelischen „Scherben“ mit. Hier können Sie auch über Dinge reden, die sonst niemand versteht. Sie werden einfach selbstbewußter, sie lernen mit der Krankheit Ihres Angehörigen umzugehen und Sie werden auch einmal an die Rechte erinnert, die Sie selbst haben, trotz des kranken Familienmitgliedes.

Ich möchte allen Angehörigen Mut machen eine Gruppe zu besuchen, Gruppe zu erleben. Vielleicht entdecken Sie bei sich selbst Möglichkeiten, die Sie sich vorher nie zugetraut hätten. Vielleicht entdecken Sie ein Stück mehr von sich selbst. Mir ist es so ergangen. Denn Hilfe zur Selbsthilfe ist ein Schritt nach vorne, auch für Ihren kranken Angehörigen.

Angehörige von Langzeitpatienten Selbsthilfegruppe Rickling

Gerhard Leich

Rickling, das ist ein Dorf in Schleswig-Holstein mit 3.875 Einwohnern, umgeben von Weiden und Feldern, Knicks und Waldstücken, etwa 60 km vom Stadtzentrum Hamburg entfert. Die Verkehrslinien von Hamburg zur Ostsee und nach Kiel gehen an dem Dorf vorbei. Mit öffentlichen Verkehrsmitteln ist der Ort nur schwer zu erreichen.

Rickling, das ist das Psychiatrische Krankenhaus Rickling mit 1.100 Betten in der Trägerschaft des Landesvereins für Innere Mission Schleswig-Holstein. Seit den 30er Jahren gibt es Vereinbarungen mit der Stadt Hamburg über die Aufnahme von psychisch Kranken aus Hamburg. In dem z.Zt. bestehenden und bis 1990 laufenden Vertrag verpflichten sich beide Partner, 1.105 „geisteskranke Patienten" in Rickling unterzubringen bzw. aufzunehmen. Diese Zahl wird seit einigen Jahren nicht voll in Anspruch genommen. Z.Zt. befinden sich ca. 900 Patienten aus Hamburg in Rickling. Für die nächste Zukunft sind 700 Betten für Hamburger Patienten vorgesehen, das ist knapp ein Drittel der für Hamburg zur Verfügung stehenden Betten.

Mit erheblichen öffentlichen Mitteln ist das Krankenhaus in den letzten Jahren in seiner baulichen Substanz weitgehend erneuert und wesentlich verbessert worden.

Wie die Behörde es sieht...

Im Bericht über die Versorgung von psychisch Kranken und Behinderten in der Freien und Hansestadt Hamburg aus dem Jahre 1982 liest sich das so: „Als Alternative zum Konzept der gemeindenahen Versorgung werden ein neues soziales Umfeld und ein Bezugssystem geschaffen, die für diese Betreuung besonders geeignet sind" — und das besonders „effektiv", da „nicht in einer reizüberfluteten großstädtischen Atmosphäre gelegen"... „Schwerpunktmäßig werden in Rickling psychisch chronisch kranke Patienten betreut. Ihre Versorgung wird besonders durch Sozialisierungsdefekte erschwert, deren Folgen sich häufig in massiven Verhaltensstörungen manifestieren. Angeboten wird ein Konzept der intramuralen Rehabilitation, d.h. einer Rehabilitation, die aus Gründen, die in der Krankheit der Patienten liegen, nicht primär auf eine Entlassung aus dem Krankenhaus ausgerichtet sein kann... Das Konzept beinhaltet jedoch die Möglichkeit, daß über den Weg der zunächst intramuralen Rehabilitation — insbesondere für nicht bereits langfristig kranke Patienten — die (Re-)Integration in Hamburg eingeleitet wird.

Über 50 Prozent der Patienten liegen derzeit länger als zehn Jahre in Rickling. 15 Prozent der Patienten haben eine Verweildauer von unter zwei Jahren. Über ein Drittel der Patienten ist älter als 60 Jahre; nur ca. 20 Prozent sind jünger als 40 Jahre.

Die Hamburgische Gesellschaft für Soziale Psychiatrie e.V. nennt in ihrer Dokumentation „Rickling — eine psychiatrische Einbahnstraße" und spricht von einer Drei-Klassen-Psychiatrie in Hamburg aufgrund einer scharfen Trennung in Akut-, Mittel- und Langzeitbereich.

Hoffnungen enttäuscht

Ich habe diese Information erst im Laufe der Zeit aufgenommen. Die Idee, Verbindung zu anderen Angehörigen zu suchen, vielleicht eine Gruppe zu bilden, kam spontan aus persönlichen Erfahrungen.

Es begann damit, daß wir von Westdeutschland in die Nähe von Hamburg umzogen. Wir hatten seit Jahren einen nahen Angehörigen in der Psychiatrie; nun wollten wir ihn in unsere Nähe holen, um weiterhin die Verbindung durch regelmäßige Besuche aufrechterhalten zu können. Wir hatten den Wunsch, im Gespräch mit einem Arzt des Krankenhauses die Möglichkeit einer Verlegung zu klären. Das Motiv dafür ist kaum genau zu benennen. Wir wollten von vornherein einen persönlichen Kontakt zum Krankenhaus haben, wollten unseren Angehörigen nicht einfach blindlings einer fremden Institution überlassen, fühlten uns persönlich beteiligt.

An einer Stelle wurden wir auf einen schriftlichen Antrag verwiesen. An einer anderen Stelle bekamen wir sehr schnell einen Termin zu einem Gespräch mit dem Chefarzt. Dieser sagte uns die Aufnahme innerhalb der nächsten sechs Wochen zu und erklärte uns, daß er zu jeder Hilfe für Angehörige bereit sei, die sich um eine intensive Verbindung zu ihren kranken Angehörigen bemühen. So kam unser kranker Angehöriger nach Rickling.

Die nächsten Wochen brachten eine große Enttäuschung. Der Zustand des Kranken verschlechterte sich. Wir hatten den Eindruck, daß vieles, was ihm in dem Krankenhaus in Westdeutschland geholfen hatte (Ausflüge, Kinonachmittage, Sport etc.) in Ricklung nicht geschah. Waren wir in dem anderen Krankenhaus immer wieder mit anderen Angehörigen zusammengetroffen, so fanden wir uns in Ricklung meistens allein im Besucherzimmer. Kurz: Wir fühlten uns isoliert, allein gelassen und hoffnungslos.

Brief an Angehörige

Über den Stationsarzt bekamen wir Verbindung zu dem leitenden Psychologen des Krankenhauses. Im Verlauf einiger Gespräche entstand die Idee, uns mit einem Rundbrief an andere Angehörige zu wenden, um zu ihnen Verbindung zu bekommen und die von uns empfundene Isolierung als vereinzelte Angehörige, aber auch die Isolierung gegenüber dem Krankenhaus zu durchbrechen. Die Krankenhausleitung war bereit, unseren Brief an solche Angehörige zu verschicken, von denen irgendein Kontakt zu einem Kranken bekannt war. In einem Begleitbrief sollte darauf verwiesen werden, daß das Krankenhaus Adressen von Kranken nicht an Dritte weitergeben darf, aber durch den Versand des Rundbriefes gern die Kontaktaufnahme zwischen Angehörigen unterstützt. Im übrigen sollte es aber bei einer vom Krankenhaus unabhängigen Selbsthilfe der Angehörigen bleiben.

Bei einer Gesamtzahl von ca. 1.100 Kranken wurden ca. 500 Briefe an Angehörige verschickt. Etwa 60 Angehörige antworteten uns, z.T. sehr ausführlich. Aufgrund der eingegangenen Antworten schickten wir einen ersten direkten Rundbrief an die Interessierten. In einer Übersicht teilten wir mit, welche Problemfelder aus den Antworten sichtbar geworden waren und zwar:

- Gefühl der Überforderung im Umgang mit kranken Angehörigen. Erfahrung von Vorurteilen gegenüber psychisch Kranken. Fehlende Aussprachemöglichkeit über die eigene Situation.
- Eingeschränkte Kontaktmöglichkeit mit kranken Angehörigen aus Gründen des Alters, der Entfernung usw. Sorgen um Weiterführung des Kontaktes, wenn man selber nicht mehr kann. Schwierigkeit mit dem Besucherbus.
- Gefühl der Einsamkeit bei Besuchen in Rickling. Fehlende Aussprachemöglichkeiten mit Pflegern, Ärzten oder anderen therapeutischen Mitarbeitern nach Besuchen in Rickling oder nach einem Urlaub des Kranken.
- Zu geringe Beteiligung der Pfleger an therapeutischen Überlegungen und Maßnahmen.
- Sorge, daß kritische Anfragen zur ärztlichen Behandlung und zur Unterbringung im Krankenhaus zu Nachteilen für die Patienten führen könnten.
- Fehlen von Therapiemöglichkeiten, insbesondere für spezielle Krankheiten, wie z.B. Epilepsie.
- Unkenntnis über finanzielle Fragen wie Taschengeldregelung, Zahlungsverpflichtung für Angehörige usw.

Gleichzeitig luden wir zu einem Treffen nach Hamburg ein. Seitdem (Ende 1979) treffen wir uns alle vier bis sechs Wochen in einem Kreis von 12 bis 18 Menschen. Die Mitglieder der Gruppe kommen überwiegend aus Hamburg, einige aber auch über größere Entfernung aus Schleswig-Holstein. Nach den Treffen berichten wir in einem Rundbrief an alle Angehörigen, die die Verbindung zu uns aufgenommen haben. Zum Teil hat sich auch über die Rundbriefe ein lebhafter Kontakt entwikkelt.

Wenig Echo

Aus einer zweijährigen Erfahrung heraus haben wir — in Verabredung mit Mitarbeitern des Krankenhauses — einen Brief an Angehörige der Kranken in Rickling geschrieben, in dem wir über unsere Gruppe informieren. Wir wollten diesen Brief Ärzten und Therapeuten, Schwestern und Pflegern in die Hand geben, damit sie im Gespräch auf unsere Gruppe aufmerksam machen können, wenn ein Interesse oder Bedürfnis an einer Mitarbeit in der Gruppe erkennbar ist. Darin haben wir unsere Schwerpunkte so beschrieben: „Wir wollen

- im Gespräch miteinander uns gegenseitig helfen, unsere Situation als Angehörige von psychisch Kranken besser zu verstehen und unsere Erfahrungen im Umgang mit unseren kranken Angehörigen besser zu verarbeiten,
- im Gespräch mit Ärzten und Therapeuten, Schwestern und Pflegern unsere Erfahrungen und Anfragen in das Krankenhaus einbringen,
- im Gespräch mit den gesundheitspolitisch Verantwortlichen Anstöße zur Verbesserung der psychosozialen Versorgung geben."

Übrigens hat der Brief kein Echo gefunden, sei es, daß er doch nicht verteilt worden ist, sei es, daß sich niemand angesprochen fühlte. Vielleicht ist die Vermittlung über Vertreter des Krankenhauses nicht der richtige Weg gewesen, um andere Angehörige anzusprechen. Natürlich kommen die genannten Schwerpunkte nicht immer deutlich und gleichmäßig zum Ausdruck. Mit ihnen läßt sich aber die Eigenart der Gruppe beschreiben.

Solidarität in der Gruppe

Das Gespräch untereinander, die Auseinandersetzung mit der eigenen Situation und mit der Krankheit der nahen Angehörigen ist ein wesentlicher und unaufgebbarer Teil unserer Arbeit. Auch ohne eine bewußt in diese Richtung lenkenden Themenstellung erzählen Mitglieder der Gruppe immer wieder spontan, was sie in der Zwischenzeit erlebt haben. Für manche gibt es nur in der Gruppe die Möglichkeit, überhaupt von ihren Erlebnissen zu berichten. Nachbarn und Freunde, auch nahe Verwandte, wollen von diesem Thema nichts mehr hören, oder Angehörige wagen nicht, sich anderen gegenüber zur psychischen Erkrankung eines Mitgliedes der eigenen Familie zu bekennen. Manchen fällt es schwer, die Realität der Krankheit zu akzeptieren, gerade wenn die Erkrankung schwer ist und wenig Aussicht auf Besserung oder Heilung besteht. Es fällt auch immer wieder schwer, emotionale Distanz zu gewinnen, Schuldgefühle oder überfürsorgliche Identifikation abzubauen, Ängste angesichts fortschreitenden Verfalls der Persönlichkeit des Kranken auszuhalten. Dies alles kommt immer wieder zur Sprache, und wir erleben Ermutigung durch Teilnahme und Solidarität in der Gruppe, aber auch Korrektur durch die Konfrontation mit anderen Verarbeitungsmöglichkeiten.

Kontakte zu Mitarbeitern

Das Gespräch mit Vertretern des Krankenhauses ist wesentlich schwieriger. Es hat sich auf zwei Ebenen entwickelt. Die ersten Kontakte hatten wir mit einigen Pädagogen und Psychologen und über diese Gruppe liefen die Verabredungen, die zum Versand des ersten Rundbriefes durch das Krankenhaus führten. Über sie wurde ein ersten Gespräch mit Vertretern aller Mitarbeitergruppen von möglichst vielen Stationen vermittelt. Dieses Gespräch ging schief, weil wir das Gefühl hatten, wir sollten als Bundesgenossen in den Auseinandersetzungen einer Gruppe von Pädagogen und Psychologen mit der Krankenhausleitung oder mit anderen Stellen gebraucht werden. Mitarbeiter entzogen sich unserer Kritik am Krankenhaus, indem sie sich für unzuständig erklärten und sich selber kritisch vom Krankenhaus distanzierten. Ein Bündnis mit solchen Gruppen kann sicher hilfreich sein, aber nur dann, wenn beide Partner ihre Interessen offenlegen und sich auch darüber verständigen, was durch das Bündnis nicht abgedeckt wird.

Es gab auch andere Gespräche mit Ärzten und Therapeuten. Ein Arzt und ein Psychologe stellten sich als Ansprechpartner zur Verfügung, sei es im Gespräch in der Gruppe, sei es als Vermittler von Kontakten zu anderen Ärzten und Therapeuten.

In diesen Gesprächen erlebten wir die Vertreter des Krankenhauses als Anwalt der Kranken und deren Eigenständigkeit auch gerade in ihrem Anderssein. Zum Thema Körperpflege und Kleidung gingen unsere Meinungen am stärksten auseinander. Hier haben wir immer wieder den Eindruck, daß unsere kranken Angehörigen vernachlässigt werden und zu sehr sich selbst überlassen bleiben. Er ist bis heute nicht aufgearbeitet, aus welchem Zusammenhang die Zumutung an Selbstverantwortung einerseits und die Erwartung an Pflege andererseits kommen und inwieweit sie jeweils überzogen sind. Mit der Zeit hat der Kontakt zu diesen Ansprechpartnern aufgehört. Über aktuelle Anläße hinaus scheint es schwierig zu sein, hier zu einer kontinuierlichen Zusammenarbeit zu kommen.

Gespräch mit Klinikleitung

Wieder anders verlief das Gespräch mit der Krankenhausleitung. Ein erster Kontakt mit der Krankenhauspastorin, in der Krankenhausleitung zuständig für Angehörigenarbeit, war ermutigend. Nachträglich kommt mir unser Vorstoß auf eine Mitsprache von Angehörigenvertretern in der Gestaltung des Krankenhausalltags abenteuerlich vor. Konkrete Anregungen hatten wir von dem Elternbeirat einer Hamburger Einrichtung für Behinderte bekommen.

Die dortigen Erfahrungen mit Elternarbeit und Heimbeirat sowie die entsprechenden Gedanken des Heimgesetzes ließen sich unserer Meinung nach auf die Situation des Langzeitkrankenhauses Rickling übertragen.

In dem ersten Gespräch, das wir mit der Krankenhausleitung hatten, trugen wir unseren Vorschlag vor. Er wurde abgelehnt, weil die Bildung eines Angehörigenbeirats rechtlich nicht möglich sei, wir nur eine Minderheit der Angehörigen vertreten und die vielen Amtsvormünder nicht einbezogen sind, und schließlich, weil die Bildung eines Angehörigenbeirates zu Eingriffen in die allein vom zuständigen Arzt zu verantwortende Therapie führen könnte.

Diese Begründung hat uns nicht überzeugt. Allerdings waren wir auch nicht überzeugend und blieben zu sehr bei persönlichen Einzelerfahrungen hängen. Wir konnten nicht deutlich machen, daß nach unserer Meinung diese Einzelerfahrungen allgemeine Bedeutung haben. Aber immerhin, wir kamen zu einem weiterführenden Kompromiß. Die Krankenhausleitung verpflichtete sich, regelmäßig zum Gespräch mit uns zusammenzukommen und wies uns auch auf die Möglichkeit hin, in den Abteilungen des Krankenhauses entsprechende Gesprächsrunden zu verabreden. So hatten wir jetzt eine verbindliche Gesprächsbasis mit der Krankenhausleitung, wenn auch keine institutionalisierte Mitwirkung.

Diese Verabredung hatte aber keine Folgen. Vielleicht liegt das daran, daß wir bisher nicht das angemessene Thema für das Gespräch mit der Krankenhausleitung gefunden haben. Der Vorstoß auf einen Angehörigenbeirat wurde wohl als Infragestellung der eigenen Zuständigkeit und Kompetenz empfunden. Andererseits können Einzelheiten des Stationsalltags auf dieser Ebene nicht besprochen werden. Vielleicht spielt auch die Abstempelung mit einem gesundheitspolitischen Etikett eine Rolle. Eine Darstellung unserer Gruppe in einer Broschüre und Äußerungen bei der bürgerschaftlichen Anhörung zum Psychiatriebericht machten uns wohl verdächtig.

Politische Aktivitäten

Aber politisch wollten wir ja werden. Nur wie? Ein Gespräch mit der Psychiatriereferentin der Hamburger Gesundheitsbehörde verlief ebenso freundlich wie unverbindlich. Vor den Bürgerschaftswahlen studierten wir die gesundheitspolitischen Aussagen der Parteien. Aber unsere Kraft reichte nicht aus, um in Wahlversammlungen und bei anderen Gelegenheiten für die Interessen der psychisch Kranken und ihrer Angehörigen einzutreten.

Da boten der Hamburger Gesundheitstag 1982 und dann ein Forschungsprojekt über Selbsthilfegruppen im Gesundheitswesen die Plattform für eine öffentliche Diskussion. Betroffene — ob als Kranke oder als Angehörige — nahmen im Gespräch mit Vertretern von Politik und Verwaltung für sich in Anspruch, auf ihre Weise Experten in Fragen von Gesundheit und Krankheit zu sein. Eine solche Konfrontation hatte es bis dahin wohl noch nicht gegeben. Diese Auseinandersetzung wurde in der vom Gesundheitsausschuß der Bürgerschaft veranstalteten Anhörung zum Psychiatriebericht fortgesetzt. Die Grün-Alternative Liste sorgte dafür, daß auch Mitglieder von Angehörigen-Gruppen als Experten zu dieser Anhörung eingeladen wurden. Ich sehe noch das ratlose Gesicht der Ausschußvorsitzenden vor mit, als Angehörige die Spielregeln des üblichen Expertengesprächs durchbrachen und aus ihrer persönlichen Betroffenheit heraus sprachen. Mich haben diese Erfahrungen darin bestärkt, an dem Ziel einer Mitbestimmung der Betroffenen in der Gesellschaftspolitik festzuhalten und dafür Bundesgenossen und angemessene Formen zu suchen.

Die Arbeit geht weiter

Unsere Gruppe besteht jetzt seit fünf Jahren. Wir waren und sind unabhängig von Institutionen und von professionellen Mitarbeitern des Gesundheits- und Sozialwesens. Doch gibt es sozusagen professionelle Laien. Die Gründungsmitglieder und dann Leiter der Gruppen konnten Erfahrungen als Theologe in der Industrie- und Sozialarbeit der Kirche und als Kinder- und Jugendlichenpsychotherapeutin in die Gruppe einbringen. Wir befinden uns aber als Angehörige in der gleichen Situation wie die anderen Mitglieder der Gruppe. Wir können organisatorische Möglichkeiten einer Institution einbringen, ohne von einer Institution abhängig zu sein. Diese Voraussetzungen haben die Entwicklung unserer Gruppe wesentlich mitbestimmt. Aber inzwischen sind auch andere Mitglieder der Gruppe in eine größere Verantwortung nach innen und außen getreten.

Die Zusammensetzung der Gruppe ist fast unverändert. Das Problem der Selbstgenügsamkeit kommt auf. Der Kontakt zu- Mitgliedern“ ist dünner geworden. Wir müssen wieder von Neuem anfangen, um uns als Angehörige zusammenzufinden.

Selbsthilfegruppe Stuttgart

Marjorie Wingler

Was können wir für uns tun?

Darf ich mich zunächst vorstellen, ich bin Frau Wingler, die Vorsitzende der Aktionsgemeinschaft Stuttgart für psychisch Kranke und ihre Angehörigen e.V., einer Gemeinschaft, die seit 1970 besteht. Wir Angehörige von psychisch Kranken sind ja direkt von der Krankheit betroffen, und zwar in unserem persönlichen Bereich, in unserem Alltag. Wir sind aber auch in der Öffentlichkeit das Sprachrohr für unsere Kranken und für uns selbst. Wir haben Verantwortung zu tragen, Entscheidungen zu treffen und müssen dabei Kräfte entwickeln, um den Anforderungen, die auf uns zukommen, gerecht zu werden. Dabei brauchen wir Hilfe und Unterstützung von außen. Wir sind deshalb dankbar, daß wir heute hier zusammen sein können, um über unsere Probleme zu reden.

Mein Thema heißt: Was können wir für uns tun? Vielleicht können Sie sich noch erinnern, wie Sie zum ersten Mal eine psychische Erkrankung in der Familie erlebt haben und dabei zum Angehörigen eines psychisch Kranken wurden. Es ist immer ein ungeheurer Schock für eine Familie, wenn ein geliebter, anscheinend gesunder Mensch sich langsam oder plötzlich verändert, von seiner Umgebung zurückzieht, einen akuten Anfall hat, einen unerklärlichen Selbstmordversuch begeht, in sich zusammenfällt. Trotz ihrer Häufigkeit sind die Symptome einer psychischen Erkrankung in der Bevölkerung so wenig bekannt, daß der Angehörige mit Ratlosigkeit und Angst reagiert.

Sie alle kennen die Angst und Beklemmung, wenn Sie Ihren Patienten zum ersten Mal in das Krankenhaus einliefern und nicht wissen, was mit ihm dort geschieht. Nervenkliniken geht der Ruf des Unheimlichen voraus. Man hat vielleicht am Rande in der Presse von den Mißständen in unseren psychiatrischen Krankenhäusern gelesen, die noch bestehen mögen, und die man versucht zu beseitigen. Wir sollten jedoch dieses Mißverständnis überwinden. Ich kann aus sehr langer Erfahrung (33 Jahre) nur sagen, man muß den Ärzten und dem Pflegepersonal Vertrauen und Hochachtung entgegenbringen. Sie tun alle wirklich ihr Möglichstes für unsere Kranken, oft unter schwierigen Bedingungen, sie sind überarbeitet, leiden an Raumnot und an Enttäuschungen. Wir müssen unsere eigenen Empfindlichkeiten zurückdrängen und die Ärzte und deren Mitarbeiter als Partner sehen und als Verbündete im Bestreben nach der Heilung unserer Patienten.

Als Angehöriger hat man Angst, und man muß lernen, mit dieser Angst zu leben. Wir wissen nicht, was die Krankheit auslöst, wie lange sie dauert, wie stark die Persönlichkeit des Patienten sich verändert, ob die Krankheit wieder ausbricht nach der Entlassung, ob der Kranke seinem Beruf nachgehen kann, ob er überhaupt wieder arbeitsfähig wird, und was mit ihm passiert, wenn wir nicht mehr leben.

Wenn wir uns heute überlegen, was wir für uns tun können, so sollte man zunächst sagen, was man nicht tun soll. Jeder Angehörige überlegt sich, ob er irgendwie Schuld an der Erkrankung haben könnte. Ich kenne keinen Angehörigen, der sich nicht mit Schuldgefühlen quält. Diese werden oft verstärkt durch Ansichten einer jüngeren Ärztegeneration, daß die Familie und die Gesellschaft an der Krankheit schuld sei. Solange niemand weiß — auch nicht der erfahrendste Wissenschaftler — was die Ursache einer psychiatrischen Krankheit wirklich ist, solange fehlt auch der Beweis der Schuldfrage.

Ich erinnere an das Bibelwort aus dem Joh. Ev. Kap. 9, als die Jünger Jesu beim Anblick eines Blinden fragten: „Meister, wer hat gesündigt, dieser oder seine Eltern, daß er blind geboren ist?“ Und Jesus antwortete: „Es hat weder er gesündigt noch seine Eltern, sondern daß die Werke Gottes offenbart würden an ihm!“ Diese Antwort sollten wir uns vor Augen halten. Wir sollten uns von der Schuldfrage lösen und sagen: „Vergib uns unsere Schuld!“

Dann sucht der Angehörige in der weiteren Familie, ob irgendwo frühere Mitglieder psychisch krank waren, wie weit die Vererbung schuld sei. Das bringt auch nichts. Bei einer so weit verbreiteten Krankheit (in jeder Bevölkerungsgruppe der Welt, hat man festgestellt, liegt der Anteil der Schizophrenie konstant bei etwa 1 - 1,5%, und der Anteil der psychisch Labilen beträgt mindestens 5%. — Es gibt also kaum eine Familie, die nicht irgendwie einen psychisch Kranken hatte.), sollte man die Chancen der Vererbung nicht übertreiben und sich damit belasten.

Ein gefährlicher Augenblick für den Angehörigen ist, wenn er sich dem Selbstmitleid hingibt. Es ist bitter, wenn man sich allein fühlt mit seinen Sorgen, wenn man sieht, wie der geliebte Mensch leidet, wenn die anderen scheinbar ein schönes Leben haben, vieles genießen können, unbeschwert Reisen machen können, vergnügt und fröhlich sein können, und man selbst muß auf manches verzichten. Aber Selbstmitleid schadet.

Man sollte versuchen, im Zusammenleben mit einem psychisch Kranken sich einen Freiraum zu schaffen, etwas tun, das einem selbst Freude macht, damit man wieder Kräfte schöpfen kann. Das kann Musik, Lesen, Kunst, Wandern, Sport sein. Manchmal gelingt es auch, dies zusammen mit dem Patienten zu tun, wobei man den gesunden Teil des Patienten anspricht, und dann können beide, Angehöriger und Patient Freude empfinden.

Wir Angehörige sind die Verbindung des Kranken mit der Umwelt und haben da eine ganz große Aufgabe, aufzuklären, Brücken zu errichten und Vorurteile abzubauen. Angehörige reagieren oft überempfindlich auf echtes oder vermeintliches Unverständnis der anderen Menschen und vergessen oft, daß sie nicht anders waren als sie, bevor sie zu Angehörigen wurden. Man sollte in der weiteren Familie, in der Nachbarschaft ruhig darüber reden, daß man einen kranken Mann oder Sohn, eine kranke Mutter oder Tochter hat. Wie sollen denn je die Tabus vor der Krankheit verschwinden, wenn wir, als Angehörige, verschämt schweigen? Es ist unsere Aufgabe mitzuhelfen, die Vorurteile abzubauen. Ich habe es selbst erlebt, wenn ich in einem Kreis so nebenher erzähle, daß ich einen schizophrenen Sohn habe, nachher jemand auf mich zukommt und sagt, auch er habe einen Sohn oder Freund, der psychisch krank wäre. Dieser Mensch ist dann froh, daß er endlich von seinen Sorgen reden kann. Wir müssen uns offen zu unseren Kranken bekennen.

Eine wesentliche Hilfe für Angehörige sind Aktionsgemeinschaften, und ich kann Ihnen nur Gutes von unserer Stuttgarter berichten. Hervorgegangen ist sie aus einer Tagung der evangelischen Akademie in Bad Boll, für Angehörige von psychisch Kranken, die zum ersten Mal vor 10 Jahren stattfand. Diese Tagungen finden seitdem jedes Jahr statt und sind eine ganz große Hilfe für Angehörige. Ich kann Ihnen nur raten, einmal eine solche Tagung mitzumachen.

Unser Stuttgarter Kreis ist eine Selbsthilfegruppe der Angehörigen. Wir bemühen uns, die Angehörigen in ihrem Leid zu stützen, ihnen Informationen zu geben über den Umgang mit einem psychisch Kranken und alles, was ihn angeht. Die Gruppe trifft sich einmal im Monat. Hier können die Angehörigen frei über ihre Probleme reden und finden gegenseitiges Verständnis. Wir bemühen uns, Redner zu finden, die über ihre Sachgebiete sprechen, und es waren viele bereit, zu uns zu kommen.

Wir kümmern uns aber nicht nur um unsere eigenen Angehörigen, sondern wir legen Wert darauf, daß die Belange der Angehörigen auch in einem großen Kreis gehört werden. Wenn wir wirklich eine Verbesserung der Lage der Psychiatrie in der Bundesrepublik erreichen wollen, müssen wir in den Gremien, die dafür arbeiten, vertreten sein und dort mitarbeiten. Dies ist eine ganz wichtige Verpflichtung der Angehörigen. Es kann nicht von oben her über unsere Kranken verfügt werden. Sie sind nicht alle Sozialempfänger, über die man einfach entscheiden kann. Es ist unbedingt wichtig für uns Angehörige, daß wir verfolgen, was in der Psychiatrie in der Bundesrepublik geschieht, und es wäre gut, wenn wir auf die kommenden Pläne und Gesetze Einfluß gewinnen könnten, denn sie betreffen ja uns persönlich.

Unser Kreis ist Mitglied des Dachverbandes psychosozialer Hilfsvereinigungen in der Bundesrepublik, und wir werden eingeladen zu ihren Tagungen und denen der Deutschen Gesellschaft für Soziale Psychiatrie. Wir besuchen regelmäßig die Besprechungen der BWGSP, und man hat sich daran gewöhnt, auf uns zu hören. Wir können und dürfen nicht an der Klagemauer stehen, sondern müssen aktiv werden. Die Angehörigenverbände in Frankreich und England haben Tausende Mitglieder und werden gehört. Wir sollten hierzulande auch mehr Einfluß bekommen.

Dabei komme ich auf eines unserer Hauptprobleme. Es fehlt uns an Nachwuchs, der uns nach außen vertreten kann. Unsere älteren Mitarbeiter werden müde. Viele Angehörige sind zu lange belastet worden, sie sind erschöpft. Wir brauchen junge Mitglieder, die bereit sind, Verantwortung zu tragen und hinaus in die Öffentlichkeit zu treten. Sie werden gemerkt haben, es tut sich jetzt etwas — endlich — in der Psychiatrie.

Sie sehen, wir Angehörige haben einen weiten Aufgabenkreis vor uns, und da müssen wir, unseren Kranken zuliebe, mithelfen, daß sie in einer besseren und verständnisvolleren Welt leben werden.

Wir dürfen die Hoffnung nicht aufgeben.

Überarbeitete Fassung eines Vortrages bei einer Angehörigentagung des PLK Winnenden.

Die Angehörigen psychisch Kranker Probleme — Aktionsgemeinschaften

Marjorie Wingler

Seit der Erfindung der Psychopharmaka und ihrer Weiterentwicklung seit den 50er Jahren, — eine für die Behandlung psychisch Kranker revolutionäre Entdeckung, die tief und veränderlich eingegriffen hat in die Heilung, Pflege und Versorgung psychisch Kranker, — ist es gelungen, den Krankenhausaufenthalt wesentlich zu verkürzen, Hospitalisierungsschäden zu vermeiden, und sobald die akuten Symptome beseitigt sind, den Patienten zu entlassen und ihn bis zu einem gewissen Grad zu rehabilitieren. Wo aber die begleitenden Hilfen außerhalb der Klinik fehlen, die zu einer Wiedereingliederung unbedingt erforderlich sind, fällt die ganze Last der Pflege und Nachsorge auf die Angehörigen. Anders als bei dem geistig behinderten Kind sind die Angehörigen des erwachsenen psychisch Kranken nicht mehr jung, die Krankheit kann sich jahrelang hinziehen, der Angehörige ist nicht mehr den Spannungen gewachsen, wird selbst erschöpft und hilfebedürftig.

Selbst in einer intakten Familie, die bereit ist, den Patienten anzunehmen, muß der täglich, zermürbende Umgang mit ihm gelernt werden, die Annahme erfordert von allen Familienmitgliedern Geduld, Zuneigung und Opferbereitschaft. Tatsache ist es jedoch, daß viele Patienten in einer Familie leben, die über ihre Kräfte vom Patienten beansprucht wird, sei es weil die Familie nur noch aus einem alten Elternteil besteht, sei es, weil bei einem erkrankten Ehepartner der gesunde und die heranwachsenden Kinder über das erträgliche Maß gefordert werden, oder sei es, weil die Gegenwart eines kranken Elternteils oder eines der Geschwister des Ehepartners eine Ehe schwer belasten kann. Die Hilfe für den Angehörigen in der näheren und weiteren Umgebung versagt aus mangelndem Verständnis, Vorurteilen gegenüber der psychischen Krankheit und auch aus Mangel an begleitenden sozialen Diensten in der Gemeinde.

Diese Probleme der Angehörigen sind nicht auf die BRD beschränkt, in ihrer gemeinsamen Not haben sich in vielen Ländern der Welt Angehörigengruppen zu Selbsthilfeorganisationen zusammengeschlossen. Die Ziele dieser Aktionen sind ähnlich, manchmal liegen die Schwerpunkte etwas anders, aber sie wollen alle die Behandlung, Versorgung und das Ansehen des psychisch kranken Menschen bessern und dem Angehörigen in seiner Not helfen, seinen Problemen in der Öffentlichkeit Gehör verschaffen, ihn beraten über den Umgang mit dem Patienten, ihm Informationen geben über Art und Verlauf der Krankheit, über finanzielle und rechtliche Belange und vor allem den Angehörigen seelisch stützen und ihm Kraft und Hoffnung geben. In Frankreich besteht die „Unafam" (Union des Familles des Malades Mentaux), seit 1963 mit Sitz in Paris, mit über 50 Beratungsstellen über das ganze Land verbreitet und mit 4.000 Mitgliedern. Durch breit angelegte Arbeit, Veröffentlichungen, Kongresse wie in Lille, Straßburg, Rennes, hat die „Unafam" die öffentliche Meinung aufgerüttelt und die Not des psychisch Kranken und seiner Angehörigen ins Bewußtsein der Bevölkerung gebracht.

In Großbritannien wurde 1970 die „National Fellowship for Schizophrenia" gegründet, eine Gemeinschaft, die mittlerweile in fast allen größeren Städten und fast allen Grafschaften, Englands, Wales' und Schottlands Beratungsstellen und Arbeitsgruppen für Angehörige hat und viel dazu beigetragen hat, das Ansehen des psychisch Kranken im Land zu verbessern, durch hervorragende Öffentlichkeitsarbeit in den Gemeinden, in der Presse und im Rundfunk. Gerade in diesem Jahr bringt sie eine wichtige Sendereihe über die neuesten Forschungen in der Schizophrenie. Sie hat einige sehr interessante und aufschlußreiche Schriften veröffentlich mit Aussagen und Briefen von Angehörigen über ihre Not. In England und in Frankreich werden die „Unafam" und die „Fellowship for Schizophrenia" von führenden Psychiatern und Fachärzten der Sozialpsychiatrie unterstützt, namhafte Persönlichkeiten sind in ihren Kuratorien und Vorständen.

In der BRD hat die Evangelische Akademie in Bad Boll zusammen mit dem Diakonischen Werk Stuttgart sich sehr für

die Angehörigenprobleme eingesetzt. Die ersten Angehörigengruppen wurden im Jahre 1970 in Stuttgart und 1972 in Tübingen gebildet nach zwei vorhergehenden Wochenendtagungen der Akademie mit den Themen „Besser verstehen heißt besser handeln“ und „Welche Hilfen gibt es für Familien seelisch Kranker?“ Inzwischen hat schon die 10. Tagung stattgefunden, seit 1975 bietet die Akademie zwei getrennte Tagungen für Nord- und Süd-Württemberg an, wobei zur ersten vorwiegend die Angehörigen der Patienten des Psychiatrischen Landeskrankenhauses Weinsberg kommen, während zu der anderen hauptsächlich die aus Stuttgart und Umgebung kommen, deren Patienten vorwiegend zu Hause in Stuttgart oder in anderen PL-Krankenhäusern, Privatkliniken oder Heimen leben. Diese Tagungen bedeuten für den einzelnen Angehörigen große Hilfe. Es ist jedesmal beeindrukkend zu erleben, wie Angehörige, die das erste Mal dabei sind, erleichtert plötzlich erfahren, daß sie nicht allein gelassen sind in ihrem Kummer, und daß es andere Menschen gibt in derselben Lage, von denen sie verstanden werden.
Bei diesen Tagungen wird von einem Psychiater ein Thema von allgemeinem Interesse behandelt, das dann in kleinen Gruppen unter der Leitung eines Gruppenleiters, der Arzt, Psychotherapeut, Sozialarbeiter oder Pfarrer sein kann, weiter besprochen wird. In diesen kleinen Gruppen können die Angehörigen frei reden über alles, was sie bedrängt. Da kommen Klagen über die oft unzureichende Hilfe durch Ärzte, die teils aus Zeitmangel oder aus Unverständnis den Angehörigen nur in mangelnder Weise über Art und Verlauf der Krankheit aufklären. Es treten unbewältigte Schuldgefühle auf, die um die gestörten Mutter-Kindbeziehungen kreisen und um schuldhaftes Verhalten in der Vergangenheit, die zu der Erkrankung hätten führen können, Vorwürfe, die oft von Vertretern der modernen Psychiatrie den Angehörigen gemacht werden, ohne ihnen gleichzeitig Hilfe zu geben, um diese Vorwürfe zu bewältigen, und die die Angehörigen nur noch mehr verletzen und verunsichern. Diese Aussprachen tragen bei zur Bewältigung der Probleme. Ferner werden bei den Tagungen Informationen über rechtliche und finanzielle Hilfen gegeben.

Ähnliche Tagungen finden in der Evangelischen Akademie Bad Segeberg statt. Auch die Katholische Akademie Hohenheim hat mehrfach Tagungen über den „Umgang mit psychisch Kranken" durchgeführt.

Die „Aktionsgemeinschaft Stuttgart für psychisch Kranke und ihre Angehörigen" trifft sich einmal im Monat. Sie hat etwa 100 Angehörige erfaßt, von denen ein Teil regelmäßig die Abende besucht. Im Lauf der Zeit hat sich ein Freundeskreis gebildet, in dem jeder dem anderen Hilfe anbietet. Der Aktionskreis bemüht sich, den Angehörigen Informationen zu bringen über interessierende Gebiete, mit Rehabilitationsstätten Kontakt aufzunehmen, in der Stadtverwaltung, in der Öffentlichkeit, bei den Patienten auf die Probleme der Angehörigen und der Patienten hinzuweisen. Als Referenten für die Informationsabende werden Ärzte, Psychotherapeuten und Sozialarbeiter gewonnen.

Trotz aller Bemühungen führen die Aktionsgemeinschaften in der BRD noch ein Schattendasein verglichen mit den entsprechenden Aktionen in Großbritannien und in Frankreich, und sie finden weder in der Öffentlichkeit noch bei der Ärzteschaft das Interesse, das sie verdienen.

Schon 1976 wurde dieser Text geschrieben. Zuerst erschien er in den „Blättern der Wohlfahrtspflege" 10/1976.

Warum und mit welchen Zielen schließen sich Angehörige psychisch Kranker zusammen?

Edgar Pommerin

1977 kam ich zum ersten Male mit der Psychiatrie in Berührung. Mein damals 21jähriger Sohn wurde in eine Nervenklinik eingeliefert. Die Diagnose lautete: Schizophrenie. Wir, seine Eltern, wurden mit einer Tatsache konfrontiert, deren Auswirkungen uns in der nachfolgenden Zeit in vielfältiger Weise schwer belastete. Dem Geschehen um unseren Sohn standen wir rat- und hilflos gegenüber. Dem Gefühl ausgesetzt, allein gelassen zu sein, vermieden wir zusätzlich die Nähe anderer. Dieser Zustand dauerte etwa zwei Jahre. Erst zögernd, dann immer mehr uns bemühend, setzten wir uns mit den, unseren Sohn und uns umgebenden Verhältnissen, Zuständen und Begleiterscheinungen auseinander. Etwa zur gleichen Zeit war innerhalb der Psychiatrie einiges in Bewegung geraten. Die damals wie heute noch vertretene Meinung, ungünstige Erziehungseinflüsse durch Elternhaus und Familie haben auslösende Wirkung auf das Auftreten der Krankheit wurde in den Hintergrund gedrängt durch die Auffassung, die Familie sei aus dem Behandlungsrahmen nicht mehr auszuschließen.

Wenn Angehörige dieses zwar als positiv empfanden, so bleibt doch dreierlei als belastend bestehen:

- der beschämende Streit zwischen Psychiatrie und Psychotherapie
- die auf dem einzelnen wie auf der Gesellschaft ruhende Hypothek des Nationalsozialismus, der im Rahmen seines Euthanasie-Programms die Psychiatrie als Tötungsinstitution mißbrauchte
- die dieses Geschehen auslösende Theorie der Vererbbarkeit von psychischen Krankheiten, die die Vorstellungen von Fach-

leuten und Laien beeinflussen, gestern und vielleicht auch morgen noch.

Damit einhergehend die Selbstbezichtigung durch die Familie von Betroffenen einerseits als auch die Diskriminierung und Gleichgültigkeit der Nichtbetroffenen andererseits. Dem ist in mühevoller Kleinarbeit entgegenzuwirken. Der einzelne kann nur wenig ausrichten, den Dingen eine positive Richtung geben. Um seine Ohnmacht zu überwinden, muß er umdenken. Muß er Wege suchen, die ihn in eine Gemeinschaft Gleichgesinnter führen. Ein solches Unternehmen soll heute gegründet werden. Im Zusammenschluß der Angehörigen ist eine Kraftentfaltung möglich, die Passivität und Unaufgeschlossenheit überwinden kann. Die Möglichkeit eröffnet sich, Einfluß zu nehmen auf Menschen und Institutionen, auf politische Prozesse und Entscheidungsfindungen. Nicht zuletzt ist es Ziel der Angehörigen, gesellschaftliches Umdenken in Gang zu setzen, zum Wohle psychisch Kranker und Behinderter.

In den letzten zehn Jahren fanden immer mehr Familienangehörige den Weg zueinander. Sie gründeten Vereine und Aktionsgemeinschaften. Engagierte Ärzte, Therapeuten und Sozialarbeiter waren und sich ihnen dabei behilflich, sich zusammenzuschließen, sie geben ihnen Motivation und Startmöglichkeiten. Manche dieser Gruppen machen sich selbständig, arbeiten mit in Verbänden und Organisationen. Die Mitglieder dieser Vereine haben sich befreit aus der Situation des Duldenmüssens in Ängsten, der Schuldzuweisung ohne Widerspruch, des Verbergens vor den Augen der anderen. Kurz, eine Gruppe von Benachteiligten entdeckt ihre Fähigkeit zur Selbstbehauptung, fordert das Recht auf Anhörung, macht auf Fehler und Unterlassenes aufmerksam und ist bereit, Verantwortung zu übernehmen.

Wie ist dieses möglich geworden? Sowohl Anstöße erhaltend als auch auf Grund eigenen Umdenkens sind Angehörige sich darüber heute im klaren, daß sie selbst vorangehen müssen in der Wahrnehmung eigener Interessen wie auch derjenigen ihrer kranken Familienmitglieder. Sie sind berufen als die neben den Erkrankten in vergleichbarem Maße Betroffenen aus eigenem Erleben zu berichten, darzustellen, vorzuschlagen und die daraus abzuleitenden Forderungen zu vertreten. Es kann ihnen die Anhörung nicht verweigert und die Mitsprache nicht mehr länger vorenthalten werden.

Für alle Angehörigen lassen sich folgende Schwerpunkte in der Zielsetzung formulieren:

- Den Familien der Betroffenen ist Entlastung zu schaffen durch Information, Orientierung und Erfahrungsaustausch. In dieses Beziehungsfeld sind alle Fachleute einbezogen.
- Heraustreten aus den Grenzen individueller bzw. gruppeninterner Problembehandlung, hin zur selbstbestimmten, selbstverantwortlichen Solidargemeinschaft.
- In Selbsthilfe Versorgungsangebote zu planen, zu entwikkeln und für deren Durchführung sich einzusetzen.

Dieses alles soll geschehen auf dem Hintergrund der Mobilisation des einzelnen Angehörigen. Ein wichtiger Faktor der Selbsthilfe ist das Anbieten von Mitarbeit in allen Bereichen einer solchen Organisation. Der Mensch kann sich in einem bestimmten Maße von Angst, Sorge und Einengung befreien, wenn er mit Gleichbetroffenen zum Wohle anderer tätig wird. Darüberhinaus müssen Angehörige versuchen, durch sachliche Information eine sachbezogene Einstellung zu ihrer Situation zu erhalten, zu festigen und zu erweitern. Vor allem aber durch die besonderen Verhältnisse, die die Krankheit für alle in der Familie mit sich bringt, bereit sein, sich in ihrer inneren Einstellung verändern zu lassen. Eine neue Bewertung der bisher für den einzelnen bestehenden Maßstäbe und Normen zu akzeptieren. Darin ist die Empfehlung eingeschlossen, Zeit und Kraft nicht dafür einzusetzen, Schuld und Verstrickung aufspüren zu wollen und Vorwürfen keinen Raum zu geben. Nur so können sich Familien der Erkrankten den Erfordernissen der Zeit stellen, den Widrigkeiten begegnen und die anstehenden Aufgaben in Angriff nehmen.

Ein Vorhaben, das bisher keine Erwähnung gefunden hat, ist der Abbau von Vorurteilen — für viele Angehörige ein wichtiges Anliegen. Manches, was in diesem Zusammenhang bisher geboten wurde, hat nicht in gewünschtem Maße aufklärend gewirkt. Durch das Nach-Außen-Treten der Angehörigen und ihr Wirken in der Öffentlichkeit kann diese veranlaßt werden, ihr Bild von diesem Menschen zu überprüfen und zu korrigieren und zu der Ansicht kommen: Das sind Menschen mit Mut und Zivilcourage, sie treten offen für sich und ihre kranken Angehörigen ein. Das kann Respekt zur Folge haben. Das sind Menschen wie Du und ich. Sie sind weder Gezeichnete noch sind sie Asoziale. Es sind Nachbarn und Kollegen wie alle anderen auch. Das kann eine Basis für Vertrauen schaffen. Das sind Menschen, die ein schweres Schicksal weitgehend selbst zu meistern versuchen, die eine Not ertragen müssen, von der wir bislang keine Vorstellung hatten. Das kann eine Basis schaffen für Verständnis und Hilfsbereitschaft.

Letztlich sollte der Teil der Rede des Bundespräsidenten, die er aus Anlaß des 40. Jahrestages der Beendigung des Zweiten Weltkrieges gehalten hat, ihre Wirkung auf alle Nachdenklichen nicht verfehlen, in dem er uns auffordert „... unser eigenes historisches Gedächtnis als Leitlinie für unser Vorhaben in der Gegenwart zu nutzen ... Wenn wir uns daran erinnern, daß Geisteskranke im Dritten Reich getötet wurden, werden wir die Zuwendung zu psychisch kranken Bürgern als eigene Aufgabe verstehen." Das läßt Hoffnung aufkommen für die Kranken und deren Angehörige.

Der Weg, der mit der Gründung des Bundesverbandes vor uns liegt, kann von uns allein nicht beschritten werden. Wer ist unser Partner? Wer sind diejenigen, die mit uns gemeinsam für das Wohl der Kranken wirken wollen und sollen?

Die Politiker am Ort, in Land und Bund. Bei diesem Personenkreis ist die Ansprache derjenigen wichtig, die das Mandat des jeweiligen Wahlkreises tragen, in welchem wir unsere Wohnsitz haben. Wir müssen uns aber darüber im klaren sein: Psychiatrie ist kein brauchbares Thema für parteipolitische Erörterungen.

Die Fachleute. Wir wiederholen hiermit unser Angebot an Sie. Lassen Sie das zum Teil ausgewogene Verhältnis zwischen uns einmünden in ein solches, das bestimmt wird von einem vorurteilsfreien, sachbezogenen Aufeinanderzugehen.

Die Wohlfahrtsverbände und Behindertenorganisationen. Wir streben Ihre Partnerschaft an. Aus gleichem Wollen und Tun kann die Basis guter Zusammenarbeit sich ergeben. Dagegen bedeutet Handeln aus Gründen der Konkurrenz Schwächung der Position der daran Beteiligten.

Die Laienhelfer. Sie sind — so meine ich — die natürlichen Bundesgenossen der Angehörigen. Mancher Angehörige ist selbst Laienhelfer oder übt gleichartige Tätigkeiten aus. Damit ist eine Grundlage gemeinsamen Wirkens gegeben, ohne daß der Bereich des anderen Einschränkungen erfahren muß. Gemeinsamkeiten mit den Laienhelfern werden besonders deutlich, wenn ich daran erinnere, daß der Bundesverband ein legitimer Abkömmling des Dachverbandes Psychosozialer Hilfsvereinigungen ist. In dieser Laienorganisation hat er sich entwickelt durch besondere Unterstützung und Förderung und mit einer in die Zukunft weisenden Zusammenarbeit.

Zu nennen sind weiterhin die *Gewerkschaften und die Arbeitgeber*, die sich zunehmend für die Probleme im Zusammenhang mit psychischen Krankheiten interessieren.

Zu Menschen und Institutionen können wir gute oder weniger gute Beziehungen haben. Sie mögen uns verstehen oder uns schwierig finden. Wir können Einfluß gewinnen oder müssen ohne Förderung arbeiten. Wichtig ist, daß wir zu jeder Zeit eine klare Auskunft darüber geben und uns durch unser Handeln damit ausweisen, indem wir auf die hiermit gestellten Fragen antworten können: Welche Forderungen stellen wir an uns selbst und was erwarten wir von anderen?

Zum ersten: Angehörigenarbeit ist nicht Ersatz für fehlende fachmännische Angebote. Sie ist Ergänzung und Erweiterung dessen. Ihre erste Aufgabe ist es, rat- und hilfesuchenden Angehörigen Beistand und Stütze zu sein. Darüberhinaus haben wir folgendes zu tun:

- Anstöße geben, damit neue Wege beschritten werden
- Initiativen fördern in Kooperation mit allen Gutwilligen
- Mahnen bei Verzögerung oder Untätigkeit
- Das, was wir wollen, selbst infrage stellen.

Zum zweiten: von anderen erwarten wir Hilfe bei der Sicherung der materiellen Existenz der Betroffenen und ihrer Angehörigen sowie die Sicherung und Entwicklung einer dem heutigen Stande der Praxis und Wissenschaft entsprechenden psychiatrischen Versorgung. Hierzu zählen:

- Durchsetzen des Anspruchs auf Behandlung auf Kosten der Krankenversicherung, auch bei langwierigen Krankheitsverläufen
- Einrichten und Betreiben eines permanent einsatzbereiten, ambulanten Notfalldienstes
- Einrichten von Kurzzeitplätzen/-heimen zur temporären Entlastung der Familien bei Krankheit oder Urlaub
- Schaffen von lebensbegleitenden Hilfen aller Art, um der psychisch Kranken eine Existenz außerhalb von Kliniken und Anstalten zu ermöglichen. Dazu gehören: ein ausreichendes, qualifiziertes Wohnungsangebot, Tagesstätten mit Wochenendbetrieb, Treffpunkte und Firmen für Langzeitpatienten.

Der Wiener Psychiater Katschning fordert uns auf: „... aktive und selbstbewußte Mitarbeiter der Situation zu sein ..." und sagt weiter: „... die Angehörigen sind die dritte Säule neben den Patienten und den psychiatrischen Experten in der Versorgung psychisch Kranker, besonders im Zeitalter der gemeindenahen Psychiatrie. Dieses ist bisher zu wenig in die Vorstellung derjenigen eingedrungen, die für die Planung der psychiatrischen Versorgung zuständig sind." Wenn es den Angehörigen gelingt, bei der Bevölkerung, den Politikern, besonders aber bei den Fachleuten dieses Bewußtsein zu bewirken und zu festigen, so ist die Gründung des Bundesverbandes der Angehörigen psychisch Kranker, meiner Meinung nach, eine der längst fällig gewordenen, unerläßlichen, positiven Änderungen im Bereich der Psychiatrie in der Bundesrepublik Deutschland.

Rede, gehalten zur Gründung des Bundesverbandes der Angehörigen psychischer Kranker im Juli 1985.

IV. *Literatur und Wissenschaft zum Thema*

von Albrecht Egetmeyer

Bei der ersten Auflage dieses Buches hatten wir zunächst an die in der Psychiatrie Tätigen als potentielle Leser gedacht und hatten dementsprechend auch die Literaturhinweise im Anhang zusammengestellt.

Der „Freispruch“ wurde jedoch gleichermaßen von Kollegen und Angehörigen gelesen und war offenbar für viele beruflich Tätige und für viele Angehörige eine Ermutigung, mit Angehörigengruppen zu beginnen, bzw. sich mit gleichermaßen Betroffenen zusammen zu tun, sich öffentlich zu bekennen und zur Lobby für psychisch Kranke und ihre Familien zu werden.

Beide Leserkreise sind bei er folgenden Literaturauswahl berücksichtigt, dabei dürfte es für Angehörige und Laien schwieriger sein, sich Artikel aus Zeitschriften zu besorgen; in den letzten Jahren sind aber viele wichtige Artikel und Referate in Büchern oder Tagungsberichten nachgedruckt worden.

Am Ende dieses Kapitels finden sich alle zitierte Arbeiten in alphabetischer Reihenfolge aufgelistet, jedoch im Hinblick auf die beiden Leserkreise getrennt nach Büchern, wissenschaftlichen Zeitschriften, Schriften von Verbänden, Tagungsberichten und Informationsbroschüren mit dazugehörigen Bestelladressen.

Auch heute noch muß die von Angehörigen häufig gestellte Frage, welche Lektüre zu weiteren Informationen empfehlenswert ist, jeden Experten in Verlegenheit bringen. Vielleicht wird er auch der Meinung sein, Angehörige sollten am besten gar nichts lesen. Dieser vielleicht wohlgemeinte, aber sicher selten befolgte Rat übersieht das von Sorge und Erklärungssuchen genährte Wissensbedürfnis, das nicht zuletzt die Experten durch ihren zurückhaltenden Umgang mit Fachwissen (und mit dem „Nichtwissen") fördern. Experten sind sich häufig nicht im klaren darüber, was von Angehörigen alles gelesen wird — vom Artikel aus dem Readers Digest über populärwissenschaftliche „Psycho-Literatur" bis hin zum Handbuchartikel und zur Monographie über Schizophrenie.

Viele Fachbücher werben in den letzten Jahren auf ihren Klappentexten, wenn nicht sogar schon auf der Titelseite mit dem Anspruch, sowohl für Studierende und Praktika aller Berufsgruppen, als auch für interessierte Laien und Betroffene verfaßt worden zu sein; manchmal entsteht der Verdacht, daß dabei in erster Linie an die Erschließung weiterer Absatzmärkte gedacht wird und daß mit der Not ein Geschäft gemacht wird.

Was kann man Angehörigen denn guten Gewissens empfehlen? Als erster Einstieg sicher die Broschüre: „Familien helfen sich selbst" (1985), herausgegeben vom Dachverband Psychosozialer Hilfsvereinigungen, die zwar nicht über psychische Krankheiten, Behandlungsmethoden oder Hilfsmöglichkeiten informiert, sondern über das Aufzeigen der Not der Familien psychisch Kranker den Weg zur Selbsthilfe weisen will.

Daneben gibt es, abgesehen von den wenig tauglichen und oft einseitig auf die Behandlung mit Psychopharmaka beschränkten Broschüren der pharmazeutischen Industrie, in denen die Angehörigen betulich aufgeklärt und für die Medikamenteneinnahme in die Pflicht genommen werden, einige Informationsschriften über psychische Erkrankungen, Behandlungsmethoden und Hilfsmöglichkeiten, die sich an Patienten, Angehörige und Laien wenden. In ihnen geht es vor allem um sachliche Informationen, das Aufzeigen von Hilfsmöglichkeiten, das Verständnis für die Situation psychisch Kranker. Die Not der Familien kommt dabei seltener ins Blickfeld. Diese Broschüren sind oft lesenswerter, als ein schwer verdauliches Fachbuch. Gelungene Beispiele sind vor allem das Heft „Psychisch krank" (1976), das vom Diakonischen Werk der EKD herausgegeben wird, und das zum Ende des Jahres 1987 neu überarbeitet erscheinen soll.

Weiterhin sind zu nennen: „Wohl oder übel?“, herausgegeben von der Bundesarbeitsgemeinschaft der Träger psychiatrischer Krankenhäuser, das vor allem über medikamentöse Behandlung informiert, sowie das Heft: „Gestörte Einheit“ von der Aktion psychisch Kranke.

Viel schmaler ist die Auswahl für die Angehörigen gerontopsychiatrischer Patienten, die sich auch zunehmend in Helferkreisen und Angehörigengruppen zusammenfinden. Lesenswert erscheint die Schrift: „Hilfe und Pflege im Alter“ vom Kuratorium Deutsche Altershilfe und die Informationsschrift: „Die Alzheimersche Krankheit — Fragen und Antworten“, herausgegeben von der neu gegründeten Alzheimer-Gesellschaft in München.

Die bisherigen Hinweise sind nicht so zu verstehen, daß Angehörige nicht mit Gewinn Fachliteratur lesen könnten; Die Lektüre wird jedoch kaum die lebendige Lernmöglichkeit einer Gruppe ersetzen können — dies gilt genauso für die Experten. Die folgenden Literaturhinweise können nur die für die Angehörigenarbeit relevanten Themenbereiche abdecken; die Auswahl hat nicht den Anspruch, vollständig zu sein und berücksichtigt auch die Zugänglichkeit der einzelnen Veröffentlichung.

Ergebnisse von Forschungsprojekten, auch aus dem Ausland, die bisher nur in Fachzeitschriften nachzulesen waren, sind in den letzten Jahren, ebenso wie Referate auf Tagungen, in Sammelbänden nachgedruckt worden und somit auch ohne Bibliothek für Laien leichter zu erhalten.

Die Literatur zum Thema „Familien und psychische Krankheit“ ist kaum zu überblicken; demgegenüber ist die Zahl der Berichte über Angehörigenarbeit vergleichsweise gering. Bei diesen wiederum überwiegen die Veröffentlichungen über therapeutische Angehörigenarbeit, was sicher dadurch zu erklären ist, daß seit einigen Jahren zu diesem Thema Forschungsprojekte an den Universitätskliniken in Heidelberg, Münster, Hannover und am Psychologischen Institut der Universität Konstanz durchgeführt werden. Weitaus weniger Berichte gibt es über die zu Hunderten entstandenen Angehörigengruppen an stationären und ambulanten psychiatrischen Einrichtungen und die Aktionsgemeinschaften von Angehörigen, die aus Eigeninitiative entstanden sind. Nur vereinzelt finden sich Arbeiten von Angehörigengruppen mit gerontopsychiatrischen Patienten, — so bei Maiwald (1986).

Das zunehmende Interesse an Angehörigenarbeit in der Psychiatrie hat auch dazu geführt, daß dieses Thema auf vielen Fachtagungen in Referaten und Arbeitsgruppen behandelt wurde. Vereinzelt liegen darüber Tagungsberichte vor, besonders zu erwähnen sind die zweijährig stattfindenden Riedstädter Symposien über Angehörigenarbeit, von denen der Bericht über die Tagung 1984 bereits vorliegt, und der von 1986 bald folgen soll.

Die umfangreiche *Literatur zur Familientherapie* in ihren verschiedenen Praxisfeldern kann hier nicht berücksichtigt werden; empfohlen wird der Sammelband: „Familie und seelische Krankheit" von Richter, Strotzka und Willi (1976), in dem sich auch die unten zitierten Arbeiten von Uchtenhagen und Schindler finden. Weitere kritische Leseempfehlungen zur Familientherapie finden sich bei Finzen (1979), der damals zu recht beklagt, daß das Versorgungsangebot der Familientherapie — ähnlich wie es bereits mit anderen psychotherapeutischen Methoden geschehen ist — sich vor allem im ambulanten Bereich entwickelt, und letztlich den psychiatrischen Patienten nicht zugute kommt.

Wir sind mit ihm einer Meinung, daß weniger anspruchsvolle Techniken als eine familienorientierte Arbeitsweise benötigt wird, die für den Alltag der jeweiligen psychiatrischen Institution zugeschnitten ist, und die berücksichtigt, daß die Familien bevor sie selbst in Therapie genommen werden, sich eine normalere Begegnungsform wünschen.

Zwischen den Extremen der Nichtbeachtung oder des aktiven Ausschlußes aus der Behandlung (auch therapeutische „Parentektomie" genannt) und dem Angebot in einer längerfristigen Familientherapie sind von der Aufnahme eines Patienten bis zu seiner Entlassung und danach eine Vielzahl von familienbezogenen Aktivitäten möglich, die auch die Grundregeln der Familientherapie beachten. Anregungen hierfür geben für die Arbeit auf psychiatrischen Aufnahmestationen Heltzel (1984) sowie Rave-Schwank und Köhler-Offierski (1986), die neben den Angehörigengruppen das Angebot von „Angehörigentagen" und „Angehörigenbriefen" beschreiben, die vor allem für Angehörige von Langzeitkranken gedacht und auf die Arbeitsbedingungen eines Landeskrankenhauses zugeschnitten sind.

Die anfangs polemisch geführte Kontroverse zwischen Familientherapeuten und Befürwortern der Angehörigenarbeit ist verebbt.; statt dessen hat in den vergangenen Jahren vielerorts ein Diskussionsprozess über das Verhältnis von Angehörigenarbeit und Familientherapie auf zwei Ebenen begonnen: Innerhalb der psychiatrischen Institutionen haben immer mehr Kollegen statt oder neben einer individualtherapeutischen Ausbildung eine familientherapeutische Weiterbildung begonnen, die sie vor die Schwierigkeit stellt, entweder für eine spätere Praxis, z.B. der niedergelassenen Tätigkeit und für andere Zielgruppen zu lernen, oder aber die Anwendbarkeit der Methode in ihrem psychiatrischen Alltag zu überprüfen. Dabei kamen sie — vor allem durch die bei Beginn der Ausbildung oft puristische Einstellung — mit den „Angehörigen-Arbeitern" im gleichen Haus ins Gehege, und im glücklichen Fall entwikkelte sich wie bei Bertram (1986) beschrieben, ein hilfreicher Klärungsprozeß, der die vermeintliche Frage nach der „richtigen" Vorgehensweise zugunsten einer differenzierteren Betrachtung und Indikationsstellung auflöste, oder auch zu gemeinsamen Arbeitsweisen führte.

In der Erkenntnis, daß nicht die Patienten den Therapieformen anzupassen oder nach ihnen auszuwählen sind, sondern daß sich die Behandlung nach den Bedürfnissen und jeweiligen Fähigkeiten der Patienten und der von ihnen benutzten Hilfsmöglichkeiten zu richten hat, haben sich auch die Familientherapeuten ihrerseits, wie z.B. Dierking (1985), Gedanken über die Anwendungsmöglichkeiten in den verschiedenen Einrichtungen der psychosozialen Versorgung gemacht.

Eine Annäherung der früher teilweise gegensätzlichen Standpunkte wurde auch durch familientherapeutische und sozialpsychiatrische Fachtagungen ermöglicht, auf denen Angehörigenarbeit und Systemtheorie als Thema behandelt wurden. Zu nennen sind hier die Giessener Tagungen der Deutschen Arbeitsgemeinschaft für Familientherapie über „Familiendynamik und Familientherapie im Wandel der Gesellschaft" im Jahre 1986, deren Ergebnisse ebenso wie die der Langenfelder Tagung über „Sozialpsychiatrie und systemisches Denken" im Jahre 1987, die in Buchform im Psychiatrie-Verlag veröffentlicht werden sollen.

Angehörigen- und Familienarbeit sind in den psychiatrischen Krankenhäusern zu einem wichtigen Instrument der Öffnung und der Öffentlichkeitsarbeit geworden und vermögen sicher besser als Tage der offenen Tür und Presseberichte die beklagten Vorurteile gegenüber der Psychiatrie zu mildern; daß aber gerade den Großinstitutionen dieser Wechsel der Perspektiven und der Übergang zum ökologischen und systemischen Denken schwerzufallen scheint, möchte ich, wie in der ersten Auflage, auf die lesenswerte Polemik eines Exponenten der Familientherapie hinweisen: Haley (1975) zählt die Argumente auf, warum ein psychiatrisches Krankenhaus Familientherapie besser vermeiden sollte: die von ihm karikierten institutionellen Grundbedürfnisse nach Harmonie und Hierarchie, sowie das individuen- statt familienbezogene Denken sind gleichermaßen ein Hindernis für die Arbeit mit Angehörigen, wie sie in diesem Band beschrieben wurde.

In dieser Literaturzusammenstellung kann auch die sehr umfangreiche *psychologische und sozialpsychiologische Literatur* nicht aufgelistet werden, die bis zum Ende der sechziger Jahre ihr Hauptaugenmerk auf die vermeintlich ätiologischen Faktoren in der Familienndynamik, -kommunikation und -interaktion gerichtet hatte und die zu Beginn der Reformdiskussion in der Psychiatrie quasi als Pflichtlektüre für eine ganze Generation von Psychiatern, Psychologen und Sozialarbeitern eine wichtige Rolle gespielt hat. Als beispielhaft kann der 1969 erschienene Sammelband „Schizophrenie und Familie" von Bateson u.a. gelten, in dem erstmals die angloamerkianische Literatur einem deutschsprachigen Leserkreis zugänglich gemacht wurde.

Die Bedeutung, die damals der Familie bei Enstehung und Verlauf einer psychischen Erkrankung zugeschrieben wurde,blieb nicht unwidersprochen — so. z.B. in einer Arbeit von Hirsch (1979). Die Vielzahl der Publikationen und ihre z.T. verkürzte populärwissenschaftliche Verbreitung haben jedoch nicht unerheblich zu dem bei Laien und Experten weit verbreiteten Mißverständnis beigetragen, daß Angehörige „schuld" an der psychischen Erkrankung ihres Familienmitgliedes sind.

Auch wenn wir es heute besser wissen, und das „double-bind-Gespenst" schon lange verschwunden ist, so sind unsere emotionalen Reaktionen auf Familien und Angehörige oft noch von Schuldzuweisungen geprägt.

So beklagt Uchtenhagen (1976), „daß die Angehörigen eines psychisch Kranken dem Psychiater dermaßen mit eingestandenen oder uneingestandenen Schuldgefühlen begegnen, daß zunächst eine Entkrampfung der Situation erforderlich wird, um mit den Angehörigen zu arbeiten, die Schuldgefühle überhaupt angehen zu können." Unbefragte Skepsis gegenüber „krankmachenden" Eltern und Partnern von Patienten weckt aber nicht nur die Widerstände gegen die Behandlung: „sie geht nicht selten Hand in Hand damit, daß der Therapeut ungeeignete Verhaltensmuster der Angehörigen wiederholt".

Diese letzte Vermutung bestätigt Herzog (1986) in einer kürzlich verfaßten Diplomarbeit, in dem er mit den Methoden der „expressed-emotion"-Forschung das Verhalten von Pflegepersonal auf einer psychiatrischen Station untersucht. Die Ergebnisse sind denen aus englischen Studien und in Deutschland reproduzierten Forschungsarbeiten vergleichbar, nach denen der gefühlsmäßigen Einstellung von Angehörigen und ihren Kommentaren über den Patienten ein erhebliches Gewicht für den weiteren Verlauf einer Erkrankung, und für den Rückfall beigemessen wird. Es bleibt also nur noch die Befunde abzuwarten, die eine entsprechende Forschungsarbeit mit Psychiatern und Psychologen erbringen wird, um die Unspezifität der rückfallauslösenden Faktoren zu belegen, die offenbar nicht nur von Familienangehörigen, sondern auch von beruflichen Helfern zur Bewältigung schwieriger Situationen mit einem psychisch Kranken aus Hilflosigkeit angewendet werden.

In einer Analyse von Krankengeschichten der psychiatrischen Klinik der medizinischen Hochschule Hannover belegt Angermeyer (1982), auf welch verkürzte und entstellte Weise die Ergebnisse der Familienforschung Eingang in das Alltagshandeln der Psychiater gefunden habe, zu welch verletzenden Bemerkungen und Kränkungen sie verleiten können.

Ähnliches beschreibt Appleton (1974) in einem Artikel mit dem eindeutigen Titel „Mistreatment of Patient's Families by Psychiatrists", in dem er dafür plädiert, den Angehörigen lieber selbst zu helfen und mit Achtung zu begegnen, als sie zu beschuldigen.

Mit den Auswirkungen einer psychiatrischen Erkrankung eines Familienmitgliedes auf seine Angehörigen hat sich vor allem die sozialwissenschaftliche Forschung beschäftigt: Kreismann und Joy (1974) haben in einer ausführlichen Literaturübersicht die wichtigsten Arbeiten seit den fünfziger Jahren zusammengestellt. In der deutschsprachigen Literatur finden sich nur wenige empirische Berichte, so. z.B. bei Schulte (1968) und Achinger (1979) oder Fallberichte, wie bei Willi (1962), in denen das Los und die alltäglichen Sorgen und Nöte der Angehörigen beschrieben sind.

Die *Sicht der Angehörigen* ihre Erlebnisse mit den Patienten vor, während und nach einer Klinikbehandlung und auch ihre Erfahrungen mit den psychiatrisch Tätigen, wie sie in Selbstzeugnissen im ersten Kapitel dieses Bandes zu finden sind, waren bisher nur aus von Experten interpretierten Umfragen bekannt, so. z.B. Kraus (1976) und Creer und Wing (1977); eine Dissertation mit dem Thema: „Gespräche mit Angehörigen psychiatrischer Patienten" von Hohl (1983), die auf der Analyse von unstrukturierten Interviews mit 21 Familien basiert, enthält neben einem Literaturüberblick zu diesem Thema authentische Berichte von Angehörigen über Probleme, ihre Erfahrungen mit den psychiatrischen Institutionen, ihre Erklärungsversuche und ihre Strategien, mit all dem fertig zu werden.

In der ersten und zweiten Auflage diese Buches waren unter dem früheren Kapitel „Erfahrungen der Wissenschaft" neben einem Auszug dieser zuletzt genannten Arbeit von Hohl noch zwei weitere wissenschaftliche Arbeiten von Schindler und Berkowitz enthalten, die hier genannt werden sollen, weil sie entweder, wie bei Schindler, die historischen Grundlagen der Angehörigenarbeit darstellen, oder wie bei Leff, Berkowitz u.a. in den letzten zehn Jahren zu einer besonderen Form der therapeutischen Angehörigenarbeit geführt haben.

Schindler gebührt der Verdienst, als erster das Problem der Angehörigen überhaupt wahrgenommen und daraus praktische Konsequenzen gezogen zu haben. Er entwickelte seine Methode der „bifokalen Gruppentherapie" gegen Ende der vierziger Jahre, indem er parallel aber getrennt voneinander sich mit den Patienten und ihren Angehörigen in regelmäßigen Gruppensitzungen beschäftigte. Es ist sicher kein Zufall, daß Schindler überhaupt auf dieses Problem gestoßen ist, da er neben seiner Krankenhaustätigkeit auch im Gesundheitsamt Wien tätig war, so daß sich ihm die Probleme der Angehörigen aufdrängen mußten, er sich nicht so gut dagegen verschließen konnte, wie dies bei ausschließlicher Krankenhausarbeit möglich ist. Die gleiche Methode wurde später Anfang der sechziger Jahre, als die „Pflegeberatung" als Form der ambulanten Nachsorge aufgebaut wurde, auf die Betreuung von entlassenen Patienten und ihrer Familien ausgedehnt.

Eine ausführliche Schilderung seiner Arbeitsweise findet sich in dem oben erwähnten Sammelband von Richter, Strotzka und Willi (1976); in einer weiteren Arbeit — Schindler (1966) — berichtet er über die ersten Erfahrungen in dieser Pflegeberatung, in einem späteren Artikel — Schindler (1980) — versucht er in einer katamnestischen Studie den Vorteil dieser Arbeitsweise darzulegen.

Bereits vor zehn Jahren wurde von Katschnig (1977) nach einem Studienaufenthalt in England das demnächst in dritter Auflage erschienene Buch mit dem treffenden Titel: „Die andere Seite der Schizophrenie — Patienten zuhause" herausgegeben. Die in England wesentlich früher einsetzende gemeindepsychiatrische Orientierung hat bereits 1971 zur Gründung einer nationalen Angehörigenbewegung geführt, die mit Veröffentlichungen, die auch in dem Buch enthalten sind, auf die Notlage der Familien psychisch Kranker aufmerksam machte.

Mit dem von Katschnig herausgegebenen Sammelband wurden auch erstmals die auf den Arbeiten von Brown und Wing aufbauenden Studien von Leff und Mitarbeitern hierzulande bekannt, die sich mit Prognosen des Rückfalls von psychiatrischen Patienten und dessen Abhängigkeit von Medikation, Dauer des Kontkats mit der Familie und der Haltung von wichtigen Bezugspersonen beschäftigt.

Diese Forschungsrichtung, die in einem zweiten Schritt durch sogenannte Interventionsstudien zu belegen versuchte, daß sich die Rückfallhäufigkeit durch die gezielte Schulung und Unterrichtung von emotional überengagierten Angehörigen vermindern läßt, ist als sogenannte „expressed-emotion-Forschung" bekannt geworden und wurde vielerorts — vor allem in den USA und in Deutschland repliziert.

Eine Literaturübersicht hierzu gibt Olbrich (1983 a), der an anderer Stelle — Olbrich (1983 b) — mit Mitautoren auch über ein eigenes Forschungsprojekt berichtet. Deutsche Übersetzungen der englischen Arbeiten finden sich außer bei Katschnig (1977/1984) auch bei Angermeyer und Finzen (1984), ausführliche Beschreibungen dieses Ansatzes mit eigenen Untersuchungen bei Fiedler,, Niedermeier und Mundt (1986), eine kurze Schilderung mit kritischen Anmerkungen bei Bertram (1986).

Neben den Genannten haben sich in Deutschland auch Buchkremer und Mitarbeiter mit diesem Forschungsansatz beschäftigt und haben ein Konzept therapeutischer Angehörigenarbeit — Buchkremer und Lewandowski (1987) — beschrieben, mit dem die Entlastung der Angehörigen, die Veränderung emotional belastender Familieninteraktionen und die Beteiligung der Angehörigen an der Rezidivprophylaxe erreicht werden soll.

Auch wenn viele dieser therapeutischen Angehörigengruppen von ihren Initiatoren nach Durchlauf des Programmes gezielt in Selbsthilfegruppen überführt werden, bleiben kritische Fragen offen: z.B., ob sich die Effektivität einer Angehörigengruppe nur durch das Ausbleiben eines Rückfalls definieren läßt, ob man den Familien, bzw. speziell ausgewählten sogenannten „high-EE-Angehörigen“ mit diesem Ansatz in ihrer Not gerecht wird und ob man nicht alle in der Psychiatrie tätigen Berufsgruppen, wenn die oben von Herzog berichteten Befunde ernst genommen werden, trainieren muß. Wie dieses Konzept auf Angehörige wirken kann beschreibt als Glosse (?) ein Vater unter dem Pseudonym von Tobias Pfefferle (1986) in einem Brief an einen Freund, in dem er ihm schildert, wie er die Weihnachtsfeiertage nur mit Stoppuhr und auf dem Bauch getragenen „Emotiometer“, das von 0-100 Leff gerichtet ist, überstehen konnte...

Die *Gruppenarbeit mit Angehörigen* psychiatrischer Patienten, wie sie in diesem Band beschrieben wir, wurde erstmals von Dörner und Groth (1977) und in einem kurzen Erfahrungsbericht von Schneider und Heinrich (1979) erwähnt. Bertram (1982) berichtete wenig später über die gemeinsam mit Dörner in Hamburg entwickelte Form der Angehörigenarbeit an der Tagesklinik; in der jetzt in wesentlichen Teilen überarbeiteten 2. Auflage — Bertram (1986) — sind auch die exemplarischen Erfahrungen seiner Arbeit in Italien und die Auswirkungen der dortigen Psychiatriereform auf die Angehörigenbewegung mit aufgenommen. Sehr gefallen hat mir auch der Bericht von Blanke (1986), der sich auch mit methodischen Problemen und der Gruppenarbeit auseinandersetzt.

Angermeyer und Finzen (1984) veröffentlichten in einem Sammelband die Vorträge einer Tagung an der Medizinischen Hochschule Hannover, auf der vor allem über therapeutische Angehörigengruppen berichtet wurde; in diesem Band finden sich auch Berichte über Selbsthilfeinitiativen von Angehörigen in anderen Ländern.

Mit der zunehmenden Verbreitung der Angehörigenarbeit haben mehrere Fachzeitschriften und Verbandsorgane thematische Schwerpunkte mit Beiträgen verschiedener Autoren zum Thema Angehörigenarbeit vorgelegt; so. z.B. die Kerbe (3/1984), die Sozialpsychiatrischen Informationen (2/1985),

Mit der zunehmenden Vielfalt von Angehörigengruppen, therapeutischen Gruppen und Angehörigen-Selbsthilfeinitiativen entstand auch das Bedürfnis nach einer Differenzierung der verschiedenen Ansätze hinsichtlich ihrer Methodik und Zielorientierung. Katschnig und Koncieczna (1984) unterscheiden vier Typen der Angehörigenarbeit je nach ihrer Experten- oder Angehörigendominanz und ihrer Familien oder Patientenzentrierung. Fiedler, u.a. (1986) schlägt eine Differenzierung nach allgemeiner und spezifischer Zielsetzung, sowie nach dem inhaltlich methodischen Rahmen vor.

Dieses sehr lesenswerte Buch ist auch allen zu empfehlen, die sich in die verschiedenen theoretischen Grundlagen der Angehörigenarbeit einarbeiten möchten und es gibt auch eine nachvollziehbare Anleitung zum Aufbau von therapeutisch geleiteten Angehörigengruppen. Bei Fiedler und Mitarbeitern findet sich auch eine umfassendes Literaturverzeichnis für all die, die über die hier besprochene Literatur hinaus weitere Quellenstudien betreiben möchten.

Bücher

Angermeyer, M.C. und Finzen, A.: Die Angehörigengruppe — Familien mit psychischen Kranken auf dem Weg zur Selbsthilfe. Enke Verlag, Stuttgart 1984

Bateson, G. u.a.: Schizophrenie und Familie. Suhrkamp, Frankfurt/M. (1969)

Bertram, W.: Angehörigenarbeit — Familientherapie für die psychiatrische Alltagsspraxis. Psychologie Verlags Union, München-Weinheim (1986)

Creer, C., Wing, J.K.: Der Alltag mit schizophrenen Patienten. In: Katschnig 1984 a.a.O., 97-150

Dörner, K., Groth, R.: Gruppentherapie für Angehörige. In Katschnig, 1984 a.a.O. 197-205

Fiedler, P., Niedermeier, T. Mundt, C.: Gruppenarbeit mit Angehörigen schizophrener Patienten. Psychologie Verlags Union, München-Weinheim (1986)

Hohl, J.: Gespräche mit Angehörigen psychiatrischer Patienten. Inaugral-Dissertation an der Philosophischen Fakultät der Ludwig-Maximilians-Universität München 1982. Psychiatrie-Verlag, Rehburg-Loccum 1983

Katschnig (Hrsg.): Die andere Seite der Schizophrenie — Patienten zuhause. Urban & Schwarzenberg, München, Wien, Baltimore (2. erweiterte Auflage) 1984

Katschnig, H., Koniecznat, T. in: Heinz Katschnig (Hrsg.) 1984 a.a.O., 207-225

Richter, H., Strotzka, H., Willi, J. (hrsg.) Familie und seelische Krankheit, Rohwolt, Reinbeck bei Hamburg (1976)

Uchtenhagen, A.: Familiendynamische Aspekte in der Rehabilitation Psychisch Kranker. In: Richter, E., Strotzka, H., Willi, J. (1976) a.a.O., 256-272

Schindler, R.: Familientherapie in offener Gruppe im Rahmen einer Angehörigenberatungsstelle. In: J.L. Moreno (Ed) The international Handbook of Group Psychotherapy, Philosophical Library, 1966, 216-224, New York

Schindler, R.: Bifokale Gruppentherapie. In: Richter, H., Strotzka, H., Willi, J. (Hrsg.) 1976, a.a.O., 216-235

Zeitschriften

Achinger, G.: Der psychisch Kranke und seine Familie. Medizin, Mensch, Gesellschaft 4 (3) (1979) 159-165

Angermeyer, M.C.: Der theorie-graue Star im Auge des Psychiaters: Zur Rezeption der Wissensbestände der Familienforschung in der Sozialpsychiatrie. Medizin, Mensch, Gesellschaft 7 (1982) 55-60

Appleton, W.S.: Mistreatment of Patient's Families by Psychiatrists. Am. J. Psychiatry 131 (1974) 655-657

Blanke, M.: „Weniger ist mehr", Überlegungen zur Methodik in der Arbeit mit Angehörigengruppen. Sozialpsychiatrische Informationen 1 (1986), 42-62

Buchkremer, G., Lewandowski, L.: Therapeutische Angehörigenarbeit bei schizophrenen Patienten: Rationales, Konzept und praktische Anleitung, Psychiatrische Praxis, 14 (1987), 73-77

Dierking, W.: Der familientherapeutische Zugang in unterschiedlichen Arbeitsgebieten der psychosozialen Versorgung. Psychosozial 23/24 (1985)

Finzen, A.: Familientherapie — Begegnung mit einer therapeutischen Mode? Psychiatr. Praxis 6 (1979) 100-106

Haley, J.: Warum ein psychiatrisches Krankenhaus Familientherapie vermeiden sollte. Kontext 2 (1980) 76-95; (übersetzter Nachdruck aus Journal of Marriage and Family Counseling, Vol. I No. 1 (1975)

Heltzel, R.: Überlegungen zur familienorientierten Arbeit auf einer psychiatrischen Akutstation. Psychiatr. Praxis 11 (1984), 144-150

Herzog, T.: Expressed Emotion auf Station: Kritische, ablehnende, emotional überinvolvierte und empathisch-wertschätzende Gefühlsäußerungen von Pflegepersonen gegenüber überwiegend schizophrenen Patienten. Unveröffentlichte Diplomarbeit, Psychologisches Institut der Universität Heidelberg (1986)

…h, R.: Eltern als Verursacher der Schizophrenie. Der wis…nschaftliche Stand einer Theorie. Nervenarzt 50 (1979) …7-345

Krauss, P.: Probleme der Angehörigen chronisch-seelisch Kranker. Der Nervenarzt 47 (1976) 498-501

Kreisman, D.E., Joy, V.D.: Familiy response to the mental illness of a relative: A review of the literature. Schiz. Bull., No 10 (1974) 34-57

Maiwald, G.: „Manchmal wünsche ich, sie wären schon tot ...“ Die Pflege der Eltern als Thema in der Psychotherapie; Verhaltenstherapie und Psychosoziale Praxis 2 (1986) 183-197

Olbricht, R.: Expressed Emotion (EE) und die Auslösung schizophrener Episoden: Eine Literaturübersicht, Nervenarzt 4 (1983 a) 113-124

Olbricht, R., Waltz, H., Cohen, R.: Ein Programm zur Betreuung von Angehörigen schizophrener Patienten. Psychiatrische Praxis 10 (1983 b) 189-193

Pfefferle, T.: Mein lieber Fred ... Die Kerbe 4 (1986), 33

Rave-Schwank, M., Köhler-Offierski, A.: Wie können wir den Angehörigen schizophrener Patienten besser helfen? Psychiatr. Praxis 13 (1986) 166-171

Schindler, R.: Die Veränderung psychotischer Langzeitverläufe nach Psychotherapie. Psychiatrica clinica 13 (1980) 206-216

Schneider, R., Heinrich, V.: Angehörigenarbeit — ein Beispiel.Sozialpsychiatrische Informationen, Juni/Juli (1979) 133-136

Schulte, W.: Die Auswirkungen der Schizophrenie auf ihre Umwelt. Der Nervenarzt 3 (1986) 98-103

Willi, J.: Die Schizophrenie in ihrer Auswirkung auf die Eltern. Schweiz. Arch.Neurol.Neurochir.Psychiatr. 89 (1962) 426-463

Themenhefte zur Angehörigenarbeit

Die Kerbe 3/1984

Sozialpsychiatrische Informationen 2/1985

Verhaltenstherapie & psychosoziale Praxis 2/1986

Psychiatrische Praxis 3/1987

Tagungsberichte

Rave-Schwank, M. & Köhler-Offierski, A. (Hrsg.): Familientherapie, Angehörigenarbeit und Selbsthilfegruppe. Riedstadt, Philippshospital 1984

Literaturempfehlungen (nicht nur) für Angehörige psychisch Kranker

Wer sich auch über die in den letzten Jahren erschienenen Publikationen zum Thema (Stand Anfang 1995) informieren will, kann ein Faltblatt beim **Bundesverband der Angehörigen psychisch Kranker e. V.**, Thomas-Mann-Straße 49a, 53111 Bonn, anfordern. Rückporto und Spende in Briefmarken erbeten! Hierin finden sich hilfreiche Literaturhinweise zu folgenden Themen:

- ☐ Autobiographien und Erfahrungsberichte von Angehörigen und psychisch erkrankten Menschen
- ☐ Angehörigenarbeit
- ☐ Einführende Broschüren / Hand- und Lehrbücher
- ☐ Behandlungsmöglichkeiten
- ☐ Rechtliche Ratgeber
- ☐ Zeitschriften

Besonders hingewiesen sei an dieser Stelle auf den „Fortsetzungsband" zum *Freispruch der Familie:* Heinz Deger-Erlenmaier (Hrsg.): Wenn nichts mehr ist, wie es war ... Angehörige psychisch Kranker bewältigen ihr Leben. Psychiatrie-Verlag, Bonn 1994 (2. Auflage).

Vor Ort können Sie sich an die im Bundesverband zusammengeschlossenen **Landesverbände der Angehörigen psychisch Kranker** wenden:

Landesverband **Baden-Württemberg** der Angehörigen psychisch Kranker e. V., c/o Lotte Mucha
Wurmlinger Straße 28, 70597 Stuttgart
Tel.: 0711 / 760875, Fax: 0711 / 764655

Landesverband **Bayern** der Angehörigen psychisch Kranker e.V.
Landsberger Straße 135/III r., 80339 München
Tel.: 089/5024673

Landesverband **Berlin** der Angehörigen psychisch Kranker e.V., c/o Marielene Rouvel
Hessenallee 1 a, 14052 Berlin

Landesverband der Angehörigen psychisch Kranker **Brandenburg e.V.**, c/o Frank Richter
Kirchplatz, 14712 Rathenow
Tel.: 03385/503533

Landesverband **Hamburg** der Angehörigen psychisch Kranker e.V., c/o Gerhard Heß
Groter Hoff 19, 22359 Hamburg
Tel.: 040/7153846
040/6038030

Landesverband **Hessen** der Angehörigen psychisch Kranker e.V.
Bahnhofstraße 24, 34369 Hofgeismar
Tel.: 05671/8001–218

Landesverband **Mecklenburg-Vorpommern** der Angehörigen psychisch Kranker, c/o Helmut Hartig
Wendorfer Weg 4, 23966 Wismar
Tel.: 03841/762021

Arbeitsgemeinschaft der Angehörigen psychisch Kranker in Niedersachsen und **Bremen** e.V. (AANB)
Wedekindplatz 3, 30161 Hannover
Tel.: 0511/622676, Fax: 05105/64628

Landesverband **Nordrhein-Westfalen** der Angehörigen und Freunde psychisch Kranker e.V.
Plöniesstraße 2–4, 48153 Münster
Tel.: 0251/790593

Landesarbeitsgemeinschaft der Angehörigen psychisch Kranker **Rheinland-Pfalz**, c/o Wolfgang Gottschling
Robert-Koch-Straße 22, 56179 Vallendar
Tel.: 0261/62245

Landesverband **Saarland** der Angehörigen psychisch Kranker
c/o Helene Abel
Adlerstraße 1, 66798 Wallerfangen

Kontaktadresse für **Sachsen** (kein Landesverband)
c/o Gisela Oehmichen
Verein für Angehörige und Freunde psychisch Kranker e.V.
Comeniusstraße 30a, 01307 Dresden

Landesverband **Schleswig-Holstein** der Angehörigen psychisch Kranker e.V.
Volkerstraße 14, 23562 Lübeck
Tel.: 0451/4988929 oder 501783

Landesverband **Thüringen** der Angehörigen psychisch Kranker e.V.
Geschäftsstelle Landesfachkrankenhaus für Psychiatrie und Neurologie
Bahnhofstraße 1a, 07646 Stadtroda
Tel.: 036428/56218

Für **Österreich**: Hilfe für Angehörige psychisch Erkrankter – Dachverband der Vereinigungen von Angehörigen und Freunden (HPE)
Westbahnstraße 1b, A-1070 Wien
Tel.: 0222/5264202, Fax: 0222/5267854

Für die **Schweiz**: Vereinigung der Angehörigen von Schizophrenie-Kranken (VASK)
Postfach 140, CH-3084 Wabern/Bern, oder
Postfach 6161, CH-8023 Zürich